Andreas Becke

Wie stoisch ist der stoische Weise?

Für Emma Sophie

Andreas Becke

Wie stoisch ist der stoische Weise?

Antike Philosophie als Lebensweisheit

Alibri Verlag
Aschaffenburg

2023

Dr. Andreas Becke (geboren 1966 in Hannover) hat Philosophie, Soziologie und Religionswissenschaft studiert und ist in der Erwachsenenbildung und Personalentwicklung tätig. Bei Alibri erschien 2022 sein Buch *Der philosophische Diskurs der Säkularisierung.*

Alibri Verlag
www.alibri.de
Mitglied in der Assoziation Linker Verlage (aLiVe)

1. Auflage 2023

Umschlaggestaltung: Claus Sterneck unter Verwendung einer Abbildung von © Andreas Becke
Druck und Verarbeitung: druk-24h, Białystok

ISBN 978-3-86569-381-5

Inhaltsverzeichnis

Zwölf

Auf der Suche nach Lebensweisheit

Das philosophische Leben

„Philosophieren heißt sterben lernen."

Montaigne

Eins

Stoische und andere Weise

Einführung

Der Wunsch nach Befreiung vom Leiden

Manchmal sind es Kleinigkeiten, die einen aus der Fassung bringen können: Während meines Sommerurlaubs in Italien fuhr ich mit dem Auto von Riccione nach Rimini. Als ich am Flughafen vorbei kam, blickte ich kurz nach links zum Flughafengebäude, sah die rote Ampel nicht und knallte trotz Vollbremsung auf ein bereits stehendes Fahrzeug. Die Italienerin stieg aus dem Wagen vor mir aus, schimpfte und trat gegen ihre abgefallene Stoßstange. Beide Autos waren trotz Blechschaden noch fahrtüchtig; verletzt war zum Glück niemand.

Zurück in meiner Unterkunft las ich Epiktet, um mich ein wenig zu beruhigen: Wenn man etwas vorhat oder unternehmen will, dann solle man sich klarmachen, was genau man da eigentlich vorhat. Wenn man zum Beispiel zum Baden geht, solle man sich vorstellen, wie es eben in einer Badeanstalt zugeht, man werde nassgespritzt, beschimpft und bestohlen. Man werde mit größerer Ruhe und Sicherheit hingehen, wenn man sich von vornherein klarmacht, dass man baden und seine sittlichen Grundsätze bewahren wolle. Das gelte auch für alles andere. Denn wenn einen beim Baden etwas störe, werde man sich sagen können, dass man nicht nur baden, sondern auch seinen Grundsätzen und seiner stoischen Haltung treu bleiben wolle: „Das tue ich nicht, wenn ich mich über derartige Vorgänge ärgere.“[1]

1 Epiktet, Handbuch der Moral, zitiert nach Epiktet, Teles, Musonius: Ausgewählte Schriften, hrsg. und übersetzt von Rainer Nickel, Zürich 1994, 4, S. 15;

War mein Urlaub jetzt beendet? Konnte ich eigentlich mit dem zerbeulten Wagen zurück über den Brenner nach Deutschland fahren? Ich versuchte mir im Sinne Epiktets klar zu machen, dass, wenn man am Straßenverkehr teilnimmt und mit dem Auto fährt, Unfälle eben passieren können. Statt froh zu sein, dass weiter nichts passiert ist, machte ich mir Sorgen.[2] Nicht die Dinge selbst würden die Menschen beunruhigen, so Epiktet, sondern ihre Urteile und Meinungen: „Ein Ungebildeter pflegt seinen Mitmenschen vorzuwerfen, dass es ihm schlecht geht. Ein Anfänger in der philosophischen Bildung macht sich selbst Vorwürfe. Der wirklich Gebildete schiebt die Schuld weder auf einen anderen noch auf sich selbst."[3]

Wenn jemand ein Trinkglas zerbricht, sagen wir, das könne schon einmal passieren. Wenn dein eigenes Trinkglas zerbricht, müssten wir das konsequenterweise genauso halten, als wenn das Glas eines anderen zerbricht. Das Unglück eines anderen relativieren wir schnell, unser eigenes wollen wir möglichst hoch bewerten (was andere aber kaum interessiert). Wenn ich lesen würde, dass jemand im Urlaub einen Unfall hatte, aber außer einem Blechschaden nichts weiter passiert ist, würde ich das für völlig undramatisch und kaum berichtenswert halten. Epiktet sagt, dass wir diesen Gedanken nun auf wichtigere Dinge übertragen sollten. Ein Kind oder die Frau eines anderen ist gestorben: „So ist das nun einmal im Leben", sagen wir. Aber wenn dein Kind stirbt, sagen wir sofort: „Ach, ich Armer." Es sei nötig, dass wir bedenken, was wir empfinden, wenn wir bei einem anderen von einem solchen Unglück hören.[4]

Seitdem ich denken kann, empfinde ich mein Leben als irgendwie leidvoll (mir ist bewusst, dass das keine objektive Tatsache ist, sondern ein subjektives Gefühl). Gern wäre ich ein stoischer Weiser, der (angeblich) allen Schicksalsschlägen mit eben stoischer Gelassenheit begegnet. Ich

---

siehe auch Epiktet, Handbüchlein der Moral: Auswahl aus den Unterredungen, Fragmente, übersetzt, erläutert und mit einer Einleitung versehen von Christof Rapp, Stuttgart 2023; sowie Epiktet, Gespräche, Fragmente, Handbuch: Moderne Gesamtausgabe auf der Grundlage der Übertragung von Rudolf Mücke neu übersetzt, mit Anmerkungen versehen und eingeleitet von Tino Deckert, Hamburg 2021.

2 Im Sinne von Dale Carnegie, Sorge dich nicht – lebe!, Frankfurt am Main 1993. Die Tatsache, dass *How to Stop Worrying and Start Living* seit dem Erscheinen 1948 weltweit über fünfzig Millionen Mal verkauft wurde, zeigt mir, dass ich nicht der einzige bin, der sich Sorgen macht.

3 Epiktet, Handbuch der Moral, 5, S. 15.

4 Ebenda, 26, S. 37.

will hier für mich erkunden, wie sich dieser Gedanke einer antiken Philosophenschule auf mein Leben anwenden lässt. Wie ist es möglich, heute von zweitausend Jahren alten Weisheiten zu lernen? Wie mache ich das: mir keine Sorgen mehr zu machen? Der stoische Weise soll wohl nicht vor Verwundung, Krankheit und Schmerz sicher sein, wie Plutarch (um 45–125 u.Z.) schreibt, aber er bleibe ohne Furcht und Harm; auch wenn er verwundet, gepeinigt und gefoltert und wenn sein Vaterland zerstört wird und dergleichen Unfälle sich ereignen, bleibe er unbesiegt und unbezwungen. Er verliere auch im Kerker seine Freiheit nicht; wenn man ihn von einem Felsen herabstürzt, leide er keine Gewalt; wenn man ihn auf die Folter spannt, empfinde er keine Qual; wenn man ihm die Glieder abhackt, bleibe er unverletzt; wenn man ihn einmauert, gelte ihm das nicht als Belagerung; und wenn er von den Feinden (als Sklave) verkauft wird, sei er noch kein Gefangener. Er gleiche einem Schiff, das mit Namen „Glückliche Fahrt" nach einem Sturm untergeht.[5] Stimmt diese Einschätzung?

Dass das Leben leidvoll sei, ist auch der Ausgangspunkt einer ebenso alten Lehre von Siddhartha Gautama, dem historischen Buddha (um 500 v.u.Z.). Nachdem der erhabene Buddha die »Erleuchtung« (oder was auch immer) erlangt hatte, so berichten die alten Texte des Pali-Kanon, soll er sieben Tage unter dem (später so genannten) Bodhibaum gesessen haben, die Freude des Erwachens genießend. Dabei entdeckte er den Kausalnexus, der besagt, dass aus dem Nichtwissen die Gestaltungen entstehen, aus den Gestaltungen das Erkennen, aus dem Erkennen Name und Körper, daraus Berührung und Empfindung, daraus wiederum der Durst und aus dem Durst schließlich das Ergreifen der Existenz. So entstehe das Werden: Geburt, Alter, Tod, Schmerz, Leid, Kummer und Verzweiflung – das ganze Reich des Leidens. Wird dieses Nichtwissen aufgehoben, verschwinde das Begehren und damit das Leiden.

Mein Problem mit dieser Erkenntnis des Buddha ist, dass man sie zwar in jeder Textsammlung der Reden des Buddha nachlesen kann, dieses Wissen aber nur von Erleuchteten, Erwachten oder Buddhas erkannt und verstanden wird. Bei allen anderen, die noch schlafen, wie ich, folgt der Weg zum Leid unbewusst wie im Traum. Gehen wir einmal davon aus, dass das, was Buddha vor zweieinhalbtausend Jahren erkannt hat, richtig ist und richtig überliefert und übersetzt wurde, nützt mir als Nicht-Erleuchtetem

5 Plutarch, Die Behauptungen der Stoiker sind ungereimter als die der Dichter, in: ders., Von der Ruhe des Gemüts und andere philosophische Schriften, übertragen und eingeleitet von Bruno Snell, Zürich 1948, S. 75-76, hier 75.

dieses Wissen rein gar nichts. Nur er habe diese tiefe, schwer zu schauende Lehre erkannt, nur ihm sei sie zugänglich, sagt er ausdrücklich. Der Rest der Menschheit verweile in Weltlust, verstricke sich im Durst, der Gier, dem Streben nach mehr, sei also nicht frei von Verlangen und erreiche deshalb nicht das Nirvana.[6]

Nach seinem »Erwachen« in Bodhgaya wanderte Buddha nach Benares zum Gazellenhain Isipatana, wo sich seine ehemaligen Mitstreiter aufhielten. Sie waren strenge Asketen, und für sie war Gautama ein Abgefallener, als er ihre strenge Entsagung und Enthaltsamkeit nicht mehr teilte. Misstrauisch blickten sie ihm entgegen, doch dann zeigte er sich als der Vollendete, der heilige, höchste Buddha, der die Erlösung von Tod und Leid gefunden hat. Darauf unterwies er sie und predigte ihnen seine Lehre, den mittleren Weg: Von zwei Extremen sollten sich die Mönche fernhalten, dem Leben in Lust und Genuss, weil es niedrig, gemein, unedel und nicht zielführend sei, und der Selbstquälerei der extremen Enthaltsamkeit, die leidensreich, unedel und ebenfalls nicht zielführend sei. Er habe den Weg, der in der Mitte liegt, entdeckt. Dieser Weg schaffe Erkenntnis und führe zum Frieden, zum Erkennen, zur Erleuchtung, zum Nirvana. Der Weg sei der achtteilige Pfad, den der Vollendete entdeckt habe. Dann folgen die sogenannten vier edlen Wahrheiten:

> „Dies, ihr Mönche, ist die edle Wahrheit vom *Leiden*. Geburt ist Leiden, Alter ist Leiden, Krankheit ist Leiden, Tod ist Leiden, mit Unliebem vereint sein ist Leiden, von Liebem getrennt sein ist Leiden, nicht erlangen, was man begehrt, ist Leiden: kurz, die fünferlei Objekte des Ergreifens sind Leiden.
>
> Dies, ihr Mönche, ist die edle Wahrheit von der *Entstehung des Leidens*: es ist der Durst, der zur Wiedergeburt führt, samt Freude und Begier, hier und dort seine Freude findend: der Lüstedurst, der Werdedurst, der Vergänglichkeitsdurst.
>
> Dies, ihr Mönche, ist die edle Wahrheit von der *Aufhebung des Leidens*: die Aufhebung dieses Durstes durch restlose Vernichtung des Begehrens, ihn fahren lassen, sich seiner entäußern, sich von ihm lösen, ihm keine Stätte gewähren.
>
> Dies, ihr Mönche, ist die edle Wahrheit vom *Wege zur Aufhebung des Leidens*: es ist dieser edle achtteilige Pfad, der da heißt: rechtes

---

6 Die Reden des Buddha, ausgewählt von Helwig Schmidt-Glintzer, München 2005, S. 10.

Glauben, rechtes Entschließen, rechtes Wort, rechte Tat, rechtes Leben, rechtes Streben, rechtes Gedenken, rechtes Sichversenken."[7]

Wenn ich das richtig sehe und verstehe, haben die fünf Mönche durch die Darlegung des Buddha der vier edlen Wahrheiten ebenfalls diesen Kausalzusammenhang durchschaut, die Erlösung und Erleuchtung erreicht, die (Wieder-)Geburt überwunden, den Wandel erkannt, die Pflicht erfüllt und das Leiden vernichtet. Nur wenn ich dies lese und durchdenke, geht es mir nicht so wie den fünf Mönchen, und ich bin nicht vom Leiden befreit. Ich war sogar einmal an dem Ort im heutigen Sarnath in der Nähe von Varanasi, wo Buddha diese erste Predigt gehalten und damit das Rad der buddhistischen Lehre in Bewegung gesetzt hat – nur eben zweieinhalbtausend Jahre zu spät.

Die Logik der ersten drei Wahrheiten kann ich nachvollziehen: das Leben ist Leiden, Leiden kommt vom Wollen, also hört man auf zu leiden, wenn man aufhört zu wollen. Nur wie höre ich auf zu wollen, zu streben, zu wünschen? Der achtfache Pfad beinhaltet für mich nette, aber inhaltsleere Worte, die mir nichts Konkretes sagen, wie ich mich anders als bisher verhalten und handeln soll. Ich habe nicht die geringste Idee, wie ich mit dem Streben, dem Begehren, dem Durst aufhören könnte. Und von Anfang an wird klargestellt, dass diese Verknüpfung von Ursache und Wirkung nur von einem Buddha erkannt werden kann. Der Weg des Buddha ist nicht mein Weg!

Auch wenn ich den Weg des Buddha nicht bis zur Erleuchtung (oder dem Erwachen) gehen will, leuchtete mir schon lange ein, dass Leiden durch Gier und Habenwollen entsteht. Einige Wünsche konnte ich auch wegrationalisieren; andere Wünsche sind da und scheinen gegen die Vernunft immun zu sein. Vielleicht besteht der erste Schritt darin, mir bewusst zu werden, dass da immerzu Wünsche sind, irgendein Wollen, und dann mir klar zu machen, was ich wünsche und was ich (haben) will. Wahrscheinlich brauche ich nichts von dem, aber das ist meinem Wollen offenbar egal.

Einen ähnlichen Weg geht man auch mit Yoga: Alles sei Leiden für den Weisen, sagt Patanjali. Muss man das so verstehen, dass der nichtweise, gewöhnliche Mensch von seinem Leiden gar nichts weiß?[8] Yoga sei

7 Ebenda, S. 19/20.

8 Patañjali, Die Wurzeln des Yoga: Die klassischen Lehrsprüche des Patañjali, übersetzt von Bettina Bäumer, Bern/München/Wien 1976, 1999, II 15, S. 97/98; siehe auch Mircea Eliade, Yoga: Unsterblichkeit und Freiheit, Frankfurt am Main 1985, S. 19.

der innere Zustand, bei dem das Bewusstsein zur Ruhe kommt: Dann ruhe man in sich selbst. Bei gewöhnlichen Bewusstseinszuständen identifiziere man sich mit seinen Bewusstseinsinhalten. Aber durch Übung gelange man zu einem Zur-Ruhe-Kommen des Bewusstseins. Hindernisse auf dem Weg (wie Krankheit, Ignoranz, Zweifel, Faulheit, Gier oder falsches Ein- und Ausatmen) ließen sich durch richtige Konzentration beseitigen. Diese Meditation führe dann zur Festigkeit des Geistes und beende das Leiden, verspricht Patanjali. Die leidvollen Spannungen im Bewusstsein würden verschwinden, wenn die richtige Sitzhaltung eingenommen wird: Der Sitz sei fest und angenehm.[9] Dann verschwinde das Bewusstsein – oder dann verschwinden die Bewusstseinsinhalte und übrig bleibt das reine, göttliche Bewusstsein, lehrt Patanjali. Aufgrund dieser inneren Ruhe soll man unübertreffliche Freude erlangen und schließlich das Ziel des Yoga, die vollkommene Versenkung (*samadhi*), erreichen. Dann sammelt man angeblich kein Karma mehr an und wird nicht wieder geboren, wodurch das Leiden überwunden wäre. – Diese indischen Weisheitslehren sind mir zu sehr mit metaphysischen, transzendenten Hintergrundannahmen aufgeladen; und mir scheint die Geduld zu fehlen, Yoga bis zur »Erleuchtung« zu üben; mir fehlt hier einfach zum Zugang das tiefere Verständnis.

Metaphysisches Denken wie das der großen Weltreligionen zeichnet sich laut Jürgen Habermas durch geschlossene Weltbilder aus, in denen es um Heilswege und die Abkehr von der natürlichen Einstellung gegenüber der Welt gehe, und das zudem Kontakt mit dem Außeralltäglichen verspreche; nur wenige hätten einen privilegierten Zugang zur Wahrheit, während den meisten der Weg zu theoretischer Erkenntnis verschlossen bleibe.[10] Gibt es so etwas wie ein philosophisches oder theoretisches Leben, das nicht nur für Privilegierte zugänglich ist und keine Abkehr von der natürlichen Einstellung verlangt? Um Kontakt mit dem Außeralltäglichen oder gar um religiöse Erfahrung kann es hier ohnehin nicht gehen. Diesen Weg will ich nur mit leichtem Gepäck gehen.

9 Ebenda, II 46, S. 121.

10 Jürgen Habermas, Motive nachmetaphysischen Denkens, in: ders., Nachmetaphysisches Denken: Philosophische Aufsätze, Frankfurt am Main 1988, 1992, S. 35-60, hier 39/40; siehe ders., Auch eine Geschichte der Philosophie, Bd. 1: Die okzidentale Konstellation von Glauben und Wissen, Berlin 2019, Kap. III, S. 307-459.

Als Weise in Mode kamen

Ohne metaphysischen Ballast scheinen mir dagegen die etwa gleich alten chinesischen Lehren auszukommen. So fragt Jilu, wie er Geistern und Göttern dienen solle. Der Meister antwortet mit einer Gegenfrage: „Wer noch nicht den Menschen dienen kann, wie könnte der den Göttern dienen?“ Jilu fragt weiter, wie es mit dem Tod aussehe? Die Antwort lautet: „Wer noch nicht das Leben versteht, wie will der den Tod verstehen?“[11] Er sprach aber nicht über Übernatürliches, über Körperkraft, über Aufruhr und über Geister.[12]

Der Meister, der hier Fragen eines Schülers beantwortet, ist Kong Qiu aus Lu, besser bekannt unter seinem lateinischen Namen Konfuzius (551–479 v.u.Z.). Ihm geht es vor allem um das richtige Verhalten in der Welt gegenüber anderen Menschen, das er verbessern wollte: Der Edle sei gelassen in seiner Weitherzigkeit, der Kleingeist verharre lange in Schmerz und Kummer. Wo der Edle an Bußen denke, denke der Kleingeist an Gnade. Während der Kleingeist sich um seinen Besitz kümmert, übernimmt der Edle Verantwortung für sein Handeln. Den weltlichen Dingen steht der Edle vorurteilslos gegenüber und hält sich an das Rechte und Richtige. Konfuzius sagt: „Wer am Morgen vom rechten Weg gehört [hat], für den ist es in Ordnung, wenn er am Abend stirbt.“[13] Wer das Böse verabscheut, handele nach den Grundsätzen von Moral und Sittlichkeit. Auf die Frage nach dem Umgang mit den Menschen antwortet er mit der »Goldenen Regel«: „Was du selbst nicht wünschst, füge anderen nicht zu.“[14] So rufe man keinen Groll hervor.

Für Konfuzius scheint die Welt nicht in Ordnung zu sein: die Menschen richten sich nicht mehr am Guten aus. Er sorgt sich, dass einer das Rechte zwar hört, sich aber nicht darauf zu bewegen kann; dass er etwas nicht gut macht, das aber nicht ändern kann. Er will nichts Neues erschaffen, sondern nur Althergebrachtes überliefern.[15] Die Tugenden wie Menschlichkeit und Rechtschaffenheit sollen wieder hoch gehalten werden. Vergleichbar dem stoischen Weisen ist der Edle gelassen, der Kleingeist dagegen verharrt in

11 Konfuzius, Gespräche, neu übersetzt und kommentiert von Hans van Ess, München 2023, 11.12, S. 447.

12 Ebenda, 7.21, S. 320.

13 Ebenda, 4.8, S. 189.

14 Ebenda, 12.2, S. 472.

15 Ebenda, 7.1, S. 297.

Schmerz und Kummer. Der Edle mache sich keine Sorgen und fürchte sich nicht, denn wer sich im Inneren prüft und nichts zu bereuen findet, worüber sollte der sich Sorgen machen und wovor sich fürchten? Der Edle plane für den rechten Weg und nicht für sein Auskommen; er sorgt sich um den rechten Weg und nicht um Armut.

Die Welt sei in Unordnung geraten, meint Konfuzius, weshalb die alte Ordnung von Himmel und Erde wieder hergestellt werden müsse; der Welt müsse das Dao, der rechte Weg, wieder gegeben werden. Die Menschen hätten sich voneinander entfernt. Die jungen Leute würden die alten Lieder nicht mehr lernen. Er sagt: „Nur die Klugen und die ganz Dummen lassen sich nicht ändern.“[16] Das ähnelt stark Platons Auffassung, dass weder die Weisen noch die Dummen philosophieren und nach Weisheit streben. Und ganz ähnlich wie dann Sokrates lehrt er: „Was du weißt als Wissen anerkennen, und was du nicht weißt als Nicht-Wissen, das ist Wissen.“[17] Konfuzius plädiert für (lebenslanges) Lernen: „Lernen und den Stoff zur richtigen Zeit einüben, ist das nicht ein Vergnügen?“[18] Als gut im Leben bezeichnet er, zu denen zu gehen, die den rechten Weg kennen und sich von ihnen berichtigen zu lassen (anstatt auf Lustbefriedigung und Bequemlichkeit zu achten). Einen Fehler zu begehen, ohne danach sein Verhalten zu ändern, das nennt er wirklich einen Fehler.[19]

Für dieses Streben nach Bildung und Wissen, Sittlichkeit und Perfektionismus hat der Daoismus nur noch Hohn und Spott übrig. Der Räuber Zhi, während er eine Menschenleber für seine Nachmittagsmahlzeit zubereitet, erklärt Konfuzius, „dem schlauen Betrüger aus Lu“, in einem fiktiven Gespräch, dass er Worte dresche und Reden schwinge; je mehr er rede, desto mehr Unsinn gebe er von sich; er ackere nicht, aber esse; er webe nicht, aber kleide sich trotzdem; nach seinem Gutdünken bestimme er, was richtig und was falsch sei im Leben und führe so die Herrscher unterm Himmel in die Irre; er bringe alle Welt dazu, bei den Gelehrten zu lernen, anstatt zur Wurzel zurückzukehren; nach seinem Gutdünken berufe er sich auf kindlichen Gehorsam und Brüderlichkeit, um die Fürsten und Reichen für sich zu gewinnen; wie groß sei seine Schuld, wie schwer wiege sie – am besten

16 Ebenda, 17.2, S. 650.
17 Ebenda, 2.17, S. 135.
18 Ebenda, 1.1, S. 90.
19 Ebenda, 15.30, S. 609.

gehe er sofort nach Hause, sonst werde er auch noch seine Leber braten![20] Es gebe unterm Himmel keinen größeren Räuber als den Räuber Konfuzius, der sich als Weisen bezeichne und überall vertrieben werde.

Im Unterschied zum Konfuzianismus war der Daoismus immer eine Protestbewegung gegen die bestehenden Verhältnisse.[21] Irgendwie seien wir vom *Dao*, dem rechten Weg, abgekommen, meint auch der Daoismus. Diesen Begriff könne man zwar aussprechen, aber nicht definieren. Das Dao sei leer wie ein Gefäß, das auch keine Fülle annehme, wenn man es wendet.[22] Vergleiche mit dem Wasser werden im Daoismus immer wieder genannt: Wasser könne allen Lebewesen nützen, aber es kämpfe nicht. Es halte sich an Orten auf, die gemeine Leute verabscheuen, deshalb sei es nahe am Dao.[23] Nichts unter dem Himmel sei so weich und schwach wie das Wasser, und es kämpfe nicht gegen Festes und Starkes an. Dennoch überwinde das Schwache das Starke und das Weiche das Harte. Keiner unterm Himmel könne es dem Wasser gleichtun.[24] Wenn jemand versucht, das, was unterm Himmel ist, in den Griff zu bekommen, werde er das nicht schaffen. Besser sei es, nicht einzugreifen (*wúwéi*). Nicht gegen die Natur zu handeln, ist vielleicht der wichtigste Grundsatz des Daoismus.[25]

Neben Laozi und dem *Dao De Jing* ist das Buch *Zhuangzi* die bedeutendste und amüsanteste Quelle des Daoismus. Der Philosoph Zhuang Zhou lebte im vierten vorchristlichen Jahrhundert und wird auch als Zhuangzi, also Meister Zhuang, bezeichnet. Ebenfalls nennt man sein Buch *Zhuangzi*, auch bekannt als „Das wahre Buch vom südlichen Blütenland". Wahrscheinlich stammen nicht alle Teile von Zhuang Zhou selbst (vermutlich nur die sog. inneren Kapitel), während die äußeren und vermischten Kapitel später angefügt wurden.

---

20 Zhuangzi: Das Buch der daoistischen Weisheit, Gesamttext, aus dem Chinesischen von Viktor Kalinke, Ditzingen 2019, 2021, 29.1.

21 Hubert Schleichert / Heiner Roetz, Klassische chinesische Philosophie: Eine Einführung, Frankfurt am Main [3]2009, S. 113.

22 Laozi, Daodejing: Das Buch vom Weg und seiner Wirkung, übersetzt und herausgegeben von Rainald Simon, Stuttgart 2009, 4; vgl. auch Lao Zi, Dao De Jing, übersetzt und erläutert von Michael Hammes, München 2019.

23 Ebenda, 8.

24 Ebenda, 78.

25 »Alles unterm Himmel« (天下, *tian xia*) ist ein umfassendes, nicht-religiöses Konzept der chinesischen Philosophie, das Weltganze zu erfassen: *Tianxia* meint die Welt als Gesamtheit; siehe dazu Zhao Tingyang, Alles unter dem Himmel: Vergangenheit und Zukunft der Weltordnung, Berlin 2020, S. 55.

Zhuangzi lebte im Staat Song und arbeitete wohl eine Weile als Aufseher in einem Lackgarten. Als König Wei von seiner philosophischen Begabung hörte, wollte er ihn zum Minister machen und schickte einen Boten mit reichen Geschenken, um ihn an den Hof zu locken. Zhuangzi lächelte und sprach: „Tausend Goldstücke, welch ein hohes Gehalt; ein Ministerposten, welch eine Ehre! Hast du noch nie ein Opfertier gesehen? Ihm werden bestickte Decken übergeworfen, es wird mit feinem Heu und Bohnenkraut gefüttert, doch wenn es ins Innere des Tempels geführt wird, kann es sich noch so sehr wünschen, ein einsames Kalb zu sein – wird man ihm dies gewähren? Verschwinde, aber schnell und beschmutze mich nicht!“ Er wandere lieber friedlich umher und wälze sich in eklig stinkenden Schlammpfützen, als sich von den Gepflogenheiten am Hof in den Zaum legen zu lassen; bis ans Ende seines Lebens werde er kein Amt bekleiden, sondern seinem Willen folgen, berichtet der Historiker Sima Qian zwei Jahrhunderte später.[26]

Zhuangzi lehrt so etwas wie: Wer das Wissen hat, ein Amt auszuüben, wer mit seinem Verhalten Vorbild für ein ganzes Dorf ist, wer die Wirkkraft eines Edelmannes hat – der sei einfach nur selbstbezogen und egoistisch. Der vollkommene Mensch dagegen befreie sich vom Selbst, bleibe ohne Verdienst und strebe nicht nach Ruhm.[27] Oder: „Wer viel weiß, hat Schwierigkeiten; wer wenig weiß, hat Muße. Wer viel redet, entfacht Feuer; wer wenig spricht, hat etwas zu sagen.“[28] Wenn es Leben gibt, müsse es Tod geben; wenn es Tod gibt, müsse es Leben geben; wenn es Erlaubtes gibt, müsse es Unerlaubtes geben; wenn es Unerlaubtes gibt, müsse es Erlaubtes geben; wenn man etwas richtig findet, müsse man etwas falsch finden; wenn man etwas falsch findet, müsse man etwas richtig finden: „Daher befasst sich der Weise nicht mit Argumentation, sondern beobachtet die Natur – so findet er das Richtige.“[29]

Wie in der hellenistischen Philosophie Natur und Natürlichkeit ein Vorbild sind, ist auch im Daoismus ein natürlicher Zustand anzustreben, dem Dao der Natur zu folgen, obgleich man weiß, dass dieser natürliche Zu-

---

26 Vgl. Viktor Kalinke, Nachwort, in: Zhuangzi, S. 407/408; siehe dazu Anne Cheng, Geschichte des chinesischen Denkens: Grundriss, Hamburg 2022, S. 99-125.

27 Zhuangzi, 1.3.

28 Ebenda, 2.2.

29 Ebenda, 2.5.

stand mit der Zivilisation irgendwie verloren gegangen scheint.[30] Vor allem das Ideal des Weisen wird kritisiert als eine unnatürliche Selbsterhöhung des Menschen, der sich so vom natürlichen, selbstverständlichen Zustand nur noch weiter entfernt. Galt für Konfuzius der Edle als moralisch und gut zu anderen Menschen (worin er Zufriedenheit findet), kam im alten China bereits Kritik an diesem Idealbild auf: Wer es mit Menschlichkeit und Rechtschaffenheit übertreibt, halte die Tugend hoch, unterdrücke seine Natur und entspreche nicht dem Dao und der Lebenskraft. Das rechte Maß sei vielmehr, den natürlichen Zustand nicht zu verlieren. Die Ente hat kurze Beine und wenn man sie langzieht, tut es ihr weh; der Kranich hat lange Beine, und wenn man sie kurz schneidet, wäre er traurig. Daher: Was von Natur aus lang ist, sollte nicht abgeschnitten werden, und was von Natur aus kurz ist, sollte nicht langgestreckt werden.[31]

Menschen, denen in der heutigen Zeit Menschlichkeit eigen ist, würden mit traurigen Augen und voller Sorge auf das Unheil dieser Welt blicken; und Menschen ohne Menschlichkeit würden die lebendige Natur umkrempeln in ihrer Gier nach Reichtum und Ruhm. Daher denkt Zhuangzi, dass Menschlichkeit und Rechtschaffenheit nicht zur Natur des Menschen gehören, sondern ihn vom Natürlichen entfernen. Der kleine Mann opfere sich auf, um Vorteile zu erlangen; der Gelehrte opfere sich auf dem Ruhm zuliebe; der hohe Beamte opfere sich auf für die Familie; der Weise opfere sich auf der Welt zuliebe. Gemeinsam sei ihnen, dass sie sich aufopfern und die Natur missachten. Wer seine Natur der Menschlichkeit und Rechtschaffenheit unterordnet, hat keine besondere Begabung, seine Lebenskraft zu entfalten – der Kunst, seiner ursprünglichen Natur Raum zu geben.

Zhuangzi fühlt sich dem Dao und der Lebenskraft verpflichtet, weshalb er es weder wagt, sich selbst zu erhöhen im Namen von Menschlichkeit und Sittlichkeit, noch wagt er es, sich zu erniedrigen, indem er sich von sich selbst entfremdet und sich verliert. Wenn die Lebenskraft vollkommen ist, gehe man gemächlich und sehe sich aufmerksam um. Im Zustand ursprünglicher Einfachheit würden die Menschen zu ihrer Natur finden; man könne mit wilden Tieren spazieren gehen und zu einem Elsternest hochklettern, um hineinzusehen. Wenn die Lebenskraft vollkommen ist, leben die Menschen mit den Tieren zusammen. Vereint in Unwissenheit

30 Siehe James C. Scott, Die Mühlen der Zivilisation: Eine Tiefengeschichte der frühesten Staaten, Berlin 2019, 2020; sowie David Graeber / David Wengrow, Anfänge: Eine neue Geschichte der Menschheit, Stuttgart 2022.

31 Zhuangzi, 8.1.

komme ihnen die Lebenskraft nicht abhanden; vereint in Wunschlosigkeit befinden sie sich im Zustand ursprünglicher Einfachheit und finden zu ihrer Natur. Doch dann erscheine der Weise und verkünde: Verletzte und Hinkefüße verdienen Menschlichkeit; sich auf Zehenspitzen zu stellen, gelte als Sittlichkeit – und zum ersten Mal werden unterm Himmel Unterschiede gemacht: „Wenn das Dao und die Lebenskraft nicht fallengelassen werden, wozu braucht man dann Menschlichkeit und Rechtschaffenheit?“[32]

Das *Zhuangzi* lobt den natürlichen Zustand und kritisiert die Errungenschaften der Zivilisation. Der Weise dagegen versuche mit Ritualen und Musik alles unterm Himmel zurechtzubiegen (wie Konfuzius), predige Menschlichkeit und Rechtschaffenheit, und die Menschen würden sich in ihrer Gier nach Wissen auf die Zehenspitzen stellen und im Erzielen von Gewinnen wetteifern. Das sei der Fehler der Weisen. Mit der Zivilisation habe der Mensch seinen natürlichen Zustand verlassen, was zu einem Verlust an Lebenskraft führe. Nun erhöhe der Mensch sich selbst und begebe sich in einen unnatürlichen Zustand: sich auf Zehenspitzen zu stellen, gelte jetzt als Rechtschaffenheit, und das Ideal des Weisen erscheine, der vorherige Selbstverständlichkeiten zum neuen Wert der Menschlichkeit erklärt.

Sogar einen Zusammenhang zwischen Weisen und Dieben sieht das *Zhuangzi*: beide würden erst auftauchen, wenn die Menschen nicht mehr der Natur und dem Dao folgen. Die Aufforderung lautet daher, den Weisen zu überwinden, Diebe und Räuber laufen zu lassen, dann würde alles unterm Himmel wieder zur ursprünglichen Ordnung zurückkehren. Wenn die Menschen nach Wissen streben, statt nach dem Dao, breite sich Verwirrung aus, weil alle nach dem suchen, was sie noch nicht wissen, und keiner suche danach, wann er genug weiß. Wenn die Menschen wieder klar sehen, dann falle niemand auf Glanz und Glimmer herein; wenn die Menschen wieder zuhören, dann werde niemand im Stich gelassen; wenn die Menschen wieder ihrer Klugheit vertrauen, dann werde nichts unterm Himmel in Verwirrung geraten.

Zhuangzi empfiehlt stattdessen Leere, Ruhe, Gelassenheit, Teilnahmslosigkeit, Stille, Nichtstun – das sei das Gleichgewicht von Himmel und Erde, die Vollendung von Dao und Wirkkraft. Wer ruht, greife nicht ein. Wer vollkommen edel ist, strebe nicht nach Macht; wer vollkommen reich ist, strebe nicht nach Besitz; wer vollkommen seinen Bedürfnissen folgt, strebe nicht nach Ruhm und Ehre. Es sei vielmehr das Dao, das ihn über-

32 Ebenda, 9.2.

schäumen lasse.[33] Wer versucht, seine Natur durch Kultiviertheit zu verbessern, sei ein verblendeter, beschränkter Mensch. Wer sich in früheren Zeiten vom Dao leiten ließ, nährte durch Gelassenheit sein Wissen; er wusste zu leben, und nichts war zu tun, um Wissen zu erlangen: „Wenn sich Wissen und Gelassenheit gegenseitig nähren, dann entstehen Einklang und Einsicht auf natürliche Weise. Lebenskraft ist Einklang, Dao ist Einsicht."[34] Wer sein Selbst aber in den Dingen verliert und seine Natur in Äußerlichkeiten verschwendet, den bezeichne man als verrückten Menschen.

Gibt es unterm Himmel vollkommene Freude oder gibt es sie nicht? Ist es möglich, sein Leben auszukosten oder nicht? Und was muss man dafür tun oder lassen? Die Reichen würden ihr Leben verbittern, indem sie sich krank arbeiten und immer mehr Besitz anhäufen – wie oberflächlich ist ihre Sicht aufs Leben. Wer sich sein Leben lang sorgt, ob er ein langes Leben haben wird, der werde verrückt von der anhaltenden Sorge. Was die gewöhnlichen Leute heutzutage als Freude ansehen, sei in Wirklichkeit keine Freude. Wonach sie scharenweise streben und wie sie hetzen und drängen als könnten sie der Gier danach Einhalt gebieten, sei keine Freude: „Für mich ist Nichtstun die wahre Freude, auch wenn die gewöhnlichen Leute es als großes Ärgernis ansehen", sagt Zhuangzi.[35] Vollkommene Freude heißt, das Leben auszukosten; nur wer nichts dazu tut, sei dem nahe. Himmel und Erde würden auch nichts dazu tun und dennoch bleibe nichts ungetan. Oder wie Laozi sagt: „Das DAO verweilt beständig in seiner Ungeschäftigkeit, und nichts bleibt dadurch ungetan."[36]

Auch ich bin wohl vom Weg abgekommen. Also nicht eingreifen, geschehen lassen, still sein und nicht mitmachen wäre der richtige Weg? Hier scheint es, ähnlich wie in der stoischen Philosophie, um Freiheit und ein Leben im Einklang mit der Natur (und nicht dagegen) zu gehen. Mühsam ernährt sich das Eichhörnchen, aber wenn man es in einen goldenen Käfig einsperren und wie einen Gott oder einen König behandeln würde, fände es das nicht gut.[37] Wer den Sinn des Lebens begreift, mühe sich nicht ab mit Dingen, die mit dem Leben nichts zu tun haben; wer den Sinn seiner Bestimmung begreift, mühe sich nicht ab, Dinge zu wissen, die damit nichts zu tun haben. Das Dao komme, ohne Spuren zu hinterlassen; es gebe, ohne

33 Ebenda, 14.2.
34 Ebenda, 16.1.
35 Ebenda, 18.1.
36 Lao Zi, Dao De Jing, 37.
37 Vgl. Zhuangzi, 3.4.

auf Grenzen zu stoßen, und trete ein, wo keine Tür sei. Wer sich darauf einlasse, dessen Verstand durchdringe die Dinge gründlich: „Lange zu leben oder jung zu sterben, welchen Unterschied macht das? Nur ein paar Augenblicke."[38] Der Weg entsteht, indem er gegangen wird.

Eine letzte Geschichte: Ein Fürst erzählt, er studiere das Dao früherer Könige, pflege das Erbe der früheren Herrscher, ehre die Geister, kümmere sich um seine Familie, gönne sich keine Pause – und sei dennoch Gefahren ausgesetzt, darum sei er voller Sorgen. Shinan Yiliao, der Vorsteher vom Südmarkt, antwortet ihm, dass er den Gefahren auf oberflächliche Weise vorbeuge. Äußerlichkeiten würden einen ins Unglück stürzen. Der Staat sei etwas Äußerliches für den Fürsten. Er solle auf die Äußerlichkeiten und Begehrlichkeiten verzichten und am besten in eine menschenleere Gegend ziehen.[39] Es gehe darum, einfach und ursprünglich zu sein, bescheiden, unbekümmert und ziellos. Das bedeute es, der großen Richtung zu folgen, die Gewohnheiten aufzugeben, seine Ansprüche einzuschränken und dem Dao zu folgen. Man soll aufgeben, womit man sich abmüht, beiseiteschieben, was einen beängstigt, Ruhm und Erfolg aufgeben und auf Macht verzichten.

Wer seinen Kompass am Inneren ausrichtet, strebe nicht nach Ruhm; wer dagegen seinen Kompass an Äußerlichkeiten ausrichtet, wolle Reichtümer anhäufen. Wer nicht nach Ruhm strebt, strahle etwas aus, obwohl man ihn als gewöhnlich ansehe; wer dagegen Reichtümer anhäufen will, der sei nur ein Marktschreier und die Leute würden sehen, wie er sich auf die Zehenspitzen stellt, während er sich für den Größten hält. Wer sich anderen Lebewesen hingibt, den würden sie bei sich aufnehmen; wem dagegen die anderen Lebewesen gleichgültig sind, der habe keine Nachsicht mit ihnen, wie könnte er Menschen gegenüber Nachsicht haben? Wer keine Nachsicht mit den Menschen hat, der sei niemandem nahe und habe sein Menschsein verloren.[40]

Ich sollte also meinen Kompass am Inneren ausrichten und mich nicht in Äußerlichkeiten verlieren. Vom Daoismus kann ich lernen, dass man nichts in den Griff bekommt. Oft wäre es besser, nicht einzugreifen. Aber in Übereinstimmung mit der Natur, dem Dao, der Lebenskraft: Wie macht man das? Vermutlich irre ich mich hier schon wieder, denn genau das kann man nicht »machen«. Und Sichselberfinden kann man nur, wenn man sich

---

38 Ebenda, 22.5.
39 Ebenda, 20.2.
40 Ebenda, 23.9.

nicht in den Dingen und Äußerlichkeiten verliert, was ich aber tue. Weniger arbeiten, weniger Geld verdienen, weniger Besitz anhäufen, könnte der Weg sein, mir weniger Sorgen zu machen. Wer festhält, müsste eigentlich auch wissen, wie man loslässt …

Die innere Einstellung zu den Dingen

Auch das Jahr zuvor war ich im Urlaub. Ein Projekt, in dem ich mitarbeitete, konnte vorher nicht abgerechnet werden. Gleichzeitig buchte das Finanzamt neuerdings Steuern quartalsweise im Voraus ab. Als die Rechnung für das Car-Sharing-Auto kam, mit dem ich im Urlaub war, konnte der Betrag mangels Deckung auf meinem Konto nicht abgebucht werden. Das löste bei mir panische Angst aus, meine Miete nicht mehr bezahlen zu können und nichts mehr zu essen zu haben, obwohl noch Zahlungen ausstanden und ich weiter arbeitete. Dann kam Post vom Finanzamt über eine Steuernachzahlung im vierstelligen Bereich, und darauf wollte auch die Krankenkasse die Beiträge anpassen für die letzten Jahre verbunden mit einer Nachzahlung in etwa gleicher Höhe.

Meine panische Angst wollte nicht aufhören, ich nahm (unfreiwillig) mehrere Kilo ab und fürchtete mich jedes Mal, wenn ich den Briefkasten öffnete. Immer wieder rechnete ich meine Einkünfte durch mit dem immer gleichen Ergebnis, dass ich über ausreichend Einnahmen verfügte. Vernünftig waren also diese Bauchschmerzen, die sich über mehrere Monate hielten, nicht, aber ich konnte mich auch nicht beruhigen. Mein Immunsystem vor allem im Bereich des Kopfes ließ nach: ich bekam Karies und hatte Entzündungen in den Nasennebenhöhlen und auf den Augenlidern. Irgendwo musste ich emotional falsch abgebogen sein, und ist man erst einmal auf dem falschen Weg, kommt man durch schnelleres Fahren nicht ans Ziel, wie die Stoiker sinngemäß sagen. Wie der Fürst von Lu verliere ich mich in Äußerlichkeiten und Begehrlichkeiten, und obwohl ich versuche, alles richtig zu machen, mache ich mir Sorgen. Ich hatte dermaßen genug von dieser Lebensweise, dass ich beschloss, den Weg der Stoa für mich zu erkunden. Wie stoisch ist der stoische Weise und wie wird man stoischer Weiser?

Es waren ja nicht meine tatsächlichen Lebensumstände, die verändert werden mussten, sondern meine Haltung und Einstellung dazu. Andererseits kannte ich, vor allem von früheren Urlauben am Mittelmeer, diesen unglaublichen Zustand der Glückseligkeit, der „Seelenruhe", der Gelassenheit, der eintritt, wenn man nichts anderes will, als dass es so ist, wie es jetzt gerade ist. Was aber macht der stoische Weise anders als ich? Die Stoiker sagen, so hatte ich gelesen, dass die Affekte auf falschen Urteilen beruhten: Was also muss ich anders machen, um diese Affektlosigkeit zu erreichen? „Sag zu dir nicht mehr als das, was deine ursprünglichen Vorstellungen vermelden", notierte sich Marc Aurel. Ich soll die Tatsachen als Tatsachen nehmen und bei dem bleiben, was tatsächlich passiert ist. Die Vernunft sei ein Meister darin, über das Ziel hinauszuschießen. Er sehe, dass das Kind krank ist, er sehe aber nicht, dass es in Gefahr sei, schreibt Marc Aurel: „So bleibe immer bei den ersten Vorstellungen und füge aus deinem Inneren selbst nichts hinzu; dann passiert dir nichts."[41]

Ich hatte gehört, dass der stoische Weise von der inneren Einstellung, die man zu den Dingen hat, ausgeht: Wenn das, was man will, mit der Wirklichkeit übereinstimmt, sei man glücklich. Ich stellte mir daher vor, dass ich dann nicht mehr an den Dingen in der Außenwelt herumschrauben müsste, was sich auch immer wieder ziemlich schwierig gestaltet, weil man vieles gar nicht oder nur sehr schwer beeinflussen kann, aber in mir etwas zu verändern, müsste doch gut machbar sein. Ich müsste mich *nur* in Übereinstimmung mit der Welt bringen! Der Daoist bleibt ja auch bei sich und seiner Natur trotz Zivilisation. Das kann eigentlich nicht so schwer sein, dachte ich mir.

In Übereinstimmung leben hatte nach stoischer Auffassung auch etwas mit der Beherrschung der Affekte zu tun. Man könne die Affekt- und somit Leidensfreiheit erreichen, wenn man keine Affekte mehr hat – das leuchtete mir ein. Ein Affekt ist eine Erregung oder psychische Angespanntheit, den man laut Stoa beeinflussen kann. Nur wie? – Das ist die große Frage. Jedenfalls soll dieser stoische Weise im wörtlichen Sinn *apathisch* sein – affektfrei (aber nicht gefühllos). Und dadurch trete die Glückseligkeit automatisch ein. Das zumindest schien ich zu verstehen, braucht man doch, um Glück zu fühlen, nichts zu tun. Ähnliches sagt auch Zhuangzi: Auf die Frage, ob es Menschen ohne Affekte gebe, und ob das überhaupt noch Menschen seien, antwortet er, dass das Dao ihnen Charakter verleihe, und er meint damit, dass sich dieser Mensch von seinen Vorlieben und Abneigungen im Innern nicht verletzen lasse und sich nicht in Äußerlichkeiten

41 Marc Aurel, Selbstbetrachtungen, übersetzt und herausgegeben von Gernot Krapinger, Ditzingen 2019, Achtes Buch, 49.

verliere.[42] Die Vernunft soll laut Stoa die Gefühlsregungen unter Kontrolle bringen, weil wir sonst von den Affekten mitgerissen würden wie von einem durchgehenden Pferd, das außer Kontrolle geraten ist. Und dann könne man sich kein vernünftiges Urteil mehr über die Dinge bilden.

Manchmal hatte ich Seneca gelesen, der bereits vor zweitausend Jahren sagte, dass jeder glücklich leben wolle, aber es sei nicht so leicht, zu einem glücklichen Leben zu gelangen: Habe man einmal den Weg verfehlt, so komme man immer weiter davon ab, je rascher man darauf zugehe, denn man gehe ja in die falsche Richtung! Deswegen müsse man sich als erstes darüber klar werden, was man eigentlich will und auf welchem Weg man dieses Ziel am schnellsten erreicht. Solange wir planlos umherrennen, ohne Ziel und Führung, und dem Lärm und Geschrei der Masse folgen, was uns bald hierhin, bald dorthin zieht, zerrinne unser Leben im Nu. Der am meisten begangene Weg könne der falsche sein. Man müsse sich hüten, sagt Seneca, wie das liebe Vieh den Vorangehenden hinterher zu trotten, indem man da geht, wo die Menge eben zu gehen pflegt, und nicht da, wo man gehen sollte: „Und doch verwickelt uns nichts in größere Übel, als dass wir uns nach dem Gerede richten und das für das Beste halten, was mit großer Zustimmung aufgenommen worden ist, und uns nicht an die guten, sondern an die vielen Bespiele halten und nicht auf die Vernunft, sondern auf die Anpassung hin leben."[43] Wie bei einem großen Gedränge, irre niemand für sich allein. Es sei nicht nur schädlich, sich den Vorangehenden anzuschließen, sondern man müsse selbst urteilen (anstatt anderen zu glauben). Wir könnten geheilt werden, wenn wir uns vom großen Haufen losmachen. Die Menge, die zäh an ihrem Urteil festhält, stehe der Vernunft entgegen. Wenn vom glücklichen Leben die Rede ist, dürfe man sich gerade nicht daran halten, was die Mehrheit sagt; die Einstellung der Masse sei geradezu ein Beweis des Verkehrtesten!

Glücklich könne derjenige genannt werden, der, von der Vernunft geleitet, nichts mehr wünscht und nichts mehr fürchtet. Steine seien zwar auch frei von Furcht und Traurigkeit, ebenso Tiere; glücklich aber werde sie deswegen niemand nennen, weil ihnen das Bewusstsein des Glücks fehle.

42 Zhuangzi, 5.6.

43 L. Annaeus Seneca, De vita beata / Vom glücklichen Leben, zitiert nach L. Annaeus Seneca, Glück und Schicksal, hrsg. von Marion Giebel, Stuttgart 1990, 1; wenn nicht anders angegeben zitiere ich nach L. Annaeus Seneca, Philosophische Schriften, 5 Bde., übersetzt und hrsg. von Manfred Rosenbach, Darmstadt 1984, ²1987.

Auf derselben Stufe stehen für Seneca auch Menschen, die infolge von Stumpfsinn und Mangel an Selbstkenntnis auf die Stufe von Tieren und unbelebten Dingen herabgesunken seien: In solchen Fällen sei kein Unterschied zwischen Tier und Mensch. Glücklich könne niemand genannt werden, der keinen Begriff von Wahrheit hat: „Glücklich ist also, wer richtig urteilt; glücklich ist, wer mit den gegenwärtigen Umständen, wie immer sie sind, zufrieden und seinen Verhältnissen freund ist; glücklich ist derjenige, dem die Vernunft den Gesamtzustand seiner Verhältnisse als angenehm erscheinen lässt.“[44]

Seneca ist der Ansicht (im Unterschied zu anderen Stoikern), dass Epikur eine moralische und rechte Lehre vertritt, die bei genauer Betrachtung sogar streng und (fast) freudlos sei. Jene viel gepriesene Lust laufe nämlich am Ende auf ein geringes Maß hinaus. Auch Epikur verlange, in Übereinstimmung mit der Natur zu leben. Deshalb sagt Seneca nicht, wie die meisten Stoiker, Epikurs Schule sei eine Lehrstätte des Lasters, sondern er behauptet, sie stehe zu Unrecht in einem schlechten Ruf! Dieser Ansicht können wir uns hier anschließen: Epikur empfiehlt die Philosophie, egal ob man jung oder alt ist, denn für die psychische Gesundheit sei es nie zu früh oder zu spät. Wer dagegen behauptet, die richtige Zeit für das Philosophieren sei noch nicht gekommen oder sei schon vorbei, „der gleicht einem, der sagt, die richtige Zeit für das Glücklichsein sei noch nicht gekommen oder sei schon vorbei“.[45] Denn für das, was für die Psyche heilsam ist, sei niemand zu jung oder zu alt. Daher solle man weder in jungen Jahren zögern, sich philosophisch zu betätigen, noch solle man im Alter das Philosophieren als Mühe empfinden. Man müsse sich in den Dingen üben, die das Glück hervorbringen, „denn wenn es da ist, haben wir alles, wenn es aber fehlt, dann tun wir alles, um es zu haben.“[46]

Es gebe mehr Dinge, die uns nur schrecken, als solche, die uns tatsächlich hart zusetzen, schreibt Seneca an Lucilius; öfter würden wir unter einer Einbildung als unter einer Tatsache leiden. Wir sollten nicht vor der Zeit unglücklich sein, uns fürchten und Sorgen machen, da jene Dinge, die uns,

44 Seneca, Vom glücklichen Leben, übersetzt von Fritz-Heiner Mutschler, Ditzingen 2019, 6.

45 Epikur, Brief an Menoikeus, 122 (= Diogenes Laertius, Leben und Meinungen berühmter Philosophen, X 1, 122); zit. nach Epikur, Ausgewählte Schriften, hrsg. von Christof Rapp, Stuttgart 2010; siehe auch Epikur, Wege zum Glück, übersetzt und hrsg. von Rainer Nickel, Mannheim 2010, S. 147.

46 Ebenda, 129.

als seien sie schon da, mit Entsetzen erfüllen, vielleicht niemals eintreffen werden, sicher aber noch nicht eingetroffen sind. Manches quäle uns mehr und früher, als es sollte; wir würden den Schmerz vorwegnehmen oder ihn uns einbilden.[47] Deshalb müssten wir erstmal prüfen, ob es sicher sei, dass ein zukünftiges Unglück tatsächlich bevorsteht; meistens würden wir nämlich unter Vermutungen leiden: Wahnvorstellungen würden uns mehr verwirren als die Wirklichkeit. Viele Ängste seien grund- und sinnlos. Und auch wenn es wahrscheinlich ist, dass irgendein Unglück bevorsteht, sei es deshalb noch lange nicht wirklich. Solche Wahnideen würden wir uns oft nur einbilden. Die Vernunft und Klugheit soll hier helfen, indem wir mit der Kraft des Geistes (auch eine begründete) Angst stoisch zurückweisen. Ich sollte mir daher keine Sorgen machen über Dinge, die noch gar nicht eingetreten sind, weil sie vielleicht nie eintreten werden, und erste Impulse von Ängsten und Sorgen zurückweisen, damit daraus kein Affekt wird.

Philosophieren heißt sterben lernen

Zu hoffen, am Ende werde alles gut, halte ich für falsch. Denn eines ist sicher: Es wird nicht alles gut werden, sondern wir werden bald sterben! Ein endliches Leben erscheint mir besser als unsterblich zu sein, aber ob das Sterben mit viel oder wenig Leid verbunden ist, lässt sich natürlich nicht vorhersagen. Nur Hoffnung halte ich für ein böses Gift, das der Realität aus dem Weg zu gehen versucht. Montaigne beginnt seinen berühmten Essay mit Cicero, der sage, dass Philosophie nichts anderes sei als die Vorbereitung auf den Tod.[48] Den Tod können wir nicht umgehen, er ist das Ziel unseres Lebens. Mag sich die breite Masse dadurch helfen, dass sie den Tod verdrängt – dennoch bleiben wir sterblich. Die Vorbereitung auf den Tod sei die Vorbereitung auf die Freiheit, meint auch Seneca: „Wer gelernt hat zu sterben, hat verlernt Sklave zu sein."[49] Wer eingesehen hat, dass der Verlust des Lebens kein Unglück ist, kenne in seinem Leben kein Unglück.

47 Lucius Annaeus Seneca, Briefe an Lucilius, hrsg. von Marion Giebel, Stuttgart 2014, 13. Brief, 4/5.

48 Michel de Montaigne, Essais: Erste moderne Gesamtübersetzung von Hans Stilett, Frankfurt am Main 1998, S. 45.

49 Seneca, Briefe an Lucilius, 26. Brief, 10.

Überhaupt sei der Sprung vom Elendsein zum Nichtmehrsein gar nicht so groß wie der vom blühenden Leben zum beschwerlichen. Wir seien schon so gut wie tot, begraben und verscharrt ...

Auch wenn man das Sterben natürlich nicht lernen und einüben kann wie eine andere Tätigkeit, ist vielmehr mit dem *memento mori* (lat. etwa „Sei dir der Sterblichkeit bewusst") gemeint, sich durch den Gedanken an den Tod die eigene Sterblichkeit vor Augen zu führen, um dadurch die Furcht vor dem Tod zu mindern bzw. sie einem ganz zu nehmen. Seneca rät Lucilius: „Du denke immerhin stets an den Tod, dann brauchst du ihn niemals zu fürchten."[50] Die meisten Menschen würden sich über die Kürze des Lebens beklagen; das Leben laufe rasend schnell ab. Seneca hält dagegen: Wir hätten keine zu geringe Lebensspanne, sondern wir würden zu viel Lebenszeit vergeuden. Das Leben sei lang genug, wenn wir es nur richtig angehen. Wir hätten kein kurzes Leben, sondern würden es kurz machen; wir hätten keinen Mangel an Lebenszeit, sondern würden verschwenderisch damit umgehen. Das Leben sei lang, wenn man es zu nutzen versteht. Doch den einen halte unersättliche Habgier gefangen, den anderen seine geschäftige Betriebsamkeit mit völlig überflüssiger Plackerei. Der wieder ertrinke im Wein, der andere dämmere im Nichtstun dahin, wieder einen anderen zermürbe sein Ehrgeiz, mit dem er sich stets von der Meinung der anderen abhängig macht. Den Nächsten führe die rastlose Begierde, Geschäfte zu machen, durch alle Länder und über alle Meere in der Hoffnung auf Profit. Viele haben das Streben nach fremdem Glück oder die Sorge um das eigene völlig vereinnahmt. Die meisten jedoch, die kein festes Ziel verfolgen, habe ihre Haltlosigkeit, die sie schwankend, unstet und mit sich selbst zerfallen macht, von einem Unternehmen zum anderen getrieben. Manche fänden an nichts Gefallen, worauf sie ihren Kurs richten könnten, vielmehr würden sie matt und schläfrig von ihrem Schicksal eingeholt. Wir würden nur einen kleinen Teil unseres Lebens wirklich leben, der Rest sei vergeudete Zeit! Der eine kümmert sich um den anderen, aber keiner um sich selbst.[51] Wenn jeder an sich selbst denken würde, wäre auch an alle gedacht!

Seneca wundert sich über die Verblendung des menschlichen Geistes: Ihre Landgüter würden die Leute von niemand in Besitz nehmen lassen,

50 Ebenda, 30. Brief, 18; siehe dazu auch Héctor Wittwer, Philosophie des Todes, Ditzingen 2009, ^{2}2020.

51 Seneca, De brevitate vitae / Von der Kürze des Lebens, übersetzt und herausgegeben von Marion Giebel, Stuttgart 2008, 1 und 2.

aber in ihr eigenes Leben würden sie andere eindringen lassen. Knauserig seien sie, wenn es gelte, das ererbte Vermögen zusammenzuhalten, stehe aber die Zeit auf dem Spiel, dann seien sie die größten Verschwender. Wir würden so leben, als lebten wir ewig. Es sei doch reichlich spät, erst dann mit dem Leben zu beginnen, wenn man es schon bald beenden muss. Mit der kostbarsten Sache der Welt, der Zeit, würden wir umgehen wie mit einem Spielzeug. Jahresgehälter und Geldspenden würden die Menschen nur zu gerne annehmen, und dafür geben sie ihre Arbeitskraft, aber niemand schätze die Zeit: „Viel zu gleichgültig geht man mit ihr um, als hätte man sie umsonst."[52] Das größte Hindernis im Leben sei die Erwartung, die uns an das Morgen bindet und uns das Heute verlieren lässt; wir sollten jetzt leben, sagt Seneca bereits vor zweitausend Jahren. Oft sei das Gemüt noch kindisch, wie sorglos und gleichgültig viele Menschen mit dem raschen Fluss der Zeit umgehen, wenn das Greisenalter sie überfällt, in das sie ganz plötzlich und ahnungslos hineingestolpert sind. Dass es täglich näherrückt, hätten sie gar nicht mitbekommen, weil sie zu beschäftigt waren: „Doch wer sein Leben fern von aller Geschäftigkeit führt, wie sollte es für den nicht lang sein?"[53] Wenn der letzte Tag kommt, werde der Weise ohne zu zögern festen Schrittes in den Tod gehen. Nur die allein würden in Muße leben, die ihre Zeit der Weisheit widmen, sie allein würden leben.[54] Deshalb empfiehlt Seneca, sich von der großen Masse zu trennen und sich endlich in einen ruhigeren Hafen zurückzuziehen.

Den stoischen Weisen hat es vermutlich nie gegeben – jage ich einem Gespenst hinterher? Im Grunde ist aber dieser Gedanke ganz unphilosophisch, denn »Weise« in diesem Sinn hat es vielleicht überhaupt nie gegeben, weshalb der Philosoph auch nicht weise, sondern nur ein Freund der Weisheit sein will. Ziel ist es, sich an einem Ideal zu orientieren (anstatt perfekt sein zu wollen). Dann sei uns kein Zeitalter (der Philosophie) verschlossen, zu allen hätten wir Zutritt; wir dürften mit Sokrates diskutieren, mit Karneades zweifeln, mit Epikur Ruhe finden, mit den Stoikern die menschliche Natur überwinden und mit den Kynikern sie hinter uns lassen. Wenn wir als Zeitgenossen durch Philosophie in jede Epoche eintreten können, warum sollten wir uns dann nicht dem zuwenden, was unermesslich und ewig ist und uns mit dem Besseren in Verbindung bringt?

52 Ebenda, 8.
53 Ebenda, 11.
54 Ebenda, 14.

Der bis heute sprichwörtliche stoische Weise war ein Ideal der antiken, genauer der hellenistischen Philosophie.[55] Meine Ausgangsfrage ist, was die antiken Philosophen gewusst haben, wovon wir heute noch lernen können – vor allem in Sachen Lebensweisheit. Im Folgenden stelle ich die wichtigsten lebenspraktischen Einsichten der nachsokratischen Philosophen dar: beginnend bei Sokrates und Platon, über Aristoteles, Diogenes, Epikur, die Skeptiker bis zu den Stoikern will ich deren Denken und Auffassungen zeigen – anschaulich und dicht an den Quellen, um so deren Weg zu Ruhe und Gelassenheit, Leidens- und Affektfreiheit nachzuzeichnen, der zur Eudaimonie führt, einem gelingenden, glücklichen, blühenden, fließenden Leben. Die griechischen Philosophen haben sich gegenseitig beeinflusst und voneinander gelernt. Deshalb ist es sinnvoll, die einzelnen Schulen nicht isoliert zu betrachten. Der Titel orientiert sich an dem seinerzeit erfolgreichen und einflussreichen Buch von Willy Hochkeppel, *War Epikur ein Epikureer?* (1984), und will ebenso in zeitgemäßer Form die Aktualität antiker Weisheitslehren aufzeigen.[56]

Die folgenden Untersuchungen richten sich an mich und sind (in erster Linie) an mich und für mich geschrieben. Stoisches Vorbild ist hier Marc Aurel mit seinen *Selbstbetrachtungen*, auch wenn das Ergebnis ein anderes ist.[57] Dieses Buch hat er vermutlich nur für sich geschrieben, was jedoch andere Leser nicht ausschließt. Auch ich schreibe für und an mich, was mir auch noch andere Vorteile zu haben scheint: Ich möchte keine Ratschläge erteilen – weder mir selbst noch anderen. Ich will den stoischen Weg erkunden und prüfen, ob er für mich gangbar ist. Der stoische Weise ist nicht arm an Gefühlen, wie manchmal behauptet wird, sondern frei von Affekten, d. h. von der Vernunft nicht mehr steuerbaren Regungen wie Hass, Wut, Zorn, Mitleid, Neid, Missgunst oder Kummer und Sorgen, die dem glücklichen Leben entgegenstehen. Der Weise könne sich von diesen Affekten befreien, und die Stoiker sagen, sie wüssten, wie.

---

55 So z. B. Immanuel Kant, Kritik der reinen Vernunft, Hamburg 1998, A 569/ B 597.

56 Willy Hochkeppel, War Epikur ein Epikureer? Aktuelle Weisheitslehren der Antike, München 1984.

57 Vgl. Alexander Demandt, Marc Aurel: Der Kaiser und seine Welt, München 2018, S. 46.

Zwei

Philosophie als Lebensweisheit

Einleitung

Da lacht die Magd oder: Platons Umdeutung des Philosophiebegriffs

Die Geschichte der abendländischen Philosophie beginnt mit einem Desaster: So erzählt man sich von Thales, er sei, während er sich mit dem Himmel beschäftigte und nach oben blickte, in einen Brunnen gefallen. Darüber habe ihn eine witzige und hübsche thrakische Dienstmagd ausgelacht und gesagt, er wolle wissen, was am Himmel sei, während ihm doch schon das, was vor seiner Nase und den Füßen liege, verborgen bleibe. Beim Beobachten der Sterne soll Thales von Milet (623/24–544/48 v.u.Z.) – der erste Philosoph und einer der „Sieben Weisen" – in ein Brunnenloch gefallen sein: Bereits über den ersten Philosophen macht sich eine Magd lustig, weil sie meint, die Philosophie beschäftige sich mit so fernen Dingen, dass man lebensuntüchtig werde! Dieser Spott reiche noch immer aus gegen alle, fügt Platon an, die in der Philosophie leben.[58] Womit sich Philosophie befasst, bringt Mägde zum Lachen.

Vermutlich ist die Geschichte jedoch nicht wahr, denn in den Fabeln von Äsop (um 600 v.u.Z.) wird das gleiche über einen Astrologen erzählt mit der Pointe, dass er offenbar einer sei, der sehen wolle, was am Himmel, und dabei übersehe, was auf der Erde sei. Doch seit dem Spott der thraki-

58 Platon, Theaitetos, 174a; ich zitiere, wenn nicht anders angegeben, Platon, Werke in acht Bänden, griechisch und deutsch, übersetzt von Friedrich Schleiermacher, hrsg. von Gunther Eigler, Darmstadt 1973, [7]2016; vgl. Platon, Theätet, Übersetzung durchgesehen und überarbeitet von Alexander Becker, Frankfurt am Main 2007.

schen Magd haftet den Philosophen etwas Weltfremdes an, Lebensuntüchtigkeit wird ihnen nachgesagt. Die Philosophie befasst sich mit allem, was es gibt; und die Frage, wie man (am besten) leben soll, ist von jeher eine der wichtigsten Fragen in der Philosophie. Hans-Georg Gadamer (1900–2002) meinte sogar, Thales sei in den trockenen Brunnen gestiegen, um von dort aus die Sterne besser beobachten zu können, denn der Brunnen war das antike „Fernrohr".[59] Nur die lustige Magd habe gedacht, er sei hineingefallen.

Über eben diesen Thales und dessen Weisheit berichtet Aristoteles in seiner *Politik*, dass er in seiner Erwerbstätigkeit äußerst erfolgreich gewesen sei, denn zum Erwerb von Besitz benötige man brauchbare Einsichten:

> „Als man ihm wegen seiner Armut vorhielt, die Philosophie sei eine unnütze Beschäftigung, da, so sagt man, habe er aus der Berechnung der Gestirne erschlossen, dass eine reiche Olivenernte bevorstehe; er habe noch im Winter, als er gerade über bescheidene Mittel verfügte, für sämtliche Ölpressen in Milet und auf Chios Anzahlungen hinterlegt und sie für einen geringen Betrag gemietet, da niemand ein höheres Angebot machte. Als aber die Ernte kam und zur gleichen Zeit und plötzlich viele Ölpressen gesucht wurden, habe er sie nach Bedingungen, wie sie ihm gefielen, vermietet; er habe viel Geld gewonnen und bewiesen, dass es den Philosophen leicht ist, reich zu werden, wenn sie wirklich wollen – jedoch dies sei es nicht, worauf sie ihr Streben richten."[60]

Die Philosophen könnten alle reich werden, wenn sie wollten. Aber es gibt Wichtigeres im Leben als Geld und Besitz – das war ihnen wohl von je her klar.

Während Sokrates und Diogenes Reichtum wenig bedeutete, stammte Platon aus einer wohlhabenden Familie, und Aristoteles soll von seiner Freundschaft mit Philipp von Makedonien (dem Vater Alexanders) profitiert haben. Nur Seneca war nicht nur reich, sondern „stinkreich": Nach der Rückkehr aus der Verbannung nach Korsika, wodurch die Hälfte seines Vermögens eingezogen worden war, hat er – wohl auch dank seiner Nähe zu Nero – diesen Verlust um ein Vielfaches wettmachen können.[61]

---

59 Hans-Georg Gadamer, Der Anfang des Wissens, Stuttgart 1999, S. 166.

60 Aristoteles, Politik, übersetzt von Eckart Schütrumpf, Hamburg 2012, 1259a.

61 Vgl. James Romm, Seneca und der Tyrann: Die Kunst des Mordens an Neros Hof, München 2018, S. 130ff; sowie Paul Veyne, Weisheit und Altruismus: Eine Einführung in die Philosophie Senecas, Frankfurt am Main 1993, S. 25.

Neben Latifundien in Ägypten, Spanien und Italien war er erfolgreicher Winzer und machte Geldgeschäfte, wofür er in Rom heftig kritisiert wurde. Er rechtfertigt sich in *De vita beata*: Der Weise halte sich der Gaben des Glücks durchaus nicht für unwürdig. Zweifellos habe er, wenn er Vermögen besitzt, mehr Möglichkeiten, sich zu entfalten, als wenn er arm wäre. Bei der Armut könne sich die Tugend nur auf eine Art zeigen, nämlich sich nicht entmutigen zu lassen; beim Reichtum öffne sich dagegen ein weites Feld für eine maßvolle, wohlüberlegte, großzügige Verwendung. So stimme Reichtum den Weisen heiter. Ihm entgehe mit dem Reichtum, wenn er ihn verliere, nichts als der Reichtum selbst, andere würden wie betäubt sein und glauben, sich selbst verloren zu haben. Während er den Reichtum besitze, seien andere vom Geld besessen. Wir sollten also aufhören, den Philosophen den Besitz des Geldes zu verbieten; niemand habe die Weisheit zur Armut verdammt. Ein Philosoph könne durchaus große Schätze haben, sofern sie rechtmäßig erworben seien.[62]

Das antike Griechenland gilt als Geburtsort von Theorie, Wissenschaft und Weisheit. Weisheit (*sophia*) wurde zunächst Dichtern, Wahrsagern oder Königen zugesprochen.[63] Es gab eine variierende Liste von sieben Weisen, von denen nur Thales (rückblickend) als Philosoph gilt. Der Begriff „Philosoph" kam wohl erst im vierten oder fünften Jahrhundert vor unserer Zeitrechnung auf und wurde dann nachträglich auf frühere Denker angewendet: „Im Grunde genommen konnte der Ausdruck *sophos* für jeden benutzt werden, der irgendeine Art von Kunstfertigkeit besaß", schreibt Robert Bellah.[64] Was Weisheit genau ist, blieb jedoch lange Zeit vage. Vielmehr war es die Rationalität, die Vernunft im heutigen Sinn, die im alten Griechenland kurz vor Platon und Aristoteles hoch gehalten wurde.[65]

Angeblich hat sich Pythagoras als erster *philosophos* genannt, ein „Freund der Weisheit", denn wie die einen nach Ruhm streben und die anderen nach Reichtum, so ginge es den Reinsten um *theôria*, „Einsicht", „Betrachtung", „Erkenntnis" – eben dies seien die Philosophen. Möglicherweise hat schon Heraklit das Wort *philosophos* gebraucht, der von Pythagoras gewusst hat. Inzwischen hält man es aber eher für zweifelhaft, ob Pythagoras oder Heraklit die Worte „philosophieren" oder „Philosophie"

62 Seneca, De vita beata / Vom glücklichen Leben, 21-23.

63 Robert Bellah, Der Ursprung der Religion: Vom Paläolithikum bis zur Achsenzeit, Freiburg i.Br. 2020, 2021, S. 506.

64 Ebenda, S. 512.

65 Ebenda, S. 519.

überhaupt gekannt haben.[66] Platon hat das Wort vermutlich nicht erfunden, doch so umgedeutet, dass es das Streben nach Wissen und Weisheit bezeichnet (und nicht den Besitz). Im ursprünglichen Sinn betonen mit *phil-* zusammengesetzte Komposita einen vertrauten Umgang mit etwas: So ist Philippos (*hippos* bedeutet „Pferd") einer, der gerne (und gut) mit Pferden umgeht.[67] Demnach sind Philosophen zunächst solche, die vertrauten Umgang mit Wissen und Weisheit haben, also weise (*sophos*) sind.

Dies deutet Platon dann so um: Die völlig Unwissenden philosophieren nicht, sondern nur die, die ihre eigene Unwissenheit erkannt haben. Diejenigen, die bereits weise sind, könne man ja nicht mehr „Weisheitsfreund" (Philosoph) nennen, seien dies nun Götter oder Menschen, und auch diejenigen, die so dumm sind, dass es weh tut, könne man nicht als „Freund der Weisheit" bezeichnen. Übrig bleiben diejenigen, die noch nicht weise sind, aber schon so viel verstehen, dass sie wissen, was sie noch nicht wissen. Deshalb philosophieren nur die, die weder gut noch böse sind.[68] Weisheit komme bestenfalls Gott oder den Göttern zu; jemanden einen Weisen zu nennen, sei etwas Großes, vielleicht zu großes für einen Sterblichen; ihn aber weisheitsliebend zu nennen, sei angemessener, denn ein Freund der Weisheit könne man durchaus sein.[69] Wer weise ist, wie die Götter, philosophiert nicht: „Von den Göttern philosophiert keiner oder begehrt, weise zu werden; er ist es nämlich schon, wie auch sonst niemand, der weise ist, philosophiert. Ebenso wenig philosophieren die Unwissenden, noch begehren sie, weise zu werden."[70] Das Schlimme an der Unwissenheit sei, dass sie (ohne schön oder gut oder vernünftig zu sein) sich selbst zu genügen meint; und wer nun nicht glaubt, bedürftig zu sein, der begehre auch

66 Walter Burkert, Platon oder Pythagoras? Zum Ursprung des Wortes »Philosophie«, in: Hermes: Zeitschrift für klassische Philologie 88 (1960), S. 159-177; siehe auch Wolfgang Schadewaldt, Die Anfänge der Philosophie bei den Griechen: Die Vorsokratiker und ihre Voraussetzungen, Frankfurt am Main 1978, S. 13/14.

67 Michael Erler, Platon, München 2006, S. 62; vgl. Burkert, Platon oder Pythagoras?, S. 172.

68 Platon, Lysis, 218a; siehe Hans-Georg Gadamer, Der Anfang der Philosophie, Stuttgart 1996, S. 17/18.

69 Platon, Phaidros, übersetzt und hrsg. von Thomas Paulsen & Rudolf Rehn, Hamburg 2019, 278d; vgl. Karl Albert, Platons Begriff der Philosophie, Sankt Augustin 1989, S. 14.

70 Platon, Symposion / Gastmahl, übersetzt und hrsg. von Barbara Zehnpfennig, Hamburg [2]2012, 204a.

nicht, dessen er nicht zu bedürfen glaubt. Die Philosophen befinden sich daher zwischen dem Weisen und dem Unwissenden – sie sind die einzigen, die philosophieren.

Etabliert scheint der Begriff dann kurze Zeit später bei Aristoteles zu sein, wenn er die Philosophie als „Wissenschaft von der Wahrheit" bezeichnet und schreibt, dass die Bezeichnung Philosoph verwendet werde wie die Bezeichnung Mathematiker und dass die Philosophie in verschiedene Teildisziplinen zerfalle ebenso wie die Mathematik.[71] Als klassisch kann denn auch die Einteilung der Philosophie in Logik, Physik und Ethik gelten, die von den Stoikern übernommen wurde.

Antike und moderne Ethik

Die antike Philosophie lehrte das rechte Leben, und der Philosoph war der Fachmann in Sachen Lebenskunst.[72] Die philosophische Theorie hatte dem philosophischen Leben zu dienen. Ein Philosoph in der Antike war jemand, der als Philosoph lebt, der ein philosophisches Leben führt, indem er nach Weisheit strebt, und der nicht bloß ein Theoretiker der Philosophie ist. Philosophie wurde in der Antike als eine Lebensform aufgefasst, die zu einem glücklichen, weil geglückten Leben führt.

Die Heilkraft der Philosophie bestehe darin, schreibt Seneca an Lucilius, dass sie die, die mit ihr umgehen, fördert. Wer an die Sonne geht, werde braun; wer sich in einer Parfümerie aufhält, nehme den Duft des Raumes an; und wer bei einem Philosophen war, werde von diesem notwendigerweise etwas mitnehmen.[73] Eindringlich plädiert er dafür, dass sich philosophische Lehren in die Tat umsetzen lassen müssen und dass Philosophen auch das tun müssen, was sie sagen: Worte sollen zu Taten werden.

Philosophen zuzuhören oder zu lesen, dürfe sich nur auf das Ziel eines glücklichen Lebens beziehen. Niemand handle schlechter an der Menschheit als derjenige, der die Philosophie wie eine für Geld erhältliche Kunst

71 Aristoteles, Metaphysik, übersetzt von Thomas Alexander Szlezák, Berlin 2003, 993b und 1004a.

72 Albrecht Dihle, Philosophie als Lebenskunst, hrsg. von der Rheinisch-Westfälischen Akademie der Wissenschaften, Opladen 1990, S. 5 und 8.

73 Seneca, Briefe an Lucilius, 108. Brief, 4.

erlernt und wer anders lebt, als die Philosophie vorschreibt; solche Leute sind für Seneca Beispiel einer unnützen Lehre:

> „Ein solcher Lehrer kann mir nicht mehr helfen als ein bei Sturm seekranker Steuermann. Man muss das Steuerruder festhalten, wenn eine Sturzwelle es aus der Hand reißen will, man muss sogar mit dem Meer ringen und dem Sturmwind die Segel entreißen. Was kann mir ein Schiffskommandant helfen, der wie vom Donner getroffen dasteht und sich übergibt. Eine viel gewaltigere Sturmflut, glaubst du wohl, bricht über dein Leben herein als über irgendein Schiff? Nicht auf Reden, sondern auf Steuerkunst kommt es an.“[74]

Oft sei das, was Philosophen sagen, das Gedankengut anderer. Wenn sie das als ihr geistiges Eigentum ausweisen wollen, müssen sie tun, was sie sagen. Leben und Philosophieren müssen zusammenfallen. Philosoph zu sein hieß also, sich zu einer Lebensweise zu bekennen, die sich von anderen Menschen unterscheidet und das Leben grundlegend verändert: „Philosoph zu sein heißt nicht, eine theoretische philosophische Ausbildung erfahren zu haben oder Philosophielehrer zu sein, sondern bedeutet, sich nach einer Umkehr, die eine radikale Veränderung des Lebens bewirkt, zu einer Lebensweise zu bekennen, die sich von der anderer Menschen unterscheidet.“[75]

Die antike Lebensweisheit trat dann im Hochmittelalter in den Hintergrund und verlor ihre praktische, lebensleitende Funktion durch die Dominanz des Christentums, als biblische Weisheiten Lebenshilfe bieten sollten und die geistigen Übungen und Praktiken zur christlichen »Askese« umgebaut wurden. Das Christentum hat Religion und Moral miteinander verbunden, was der Antike fremd gewesen ist.[76] Der Philosophie blieb ab dem Mittelalter als „Magd der Theologie“ nur noch der theoretische Diskurs übrig, weil die Praxis in der Religion stattfand. Lebensform und Lebensweise wurde mit der christlichen Religion gleichgesetzt. Die antiken Philosophenschulen wie der Platonismus oder der Stoizismus wurden vom Christentum aufgesogen, die geistigen Übungen in die mönchische

---

74 Ebenda, 108. Brief, 37.

75 Pierre Hadót, Die innere Burg: Anleitung zu einer Lektüre Marc Aurels, Frankfurt am Main 1997, S. 20.

76 Jörg Lauster, Die Verzauberung der Welt: Eine Kulturgeschichte des Christentums, München 2014, S. 86.

Lebensform integriert, während der Epikureismus völlig verschwand.[77] Mit der Aufklärung und einsetzenden Säkularisierung verlor dann zwar die christliche Lehre wieder sukzessive an Bedeutung, der Lebenskunst (*ars vivendi*) standen und stehen bis heute jedoch Überlegungen Immanuel Kants (1724–1804) entgegen.

»Glückseligkeit« ist für Kant die Befriedigung unserer Neigungen, aber aus der Glückseligkeit folgt für ihn kein moralisches Gebot, kein Sittengesetz, keine Ethik.[78] Ihm geht es in seiner Moralphilosophie um verallgemeinerbare, objektive Maximen, die für alle immer gelten können müssen. Das unterscheidet den sog. kategorischen Imperativ von allen möglichen hypothetischen. Imperative haben für Kant aber nur dann moralische Bedeutung, wenn sie kategorisch sind; empirische Beweggründe seien nur hypothetisch, gelten also nicht grundsätzlich, sondern seien von bestimmten Umständen abhängig, willkürlich und subjektiv. Antworten auf Fragen nach dem guten und glücklichen Leben könnten bestenfalls hypothetische Imperative liefern. Glückseligkeit sei ein subjektives Gefühl; Ethik oder Moralphilosophie jedoch dürfe ihren Bestimmungsgrund nicht in einem subjektiven Gefühl haben.[79] Wirklich reine moralische Gesetze müssen für Kant a priori gelten – ohne Rücksicht auf empirische Beweggründe. Weil Handlungen aus Neigung und ihre dazugehörigen Maximen nicht dem kategorischen Imperativ folgen, gehören sie seit Kant nicht mehr zur Ethik.

Glücklich zu sein, sei zwar notwendigerweise das Verlangen aller vernünftigen Wesen, aber weil dieser Grund bloß vom Subjekt empirisch erkannt werden kann, sei er nicht verallgemeinerbar und die Glückseligkeit setze auf individuelle Lust und Unlust, was ein zufälliges praktisches Prinzip sei und kein objektiv notwendiges, für alle gleichermaßen gültiges Gesetz.[80] Nach Kant muss aber die Ethik objektiv allgemeingültig moralische Normen begründen, was für ihn mit dem Rückgriff auf subjektive Glücksgefühle nicht gewährleistet werden kann. Bei der Glückseligkeit komme es darauf an, viel Vergnügen zu haben und nicht auf eine strenge Gesetzmäßigkeit. Das Prinzip der eigenen Glückseligkeit sei in der Ethik am meisten verwerflich, weil es der Moral Triebfedern unterlege, die sie

77 Pierre Hadot, Wege zur Weisheit oder: Was lehrt uns die antike Philosophie?, Frankfurt am Main 1999, S. 291 ff.

78 Kant, Kritik der reinen Vernunft, A 806/B 834.

79 Immanuel Kant, Kritik der praktischen Vernunft, Hamburg 2003, A 127.

80 Ebenda, A 46.

untergraben.[81] Damit eine Handlung moralisch ist, muss die Vernunft eine Handlungsmaxime verallgemeinern und, sofern das möglich ist, sich diesem allgemeinen Gesetz freiwillig (durch Vernunfteinsicht) unterwerfen – das ist für ihn Autonomie.

Kant unterscheidet daher zwischen einer subjektiven Glückseligkeitslehre und einer objektiven Sittenlehre (Ethik). In der Glückseligkeitslehre bilden empirische Prinzipien die Grundlage, in der Sittenlehre die reine praktische Vernunft.[82] Alle Eudaimonisten hält er praktisch für Egoisten.[83] Seitdem spielt Glück oder Glückseligkeit in der Ethik (so gut wie) keine Rolle mehr, und die Frage nach dem guten, glücklichen, gelingenden Leben ist kein Thema mehr für die Philosophie. Die Philosophie müsse sich hüten, erbaulich sein zu wollen, meinte auch Hegel.[84] Dennoch kann man darüber streiten, ob diese Fragen nicht doch irgendwie in den Bereich der Philosophie fallen oder zumindest wieder in den Bereich der Philosophie fallen sollten?

Zusammenfassend bringt Ernst Tugendhat (1930–2023) den Unterschied zwischen antiker und moderne Ethik auf den Punkt: Die antike Ethik frage nach dem, was für den Einzelnen gut ist, sein Wohl oder seine Eudaimonie. Der Gegenstand der Kantischen (oder auch utilitaristischen) Ethik hingegen betreffe intersubjektive Normen: „Die Fragestellung der antiken Ethik war: was ist es, was ich für mich wahrhaft will; die der modernen: was ist es, was ich mit Bezug auf die anderen soll."[85] Ethik im antiken Sinn beziehe sich primär auf die Frage nach dem wahren Glück (und schließe doch sekundär die moralische Problematik mit ein); die moderne Ethik dagegen beziehe sich primär auf die Moral, die geltenden Werte und Normen.

81 Immanuel Kant, Grundlegung zur Metaphysik der Sitten, Ditzingen 2019, 442.

82 Kant, Kritik der praktischen Vernunft, A 165.

83 Immanuel Kant, Anthropologie in pragmatischer Hinsicht, Hamburg 2000, § 2, 130.

84 Georg Wilhelm Friedrich Hegel, Phänomenologie des Geistes, Vorrede, Hamburg 1988, S. 9.

85 Ernst Tugendhat, Antike und moderne Ethik, in: ders., Probleme der Ethik, Stuttgart 1984, S. 33-56, hier 44; vgl. Hans-Georg Gadamer, Über die Möglichkeit einer philosophischen Ethik, in: ders., Gesammelte Werke, Bd. 4, Tübingen 1987, S. 175-188.

Die Renaissance der Lebensweisheit

Ende der siebziger und Anfang der achtziger Jahre des letzten Jahrhunderts hatte sich Michel Foucault (1926–1984) mit der »Ästhetik der Existenz« befasst und Vorlesungen gehalten, in denen er auf die antike Ethik zurückgriff, sie wieder ins Bewusstsein der universitären Philosophie holte, und damit Ende des 20. Jahrhunderts eine gewisse Renaissance der Lebenskunst oder Lebensphilosophie einleitete. Er untersuchte die antiken Selbsttechniken bzw. Existenzkünste der griechisch-lateinischen Kultur mit dem Ergebnis, dass von den ersten platonischen Texten bis zu den großen Texten der späten Stoa das Thema der »Sorge um sich« das gesamte moralische Denken durchziehe.[86]

In der Antike habe sich, so Foucault, die Ethik als reflektierte Praxis der Freiheit ganz um diesen fundamentalen Imperativ gedreht: „Sorge dich um dich selbst!"[87] Die letzten fünf Vorlesungsreihen, die Foucault zwischen 1980 und 1984 am Collège de France gehalten hat, dokumentieren sein Forschen in dieser Zeit über antike Lebensführung und Selbsttechniken; insbesondere in der Vorlesungsreihe *Hermeneutik des Subjekts* machte er 1982 den Begriff »Sorge um sich selbst« zum Zentrum seiner Untersuchungen über Selbsterkenntnis und Selbstpraktiken bei Platon, Epikur, Musonius Rufus, Seneca, Epiktet und Marc Aurel.[88] Unter »Philosophie« wollte er nun nicht verstanden wissen, was wahr oder falsch ist, sondern „jene Form des Denkens, die danach fragt, was dem Subjekt den Zugang zur Wahrheit ermöglicht, jene Form des Denkens also, die Bedingungen und Grenzen

---

86 Michel Foucault, Die Ethik der Sorge um sich als Praxis der Freiheit, in: ders., Schriften in vier Bänden: Dits et Ecrits, Bd. III 1976-1979, Frankfurt am Main 2003, Nr. 356, S. 871-902, hier 879.

87 Ebenda, S. 880; sowie Michel Foucault, Die Sorge um sich: Sexualität und Wahrheit 3, Frankfurt am Main 1986, 1989, S. 62-92.

88 Michel Foucault, Die Regierung der Lebenden: Vorlesungen am Collège de France 1979/1980, Berlin 2014; ders., Subjektivität und Wahrheit: Vorlesungen am Collège de France 1980/1981, Berlin 2016; ders., Hermeneutik des Subjekts: Vorlesungen am Collège de France 1981/82, Frankfurt am Main 2004, 2009; ders., Die Regierung des Selbst und der anderen: Vorlesung am Collège des France 1982/83, Frankfurt am Main 2012, 2019; ders., Der Mut zur Wahrheit: Die Regierung des Selbst und der anderen II, Vorlesung am Collège des France 1983/84, Frankfurt am Main 2012, 2020.

des Zugangs des Subjekts zur Wahrheit zu bestimmen versucht".[89] Seine Frage lautet, welche notwendigen Veränderungen der Mensch an sich vollziehen muss, um Zugang zur Wahrheit zu gelangen.

Sein Leben als Kunstwerk zu verstehen, ist ein alter Gedanke, der schon bei Epiktet vorkommt. Auf die Frage von jemandem, wie er seinen Bruder veranlassen könne, seine Feindseligkeiten aufzugeben, hat er geantwortet, dass die Philosophie nicht verspreche, dem Menschen etwas zu verschaffen, was nicht in ihrer Macht liegt; täte sie das, dann würde sie etwas versprechen, was sie nicht halten kann: „Denn wie das Holz der Stoff des Zimmermanns und Erz der Stoff des Bildhauers ist, so ist das Leben eines jeden Einzelnen der Stoff der Kunst des Lebens".[90] Foucault hat daran erstaunt, dass in unserer Gesellschaft die Kunst nur noch eine Beziehung mit den Objekten und nicht mit den Individuen oder mit dem Leben habe, und ein spezialisierter Bereich ist, der Bereich von Experten, nämlich Künstlern: „Aber könnte nicht das Leben eines jeden Individuums ein Kunstwerk sein? Warum sind eine Lampe oder ein Haus Kunstobjekte und nicht unser Leben?"[91]

Philosophie sei die Wissenschaft vom Leben, hatte Cicero geschrieben.[92] Aufgabe der Philosophie sei es, die Seelen zu heilen, den Kummer zu nehmen, von Begierden zu befreien und die Ängste zu vertreiben.[93] Philosophie sei eine Medizin für die Seele, mit der wir uns selbst heilen können.[94] Und nach Seneca kann man ohne Philosophie nicht glücklich leben, ja nicht einmal erträglich. Ein glückliches Leben könne man nur durch vollkommene Weisheit erlangen, ein erträgliches jedoch auch schon durch

89 Foucault, Hermeneutik des Subjekts, S. 32; vgl. dazu Gerhard Ernst (Hrsg.), Philosophie als Lebenskunst: Antike Vorbilder, moderne Perspektiven, Berlin 2016.

90 Epiktet, Handbüchlein der Moral: Auswahl aus den Unterredungen, Fragmente, S. 87 (= Unterredungen I, 15).

91 Michel Foucault, Zur Genealogie der Ethik: Ein Überblick über die laufende Arbeit, in: ders., Schriften/Dits et Ecrits IV, Nr. 326, S. 461-498, hier 473; siehe auch Wilhelm Schmid, Philosophie der Lebenskunst: Eine Grundlegung, Frankfurt am Main 1998.

92 Cicero, De finibus bonorum et malorum / Über das höchste Gut und das größte Übel, übersetzt und hrsg. von Harald Merlin, Stuttgart 1989, III 4.

93 Cicero, Tusculanae disputationes / Gespräche in Tusculum, übersetzt und hrsg. von Ernst Alfred Kirfel, Stuttgart 1997, II 11.

94 Ebenda, III 2.

anfängliche Bemühung um sie, d. h. der Weise ist glücklich, der Philosoph macht sein Leben erträglich, indem er sich um Weisheit bemüht.[95]

Philosophie als Therapie und Lebensform

Für den Philosophiehistoriker Pierre Hadot (1922–2010) ist Philosophie nicht eine bestimmte Weise, die Welt zu sehen, sondern eine Art zu leben. Die Philosophie stelle eine Lebensweise dar (was nicht nur einem bestimmten moralischen Verhalten entspreche), sie sei eine Daseinsform, die zu jedem Augenblick gelebt werden und das ganze Leben verändern soll. Wenn die Weisheit unerreichbar ist, stelle sie schon bei Platon eine Methode des geistigen Fortschritts dar, eine Übung des Denkens, die eine radikale Änderung der Lebensweise verlangt. Die Weisheit vermittele nicht nur Kenntnisse, sondern führe zu einer neuen Seinsweise, die Seelenruhe (*ataraxia*) und innere Freiheit (*autarkeia*) mit sich bringt; zudem stelle die Philosophie ein Heilverfahren gegen die Angst dar.[96] Die Ataraxie finde sich bei Xenokrates, Epikur, den Stoikern und den Skeptikern, die Autarkie bei Sokrates, den Kynikern, Aristoteles, Epikur und den Stoikern.

Der Diskurs über die Philosophie sei nicht die Philosophie selbst: die Philosophie diene dem Leben. Die antike Philosophie seit Sokrates stelle sich als eine Lebensweise, eine Lebenskunst, einen Lebensstil dar. Nicht nur Chrysipp und Epikur wurden als Philosophen betrachtet, weil sie einen philosophischen Diskurs entwickelten, sondern auch alle, die nach ihren Lehren lebten. Menschen, die versuchten, das Ideal des stoischen Weisen zu verwirklichen, galten als Philosophen; in der Antike stellte die Philosophie eine praktische Übung dar.[97] Für die Stoiker sei die Philosophie eine geistige »Übung« (*askêsis*) und nicht nur eine abstrakte Theorie (und noch weniger die Auslegung von Texten). Vielmehr sei sie eine Lebenskunst, eine konkrete Haltung, ein Lebensstil, der sich auf die Existenz auswirkt. Nach Meinung aller antiken Philosophenschulen würden die Affekte oder Leiden, wie ausschweifende Begierden und übertriebene Ängste, für den Menschen die Hauptursache für das Leid darstellen: „Die Herrschaft der

95 Seneca, Briefe an Lucilius, 16. Brief, 1.

96 Pierre Hadot, Philosophie als Lebensform: Antike und moderne Exerzitien der Weisheit, Frankfurt am Main 2002, S. 165.

97 Ebenda, S. 174.

Sorge hindert ihn daran, wirklich zu leben."[98] So erscheine die Philosophie in erster Linie als Lebensform, und die geistigen Übungen hätten die Verwirklichung einer tiefgreifenden Umwandlung der Denk- und Seinsweise des Individuums zum Ziel.

Wenn man heute Philosophie studiert, erhalte man den Eindruck, dass sich die Philosophen nacheinander darum bemüht hätten, auf originelle Art neue abstrakte Konstruktionen in die Welt zu setzen, die auf die eine oder andere Weise das Universum erklären. Aus diesen Theorien leiten sich dann Lehren oder Kritiken der Ethik und Moral ab, aber eine bestimmte Lebenswahl oder Verhaltensweise anzunehmen, sei ein gänzlich sekundäres und beiläufiges Problem. Die antike Philosophie müsse aber aus einer anderen Perspektive betrachtet werden: Die Entscheidung für eine Lebensweise stehe seit Sokrates nicht am Ende des Prozesses der philosophischen Tätigkeit, sondern am Anfang als Ergebnis einer komplexen Wechselbeziehung zwischen einer kritischen Betrachtung anderer Lebenseinstellungen, einer allgemeinen Vorstellung von einer bestimmten Lebensweise und Weltsicht und dem bewussten Entschluss selbst. Der philosophische Diskurs habe seinen Ursprung in einer Lebenswahl und einer existentiellen Entscheidung, nicht umgekehrt. Dieser Diskurs müsse aus der Perspektive der Lebensweise verstanden werden, deren Mittel und Ausdruck er zugleich sei. Die antike Philosophie stelle vor allem eine Art zu leben dar: „Die Philosophie ist nur vorbereitende Übung für Weisheit."[99]

Als Beispiel nennt Hadot die Stoiker: Ihrer Meinung nach rühre das ganze Unglück der Menschen daher, dass sie versuchen, Güter zu erlangen auch auf die Gefahr hin, sie nicht zu bekommen oder wieder zu verlieren und Übel zu vermeiden, die oft unvermeidbar seien. Die Philosophie trainiere den Menschen dazu, nur das erreichen zu wollen, was er auch erreichen kann, und nur das Übel zu vermeiden, das er vermeiden kann. Das sei aber nur möglich, wenn sowohl das Gut, das man erhalten oder erreichen kann, als auch das Übel, das man vermeiden kann, von der Willensfreiheit des Menschen abhängen. Nur was in unserer Macht steht, sei von uns beeinflussbar – alles andere natürlich nicht! Alles, was außerhalb des Bereichs unserer Willensfreiheit ist, müsse uns daher gleichgültig und egal sein (und wir müssten natürlich akzeptieren, dass es so ist). So gelange man

98 Ebenda, S. 15.

99 Hadot, Wege zur Weisheit, S. 18; siehe auch Christopher Gill, Stoische Philosophie als Lebensberatung und Psychotherapie: Antike und moderne Ansätze, in: Gerhard Ernst (Hrsg.), Philosophie als Lebenskunst, S. 127-160.

zu einer natürlichen Sehweise, die Dinge ohne Leidenschaften zu sehen. Die Wachsamkeit etwa als grundlegende geistige Haltung des Stoikers sei eine ständige Aufmerksamkeit und Geistesgegenwart, ein stets waches Bewusstsein. Dadurch praktiziere er die grundlegende Lebensregel, nämlich die Unterscheidung zwischen dem, was in unsere Macht steht, und dem, was nicht in unserer Macht steht.[100]

Dank dieser Achtsamkeit weiß und will der Philosoph in jedem Augenblick, was er tut. Sie befreie zudem von den Affekten, die stets von der Vergangenheit oder Zukunft ausgelöst werden. Zur Affektbefreiung gehören auch so genannte Meditationsübungen (von lat. *meditare*, bedenken, beachten, erwägen; *meditatio*, das Nachdenken) wie das Vorstellen von Schwierigkeiten, die im Leben auftreten können (Armut, Leiden, Tod), wobei man sich dann daran erinnert, dass sie keine Übel seien, da sie ja nicht von mir abhängen und nicht in meiner Macht stehen. Außerdem gab es noch praktische Übungen, um Gewohnheiten zu schaffen, die Anwendung grundlegender Lebensregeln:

> „Für den Stoiker bedeutet philosophieren also, zu »leben« üben, das heißt bewußt und frei zu leben: bewußt, indem er die Grenzen der Individualität durchbricht, um sich als Teil des Kosmos zu erkennen, der von der Allvernunft belebt wird; frei, indem er darauf verzichtet, etwas zu begehren, was nicht in seiner Macht steht und ihm zu entgleiten droht, und indem er sich nur für das interessiert, was in seiner Macht steht, für das rechte Handeln also, das im Einklang mit der Vernunft ist."[101]

Auch der Epikureismus, der gewöhnlich als Philosophie der Lust angesehen werde, räume geistigen Übungen und Praktiken einen ebenso großen Raum ein wie der Stoizismus. Für Epikur, ebenso wie für die Stoiker, stelle die Philosophie eine Therapie dar, wenn er sagt: „... wir aber müssen uns um unsere Heilung kümmern".[102] Diese Heilung bestehe nun darin, die Seele aus den Sorgen des Lebens zur einfachen Freude am Dasein zurückzuführen. Das Unglück der Menschen liege darin, dass sie Dinge fürchten, die sie nicht zu fürchten brauchen, und dass sie Dinge begehren, die sie gar nicht benötigen. So verzehre sich ihr Leben im Aufruhr unbegründeter

100 Hadot, Die Philosophie als Lebensform, S. 17.

101 Ebenda, S. 20.

102 Zitiert nach Epikur, Wege zum Glück, S. 173 (= Vatikanische Spruchsammlung / Gnomologium Vaticanum, 66).

Ängste und unbefriedigter Begierden, und sie seien der einzigen wahren Freude beraubt, nämlich der Freude am Dasein.[103] Die epikureische Ethik wolle von den unersättlichen Begierden, die nicht befriedigt werden können, befreien. Um die Seele zu heilen, seien geistige Übungen erforderlich.

Die antike Philosophie sei eine Philosophie, die stets in einer Gruppe praktiziert wurde, egal ob es sich um epikureische Freundschaft oder stoische Seelenleitung handelt: „Die antike Philosophie setzt eine gemeinschaftliche Bemühung voraus, eine Gemeinschaft, deren Mitglieder vereint forschen, sich gegenseitig helfen und geistig-seelisch unterstützen."[104] Die Philosophie habe dann auf die Gesellschaft zurückgewirkt. Die Bemühung, im Dienst der menschlichen Gemeinschaft zu leben und gerecht zu handeln, stelle ein wesentliches Element eines jeden in der Philosophie begründeten Lebens dar. Mit anderen Worten: Das in der Philosophie begründete Leben bringe eine innere Verpflichtung gegenüber der Gesellschaft mit sich. Die Lehre der antiken Philosophie sei eine Aufforderung an jeden Menschen, sich selbst umzuformen.[105]

Unabhängig davon, dass die moderne, universitäre Philosophie versucht, mit anderen Wissenschaften gleichzuziehen und objektive, allgemeingültige Aussagen treffen will, halte ich es für mich für durchaus möglich, Aussagen der antiken Philosophie zu rekonstruieren und zu überlegen, ob und wie ich daraus für mein Leben lernen kann. Philosophie will ich betrachten als eine Lebensweise und möglichst ein philosophisches Leben führen. Die antike Philosophie, insbesondere die Stoa, teilt die Menschen in Weise auf der einen Seite und Toren und Narren auf der anderen Seite ein – aus stoischer Sicht bin ich ein Depp oder Dummkopf. Nach Platon aber befinden sich die Philosophen in der Mitte zwischen Weisen und Dummköpfen. Philosophen sind die, die nicht weise sind, aber nach Weisheit streben und suchen. Der (stoische) Weise bleibt ein Ideal, und die Frage, ob es ihn je geben hat, stellt sich gar nicht für mich. So schreibt auch Seneca im 89. Brief an Lucilius, dass Philosophie die Liebe zur Weisheit und das Streben danach sei. Der Unterschied zwischen Philosophie und Weisheit sei ganz klar: Es könne unmöglich dasselbe sein, was anstrebt und was angestrebt wird. Die Philosophie sei die Reise, die Weisheit das Ziel.[106]

103 Hadot, Die Philosophie als Lebensform, S. 20/21.
104 Ebenda, S. 175.
105 Ebenda, S. 76.
106 Seneca, Briefe an Lucilius, 89. Brief, 4-6.

Drei

Auf der Suche nach dem guten Leben

Sokrates und Platon

Der Wadenbeißer von Athen

Im Jahr 399 vor unserer Zeitrechnung stand in Athen ein Mann vor Gericht: Sokrates. Er wurde beschuldigt, Unrecht zu tun und überflüssige Dinge zu treiben. Die Anklage lautete, dass er, ein „weiser Mann", die Himmelserscheinungen untersuche, nachforsche, was unter der Erde sei, sowie das schwächere Argument zum stärkeren mache und andere darin unterrichte.[107] Angeklagt wurde er wegen Religionsfrevels, weil er angeblich die von der Polis anerkannten Götter leugne und neue göttliche Wesen einführe sowie die Jugend verführe. Beantragt wurde die Todesstrafe! Offensichtlich wollten einige Athener Bürger diesen Mann loswerden. Sokrates selbst bezeichnete sich als Stechfliege, auf Deutsch auch „Wadenbeißer" genannt, eine blutsaugende Fliege, die äußerst nervig ist und ganze Viehbestände durch ihre andauernden Stiche in Unruhe versetzen kann. Er verglich die Stadt Athen mit einem etwas trägen Pferd, das von ihm, dem Wadenbeißer, geweckt werde. Seine Aufgabe sah er darin, nicht nachzulassen, die Leute zu wecken, ihnen Vorhaltungen zu machen und sie zu überzeugen, indem er ihnen den ganzen Tag im Nacken sitze.[108]

Die Anklage erscheint noch heute an den Haaren herbeigezogen und das Strafmaß völlig überzogen für jemanden, der dadurch provoziert, dass er Fragen stellt. Eine solche Anklage formuliert man, wenn man sich je-

107 Platon, Apologie des Sokrates, übersetzt und kommentiert von Rafael Ferber, München 2011, 18b, 19b-c.

108 Ebenda, 30e/31a.

mandes entledigen will, ihm aber nichts wirklich vorwerfen kann. Sokrates war zu dem Zeitpunkt siebzig Jahre alt. Nachdem ihn das Gericht schuldig gesprochen hatte und die Ankläger die Todesstrafe gefordert hatten, hätte er eine alternative Strafe vorschlagen können. Stattdessen hielt er daran fest, nicht nur unschuldig zu sein, sondern Gutes zu tun und forderte statt einer Strafe sogar eine Belohnung. Daraufhin verurteilte ihn die große Mehrheit des Gerichts zum Tode. Vielleicht sind die Ankläger und fünfhundert Schöffen davon ausgegangen, dass er fliehen werde, da er auch nach dem Urteil Gelegenheit dazu hatte. Doch sie haben nicht mit Sokrates gerechnet: der, dem ein Unrecht geschieht, dürfe nicht seinerseits ein Unrecht tun, wie die meisten glauben.[109] Außerdem wollte er seine Heimatstadt nicht verlassen. Und so ging Sokrates in den Tod, indem er den Becher mit Gift, den Schierlingsbecher, trank.

Sokrates stand wohl schon zu Lebzeiten in dem Ruf, weise zu sein. Für einen Sophisten wollte er aber nicht gehalten werden – im Gegenteil. (Sophisten waren „Weisheitslehrer", die ihr Wissen für viel Geld an die

109 Platon, Kriton, Übersetzung und Kommentar von Wolfgang Bernard, Göttingen 2016, 49b; siehe auch das Gespräch mit Polos in Gorgias, 461b-481b.

Kinder wohlhabender Familien weitergaben, damit diese bessere Chancen in der Politik hatten.) Für seine Weisheit, wenn es denn wirklich eine sei, führt er als Zeugen den Gott von Delphi, Apollon, an. Sein Jugendfreund Chairephon sei einst nach Delphi gegangen und habe das Orakel befragt, ob jemand weiser sei als er. Die Pythia, die weissagende Priesterin, gab zur Antwort, dass niemand weiser sei als Sokrates.[110] Nachdem er dies gehört hatte, überlegte er, wie das denn gemeint sein könnte: Was meint der Gott, wenn er behauptet, er, Sokrates, sei der Weiseste?

Daraufhin suchte er Leute auf, die auch in dem Ruf standen, weise zu sein, was diese auch von sich selbst glaubten. Sokrates musste aber erkennen, dass diese nicht weise sind und versuchte ihnen dies durch weitere Fragen zu zeigen. Dadurch hat er viele verärgert. Beim Weggehen dachte er sich: „Ich bin weiser als dieser Mensch." Vermutlich weiß keiner von beiden etwas wirklich. Aber während dieser glaubt, etwas zu wissen, obwohl er nichts weiß, bildet sich Sokrates dagegen nicht ein, etwas zu wissen, und kommt zu der Erkenntnis: „Ich scheine also um eine Kleinigkeit weiser zu sein als dieser, da ich nicht glaube zu wissen, was ich nicht weiß."[111] Er ging auch noch zu anderen und machte dort dieselbe Erfahrung, wodurch er noch mehr Leute verärgerte. Von Politikern, Tragödiendichtern, bildenden Künstlern bis zu den Handwerkern wies er nach, dass alle etwas zu wissen glauben, während er sich bewusst sei, so gut wie nichts zu wissen.[112]

Sokrates, geboren um 469 als Sohn eines Steinmetzes und einer Hebamme, war Athener. Er soll zunächst Schüler des Anaxagoras gewesen sein, habe dann aber erkannt, dass die Naturphilosophie für uns nichts tauge, sich der Ethik zugewandt und darüber auf dem Markt und in den Werkstätten der Handwerker mit den Leuten diskutiert.[113] Oft genug hat es bei diesen Diskussionen Ärger gegeben. Durch seine scharfen Nachfragen haben die gereizten Beteiligten ihn verächtlich behandelt oder verlacht. Das habe er aber mit Langmut über sich ergehen lassen. Als er einmal sogar einen Fußtritt bekam und jemand verwundert darüber war, dass er sich das gefallen lasse, soll er erwidert haben: „Wie? Hätte mich ein Esel getreten, hätte ich diesen etwa gerichtlich belangen sollen?"[114]

---

110 Platon, Apologie des Sokrates, 21a.

111 Ebenda, 21d.

112 Ebenda, 22d.

113 Diogenes Laertius, Leben und Meinungen berühmter Philosophen, Hamburg 2015, II 5, 21.

114 Ebenda, II 5, 21.

Seine philosophische Entwicklung schildert Platon im *Phaidon*: Als Sokrates jung war, sei er begierig nach Weisheit gewesen, genauer nach Naturforschung. Er wollte von allem die Ursache wissen, wodurch etwas entsteht, besteht und vergeht. Durch seine Untersuchungen war nicht mehr von dem überzeugt, was er zuvor noch als sicher zu wissen glaubte. Jetzt sei er weit entfernt davon zu glauben, von diesen Dingen die Ursache zu kennen. Als er einmal jemanden aus einem Buch des Anaxagoras vorlesen hörte, dass die Vernunft es sei, die alles ordne und die Ursache aller Dinge sei, erkannte er, dass das richtig ist. Als er jedoch weiter las, wurde er enttäuscht, weil die Menschen die Vernunft gar nicht gebrauchen und nicht nach der Ursache suchen. Sokrates dagegen wollte alles, was er machte, mit Vernunft machen und die wahren Ursachen finden. So wie man sich beim Betrachten einer Sonnenfinsternis die Augen verderben kann, wenn man direkt in die Sonne sieht, so habe Sokrates sich den Reden zugewandt, um darin die Wahrheit des Seienden zu suchen. Indem er die Rede betrachtet, will er der Sache auf den Grund gehen.[115]

Auslandsreisen soll er nicht gemocht haben (und ließ sich nur darauf ein, wenn es militärische Pflicht war): „Sonst blieb er daheim und lag in regster Streitlust mit seinen Mitunterrednern seinen Nachforschungen ob, nicht als ginge er darauf aus, ihnen ihre eigenen Ansichten auszutreiben, sondern lediglich in dem Streben, die Wahrheit zu ergründen", weiß Diogenes Laertius noch sechshundert Jahre später zu berichten.[116] Beim Anblick der Massen an Waren, die zum Verkauf angeboten wurden, sagte er oft zu sich selbst: „Wie zahlreich sind doch die Dinge, deren ich nicht bedarf!"[117] Die anderen Menschen, pflegte er zu sagen, leben, um zu essen; er aber esse, um zu leben. Vor großen Männern hatte er wenig Respekt und nahm keine Geldgeschenke. Auf Körperkräftigung legte er Wert und erfreute sich bester körperlicher Verfassung. Auf die Frage, ob man heiraten soll, antwortete er: „Was du auch tust, du wirst es bereuen."[118] Er verließ so gut wie nie die Stadt, denn er sei lernbegierig, und Felder und Bäume wollten ihn nichts lehren, wohl aber die Menschen in der Stadt.[119]

115 Platon, Phaidon, übersetzt und hrsg. von Barbara Zehnpfennig, Hamburg [2]2007, 95b-99d.

116 Diogenes Laertius, Leben und Meinungen berühmter Philosophen, II 5, 22.

117 Ebenda, II 5, 25.

118 Ebenda, II 5, 33.

119 Vgl. Platon, Phaidros, 230d.

Eine weitere wichtige Quelle ist Xenophon und seine *Erinnerungen an Sokrates* (die auch als *Memorabilien* zitiert werden). Einer Anekdote zufolge soll ihn Sokrates in einer Gasse, als sie sich über den Weg liefen, mit einem Stock angehalten und gefragt haben, wo man verschiedene Lebensmittel einkaufen könne. Nachdem Xenophon ihm das beantwortet hatte, fragte Sokrates weiter, wo denn die Stätten zu finden seien, an denen die Menschen Tugendhaftigkeit erlernen können. Als Xenophon das nicht beantworten konnte, soll Sokrates gesagt haben: „So folge mir denn und lass dich belehren." Von dem Moment an war Xenophon Sokrates' Schüler.[120] Er berichtet, dass sich Sokrates immer in der Öffentlichkeit aufgehalten habe: „Am Morgen ging er in die Wandelhallen und zu den Turnplätzen, und wenn der Markt voller Leute war, konnte man ihn dort sehen, auch während der übrigen Tageszeiten war er dort, wo er hoffte, mit der größten Gesellschaft zusammen sein zu können."[121] Er habe dann meistens gesprochen, und wer wollte, konnte ihm zuhören. Gearbeitet hat er offenbar nicht oder nur sehr wenig, nicht zuletzt aufgrund seiner Sparsamkeit und Genügsamkeit.

Der Sophist Antiphon wollte einmal Sokrates die Schüler abspenstig machen, erzählt Xenophon, und soll ihm vorgeworfen haben, ein Lehrer des Unglücks zu sein. Er glaube, die Philosophierenden würden notwendigerweise glücklich werden; nur bei Sokrates führe die Philosophie offenbar zum Gegenteil dessen, was sie verspricht: Sokrates esse die schlechtesten Speisen, trinke die schlechtesten Getränke, trage im Winter wie im Sommer dieselbe Kleidung ohne Schuhe und nehme kein Geld an. Wenn nun seine Anhänger diese Lebensweise nachahmen, würden sie unglücklich werden!

Sokrates wollte natürlich sogleich untersuchen, was Antiphon an seinem Leben beschwerlich und schwierig empfand und hakte nach: Müssen nicht die, die sich bezahlen lassen, auch das leisten, wofür sie Geld annehmen? Warum sollte er Schwierigkeiten haben, wenn er nichts annehme und so auch nicht gezwungen sei, sich mit dem zu unterhalten, mit dem er sich nicht unterhalten will? Das, was Antiphon sich verschafft, soll angenehmer sein, als das, was er sich verschafft? Antiphon würde sich nicht abhärten und fit halten, deshalb käme ihm das so vor. Er, Sokrates, sei nicht dem Bauch oder dem Schlaf oder der Wollust hörig; seine Freude entspringe daraus, sich zu verbessern. Wer hat mehr Muße? Der, der so lebt, wie er, oder der, der so lebt wie Antiphon? Wer lebt leichter? Der, der ohne kostspielige

120 Diogenes Laertius, Leben und Meinungen berühmter Philosophen, II 6, 48.
121 Xenophon, Erinnerungen an Sokrates, Stuttgart 2010, Erstes Buch, 1, 10.

Nahrung auskommt und dem das gerade Erreichbare genügt, oder der, der dessen bedarf, was sehr schwer zu finden und zu beschaffen ist, oder der, der genug hat an dem, was sehr leicht zu finden und zu beschaffen ist? Antiphon gleiche einem, der glaubt, Glückseligkeit bestehe aus Üppigkeit und Luxus. Er aber habe schon immer geglaubt, dass Bedürfnislosigkeit göttlich sei und man dem Göttlichen am nächsten komme, wenn man wenig bedarf.[122]

Xenophon berichtet ebenfalls davon, dass Sokrates angeklagt gewesen sei, weil er die Götter nicht anerkenne, die die Polis anerkennt, dafür aber neue einführe, und dass er ferner die Jugend verderbe. Die Ankläger hätten keine Beweise vorbringen können, weil es wohlbekannt gewesen sei, dass Sokrates an den Altären der Stadt den Göttern Opfer darbringe. Es ging durch aller Munde, dass Sokrates sage, das Daimonion gebe ihm Zeichen – eine Art göttliche innere Stimme, die ihm stets abrate (aber nie zurate). Er habe sich in der Öffentlichkeit aufgehalten und auf dem Markt mit den Leuten gesprochen: „Keiner aber sah jemals bei Sokrates eine dem menschlichen oder göttlichen Recht zuwiderlaufende Handlung.“[123] Er untersuchte nicht das Wesen des Kosmos, wie die Sophisten, sondern das Wissen des Menschen. Und der Jugend hatte er zu Selbstbeherrschung und Sorge um die Tugend geraten. So wundert sich Xenophon in seinen Erinnerungen, wie die Athener ihn schuldig sprechen konnten.

Sokrates hatte nicht vor, eine Schule zu gründen, sondern wollte eine Methode lehren. Doch gleich nach seinem Tod bildeten sich Schulen, die seine »Elenktik«, der sokratischen Kunst des Prüfens oder Widerlegens, weiterführen wollten. In der Antike hielt man nicht Platon für die authentische Weiterführung der sokratischen Denkweise – im Gegenteil: Man meinte sogar, Platon habe den Denkweg Sokrates’ verlassen (etwa in der Frage der Ideenlehre).[124] So gut wie alle hellenistischen Philosophenschulen stehen mit Sokrates in Verbindung oder gehören in sein Umfeld. Diogenes etwa, der bekannte Kyniker, war Schüler von Antisthenes. Antisthenes war beim Tod Sokrates’ anwesend, berichtet Platon,[125] und galt in der Antike

122 Ebenda, Erstes Buch, 6, 1-10.

123 Ebenda, Erstes Buch, 1, 11.

124 Vgl. Franz Schupp, Geschichte der Philosophie im Überblick, Bd. 1: Antike, Hamburg 2003, S. 192.

125 Platon, Phaidon, 59b.

sogar als treuester Schüler; Aristoteles nennt ihn jedoch „einfältig“.[126] Zenon, der Gründer der Stoa, besuchte Vorträge von Krates, einem Kyniker, und Epikur interessierte sich insbesondere für Demokrit, hatte aber auch Unterricht bei dem Platoniker Pamphilos. In der Antike hatte Demokrit annähernd die gleiche Bedeutung wie Platon und Aristoteles; heute ist er uns zusammen mit Leukipp als Begründer des Atomismus ein Begriff. Demokrits Lebenszeit (ca. 470–370 v.u.Z.) fällt mit der Sokrates' zusammen. Und Pyrrhon, der die nach ihm benannte pyrrhonische Skepsis begründete, war Schüler von Anaxarch, der seinerseits ein Schüler Demokrits war. Platon erlangte erst Jahrhunderte später über die Neuplatoniker wie Plotin (204–270) an Bedeutung und beeinflusste über Augustinus (354–430) ganz entscheidend das christliche Dogma, bis dann noch einmal Jahrhunderte später über Thomas von Aquin (1225–1274) Aristoteles an Bedeutung im abendländischen Denken gewann.

Die Apologie des Sokrates

Sokrates antwortete auf die Anklage den fünfhundert Geschworenen mit Ironie: Er wisse nicht, wie die Anklage auf sie gewirkt habe, aber er hätte sich nicht wieder erkannt – so überzeugend sei das gewesen! Er halte diese Anklage für hohl und leer, die Ankläger hätten nichts Wahres gesagt. Er sagt, dass die Anklage voll von Lügen sei und er sich darüber ärgere, dass man sich angeblich vor ihm in Acht nehmen müsse. Er sei verleumdet worden, weil er – auf der Suche nach Wahrheit und Wissen – sich selbst und andere prüfe. Er sei sich bewusst, nicht weise zu sein, müsse aber feststellen, dass viele Leute glauben, etwas zu wissen, was sie in Wirklichkeit nicht wissen. Er versuche zu zeigen, dass diese Leute zwar überzeugt seien, wissend und weise zu sein, es aber nicht sind! Infolge dieser Prüfungen seien ihm viele Feindschaften entstanden. Gott habe ihm die Aufgabe gegeben, philosophierend, d. h. auf der Suche nach Weisheit zu leben, indem er sich und die anderen prüft. Zum Beispiel den Tod zu fürchten, bedeute nichts anderes, als bloß weise zu scheinen, ohne es zu sein, denn man täuscht vor, etwas zu wissen, was man nicht weiß: Niemand weiß, ob der Tod nicht möglicherweise eines der größten Güter ist, sondern alle haben

126 Aristoteles, Metaphysik, übersetzt und eingeleitet von Thomas Alexander Szlezák, Berlin 2003, 1024b, 32.

Angst vor dem Tod, als ob sie genau wüssten, dass der Tod das größte Übel sei. Sokrates wendet ein, dass Totsein auch etwas Gutes sein könne. Es gebe zwei Möglichkeiten: Entweder ist der Tod ein Nichtsein, bei dem der Tote nicht mehr ist und keine Empfindungen mehr hat, oder das Totsein bedeutet, dass die Seele von hier zu einem anderen Ort geht. So glauben die Leute etwas zu wissen, was man gar nicht wissen kann; er aber zeichne sich darin aus, dass er, wenn er nicht ausreichend Bescheid wisse über die Dinge im Hades, auch nicht glaube, es zu wissen.[127]

Im Dialog *Theaitetos* erläutert Sokrates seine „Hebammenkunst" (*Mäeutik*) und diagnostiziert bei seinem Gesprächspartner Wehen oder Geburtsschmerzen, eben weil sein Gesprächspartner nicht leer sei, sondern schwanger, lässt ihn Platon sagen. Wie weibliche Gebärende auch hätten die männlichen Gedankenschwangeren ebenfalls Geburtsschmerzen. Er, Sokrates, übe dieselbe Kunst aus wie seine Mutter.[128] Wie die Hebamme selbst nicht empfange oder gebäre, sondern anderen beim Entbinden helfe, so gebäre er auch nichts an Weisheit, wisse nicht und sei nicht weise, helfe aber jungen Männern beim Entbinden und sei Geburtshelfer. Das größte jedoch an seiner Kunst sei, dass er prüfen könne, ob der junge Mann bloß scheinschwanger im Geiste und dabei sei, ein Scheinbild oder Falsches zu gebären oder etwas Lebenstüchtiges und Wahres. Seine Maieutik könne Fehlgeburten erkennen. Und wenn er bei der Untersuchung etwas für ein Scheinbild und nichts Wahres befunden habe, es fortnehme und wegwerfe, soll man sich nicht aufregen, denn er wolle nichts Falsches gelten lassen oder Wahres unterschlagen. Wer etwas erklärt, der müsse sich deutlich machen, und so will Sokrates betrachten, ob es eine echte Geburt sei – oder bloß ein Gedankenfurz, etwas heiße Luft. Damit man nicht nachher etwas Windiges großziehe, müsse das durch seine Hebammenkunst sorgfältig untersucht werden.

Sokrates fragte die Leute, ob sie sich nicht schämen, sich nur darum zu kümmern, wie sie zu so viel Einkünften, Ruhm oder Ehre wie möglich kommen, um Einsicht aber und um Wahrheit und um die bestmögliche Verfassung ihrer Seele kümmern sie sich nicht.[129] Und wenn einer das abstreite und behaupte, er kümmere sich darum, werde er ihn zur Rechenschaft ziehen, ihn ausfragen und prüfen. Die Leute achteten das Wertvollere weniger und das weniger Wertvolle mehr. Sokrates geht umher und versucht, die

127 Platon, Apologie des Sokrates, 28e-29b.
128 Platon, Theaitetos, 149a.
129 Platon, Apologie des Sokrates, 29e.

Leute zu überzeugen, sich nicht in erster Linie um ihren Körper und ihre Einkünfte zu kümmern, sondern um ihre Psyche, damit diese so gut wie möglich werde. Denn nicht aus den Einkünften entstehe die Tugend, sondern die Tugend mache erst die Einkünfte. Er werde nichts anderes tun, auch wenn er dafür den Tod erleiden müsse. Ein Leben ohne eine solche Prüfung hielt er nicht für lebenswert.[130]

Ihm werde etwas Göttliches oder Daimonisches zuteil: Bei ihm habe sich von Kindheit an so etwas wie eine Stimme gemeldet, die (wenn sie sich meldet) immer von dem abrate, was er gerade im Begriff sei zu tun, nie jedoch zurate. Deshalb könne er sich auch nicht politisch betätigen. Er sei davon überzeugt, dass, wenn die Athener ihn töten, sie sich einen größeren Schaden zufügen werden als ihm.[131] Ihn zum Tode (oder zur Verbannung) zu verurteilen, hält er nicht für ein großes Übel; dagegen hält er es für ein großes Übel, sich darum zu bemühen, jemanden zu Unrecht töten zu lassen. Der Tod schere ihn einen Dreck. Er will ein gerechtes und anständiges Leben führen, deshalb lehnt er eine Flucht aus dem Gefängnis ab, denn man dürfe kein Unrecht tun – auch nicht, wenn man Unrecht erlitten habe, wie viele glauben.[132]

Platon lässt Sokrates im *Gorgias* sogar vorwegnehmen: Er sei wie ein Arzt und wolle, dass die Athener möglichst gut werden. Wenn er deshalb vor Gericht kommen werde, erwarte er, weil er seine Worte nicht sage, um zu gefallen, verurteilt zu werden, wie ein Arzt bei Kindern abgeurteilt würde, wenn ein Koch ihn anklagt. Die Anklage würde dann in etwa lauten: „Kinder, dieser Kerl hat euch viel Übel angetan und er verdirbt die Jüngsten von euch, indem er sie schneidet und brennt und abmagern lässt und würgt, wobei er euch bittere Getränke gibt und euch zwingt, zu hungern und zu dürsten, und euch nicht wie ich mit vielen verschiedenen süßen Sachen bewirtet!" – Wie könnte sich ein solcher Arzt verteidigen? All das habe er nur, liebe Kinder, im Interesse der Gesundheit getan? Und wie würden dann die Kinder wohl urteilen?[133]

Philosophie als Sorge um die Tugend, dass man philosophieren und sich so um die Tugend kümmern müsse, ist ein Stichwort aus dem

130 Ebenda, 38a.

131 Ebenda, 30c.

132 Platon, Kriton, 49b.

133 Platon, Gorgias, übersetzt von Michael Erler, Stuttgart 2011, 2014, 521e-522b.

Euthydemos.[134] Alle Menschen wollen, dass es ihnen gut geht, und die Frage ist, wie wir das erreichen können? Sicher nicht dadurch, dass wir viel besitzen, aber auch nicht (allein) durch Gesundheit und Schönheit, sondern durch das gute Glück (eigentlich ein Zusammentreffen von günstigen Umständen). Die Weisheit sei dieses gute Glück, weil Weisheit nicht fehl gehe, sonst wäre sie ja keine.[135] Da wir alle glücklich sein wollen, und wir glücklich werden, wenn wir die Sachen richtig machen, und weil Wissen diese Richtigkeit und das gute Gelingen bietet, müsse, wie es scheint, jeder Mensch auf jede Weise eben dafür sorgen, dass er möglichst weise werde.[136] Daher müssen wir philosophieren, um zu erreichen, dass es uns gut geht. Die Philosophie sei wirklich etwas Erfreuliches, lässt Platon Sokrates sagen.[137]

Platon und die Unsterblichkeit der Seele

Platon begegnete Sokrates als er zwanzig Jahre alt war und soll von da an ununterbrochener Hörer von ihm gewesen sein. Platon hieß eigentlich Aristokles, wurde aber wegen seiner breiten Schultern, Stirn oder Nase „Platon" genannt (*platýs*, „breit"). Er entstammte einer vornehmen, aristokratischen Familie; sein Onkel Kritas war einer der Anführer der Dreißig Tyrannen. Bei Sokrates' Tod muss Platon um die 28 Jahre alt gewesen sein. 388 vor christlicher Zeitrechnung machte er seine erste Sizilienreise, bei der er in Unteritalien Pythagoreer traf, die ihn stark beeinflusst haben dürften. Nach seiner Rückkehr um 387 kaufte er ein Grundstück im Nordwesten von Athen: einen Olivenhain, der *Akademia* genannt wurde, weil dort der attische Halbgott Akademos beerdigt sein soll. In diesem philosophischen Garten gründete er seine Schule, die sog. »Akademie«, die bis 529 nach unserer Zeitrechnung existierte, über neunhundert Jahre lang. Der Unterricht war kostenlos, Platon unterhielt die Akademie aus seinem Vermögen. Bekanntester Schüler war Aristoteles, der 367 als Siebzehnjähriger in die Akademie kam und dort zwanzig Jahre bis zu Platons Tod blieb. Pla-

134 Platon, Euthydemos, Übersetzung und Kommentar von Michael Erler, Göttingen 2017, 275a.

135 Ebenda, 279d.

136 Ebenda, 282a.

137 Ebenda, 304e.

ton starb 347 etwa achtzigjährig, da war Aristoteles Mitte dreißig und Sokrates mehr als fünfzig Jahre tot.

Platon ist einer der bedeutendsten Schriftsteller und einflussreichsten Philosophen. Alle seine Werke sind überliefert, alle sind Dialoge (außer der Apologie), in denen Sokrates eine Hauptrolle spielt (außer in dem letzten und umfangreichsten Werk, den *Nomoi*, den *Gesetzen*). Zudem sind dreizehn Briefe überliefert. Man kann in etwa davon ausgehen, dass die frühen Werke Platons, wenn auch nicht völlig authentisch, sehr nahe an Sokrates sind, während in den späteren Werken Sokrates eine fiktive Kunstfigur Platons ist, der er seine Worte in den Mund legt. Dies muss schon früh klar gewesen sein, wenn Diogenes Laertius schreibt, dass nach der Vorlesung des platonischen *Lysis* Sokrates gesagt haben soll: „Beim Herakles, was der junge Mensch doch alles über mich zusammenlügt."[138] Platon habe nämlich manches zu Papier gebracht, was Sokrates nie gesagt hat. Vermutlich hat Platon aber erst nach Sokrates' Tod angefangen zu schreiben. Die Entstehungszeit der platonischen Dialoge zu datieren, ist nur bedingt möglich. Man geht davon aus, dass sie zwischen Sokrates' Tod (399) und Platons Tod (347) entstanden sind.[139]

Die These lautet also, dass die Werke aus der frühen Phase Sokrates halbwegs authentisch wiedergeben, während in den späteren Werken die literarische Figur des Sokrates zu Platons Sprachrohr wurde. Der Sokrates-Forscher Gregory Vlastos meinte, der echte Sokrates habe sich nur mit Ethik und der Frage nach dem guten Leben befasst; Platons Sokrates betreibe außerdem Metaphysik, Erkenntnis- und Wissenschaftstheorie, sowie Pädagogik; der echte Sokrates versuche zu erkennen, widerlege andere und wisse, dass er nicht weiß; Platons Sokrates entwickle metaphysische Theorien über die Seele, die Ideen und das Lernen als Wiedererinnerung. Während Sokrates fragend durch die Stadt gelaufen sei, entwickle Platon mit seiner Kunstfigur zunehmend ein metaphysisches Theoriegebäude.[140]

Gehen wir mal davon aus, dass die früheren Dialoge eher dem echten Sokrates entsprechen, während sich Platon in den späteren Dialogen immer weiter von ihm entfernt – immerhin vierzig, fünfzig Jahre nach dessen Tod. Dies bestätigt auch zeitnah Aristoteles: er hat Sokrates nicht

---

138 Diogenes Laertius, Leben und Meinungen berühmter Philosophen, II 1, 35.

139 Vgl. Erler, Platon, S. 36-43; ders., Kleines Werklexikon Platon, Stuttgart 2007, S. 16.

140 Gregory Vlastos, Socrates: Ironist and Moral Philosopher, Cambridge 1991, S. 47-49; siehe dagegen Günter Figal, Sokrates, München 1995, S. 16-21.

mehr persönlich gekannt, denn er wurde 384, fünfzehn Jahre nach dessen Tod, geboren. Sicher kannte er den über vierzig Jahre älteren Schulleiter Platon persönlich und kannte auch dessen Dialoge. In seiner Metaphysik berichtet Aristoteles im Zusammenhang mit der Ideenlehre, dass Sokrates sich mit ethischen Tugenden beschäftigt und in diesem Bereich als erster versucht habe, allgemeine Definitionen zu geben, indem er fragte: „Was ist es?“ Zwei Dinge könne man wohl mit Recht Sokrates zuschreiben: die induktiven Argumente und das allgemeine Definieren. Aber Sokrates habe die allgemeinen Begriffe und Definitionen nicht als getrennt existierende angesetzt.[141] Wahrscheinlich hat Sokrates nach Definitionen für allgemeine Begriffe gesucht, aber keine Ideenlehre vertreten, also nicht den Ideen eine unabhängige Existenz zugesprochen wie Platon.

Der Sokrates der *Apologie* etwa fragt sich, ob Totsein ein Übel oder etwas Gutes sei. Zwar schere ihn der Tod einen Dreck, aber eins von beidem müsse das Totsein sein: Entweder ist es ein Nichtsein, wobei der Gestorbene keine Empfindungen mehr hat (was dann die Epikureer vertreten haben), oder die Seele geht an einen anderen Ort.[142] Sokrates weiß es natürlich nicht und zieht diese zwei Möglichkeiten in Betracht: Die Psyche könnte mit dem Tod des Leibes erlöschen oder sie könnte nach dem Tod des Körpers weiter bestehen und woanders hingehen. Dieser Sokrates ist im eigentlichen Sinn skeptisch (d. h. auf der Suche) und hat keine Meinung, ob die Seele unsterblich ist oder nicht.

Im *Phaidon* dagegen sieht der platonische Sokrates den Tod nicht als ein Nicht-Sein, sondern als Trennung der Seele vom Körper und hält den Tod nicht für ein Übel: Die Seele löse sich vom Körper, wenn der Mensch stirbt, und trete aus ihm heraus, wie ein Lufthauch (ursprünglich bedeutet *psychê* „Atem“ oder „Hauch“), was er jetzt für wahrscheinlich hält. Nun will er untersuchen, ob die Seelen der Verstorbenen in der Unterwelt sind mit dem Ergebnis, dass dies wohl so sei. Um lebendig zu sein, muss nach Platon ein Körper eine Seele haben. Im Tod verlässt sie den Körper und geht in die Unterwelt.[143] Platon vertritt bei der Frage nach dem Zusammenhang von Leib und Seele (bzw. Körper und Bewusstsein) eine dualistische Position: Neben dem materiellen Leib gebe es eine immaterielle, unsterbliche Seele. Die Psyche sei eine immaterielle Substanz, die nach

141 Aristoteles, Metaphysik, 1078b, 27-32.

142 Platon, Apologie des Sokrates, 40c.

143 Platon, Phaidon, 105-106. Diese Vorstellung ist schon älter und findet sich bereits bei Homer.

dem Tod des Körpers weiter existiere.[144] Dieser platonische Seelenbegriff wurde dann Jahrhunderte später Teil des christlichen Dogmas, obwohl das Frühchristentum zunächst von der Auferstehung des Leibes am Jüngsten Tag ausgegangen war.[145]

Mit dem Wort *psychê* (dt. „Seele") bezeichneten die Griechen zunächst das Lebensprinzip und die damit verbundene selbstständige Bewegungsfähigkeit. Wenn der Körper stirbt, stirbt auch die Psyche und die Bewegungsfähigkeit geht verloren. Für die Annahme einer unsterblichen (vom Körper unabhängigen) Seele dagegen spricht philosophisch nicht viel. Stattdessen stellen sich Fragen: Wie ist die immaterielle Seele mit dem materiellen Körper verbunden? Wie können diese beiden unterschiedlichen »Substanzen« aufeinander einwirken? Wenn die Seele vor der Geburt und nach dem Tod existiert, dann braucht sie doch gar keinen Körper, um zu bestehen. Warum sollte sich dann eine Seele überhaupt mit einem Körper verbinden?[146] Lukrez (ca. 98–55 v.u.Z.) fragt zurecht: „Wäre die Seele ihrer Natur nach unsterblich und gelangte erst im Moment der Geburt in den Leib, warum fehlt uns dann die Erinnerung an die zuvor vergangene Zeit? Warum bewahren wir keine Spuren dessen, was zuvor wir getan" haben?[147]

Im Unterschied zu Platon ist für Epikur die Seele etwas Materielles, die sich mit dem Tod auflöst und in ihre Bestandteile zerfällt. Deshalb ist es für ihn unsinnig zu behaupten, die Seele sei unkörperlich.[148] Als Beweis für die Einheit von Körper und Geist führt Lukrez an, dass Alkoholgenuss betrunken macht, weil beides eins sei und nicht nur der Körper, sondern auch die Seele vom Alkohol überschwemmt werde.[149] Wenn Leib und Seele strikt getrennt wären und zwei voneinander unabhängige Entitäten bilden würden, wie dies Dualisten wie Platon behaupten, ließe sich dieses Phänomen, warum wir betrunken werden, wenn wir Alkohol trinken, kaum erklären. Daher gibt es für Monisten wie Epikur und Lukrez keine unsterbliche Seele.

144 Vgl. Thomas Alexander Szlezák, Platon: Meisterdenker der Antike, München 2021, S. 308.

145 Siehe Joseph Ratzinger, Eschatologie: Tod und ewiges Leben, Regensburg 2007, ^{2}2012, S. 90 ff.

146 Vgl. Wittwer, Philosophie des Todes, S. 47/48.

147 Lukrez, Über die Natur der Dinge, übersetzt und kommentiert von Klaus Binder, Berlin 2014, Drittes Buch, 670-679.

148 Epikur, Brief an Herodot, 67 (= Diogenes Laertius, Leben und Meinungen berühmter Philosophen, X 1, 67).

149 Lukrez, Über die Natur der Dinge, Drittes Buch, 476-509.

Auch Aristoteles geht davon aus, dass die Seele den Körper belebt und dass Körper und Seele nicht unabhängig voneinander existieren können: Die Seele sei vom Körper nicht zu trennen.[150] Grundlegende vegetative Seelenvermögen wie Ernährung, Wachstum und Fortpflanzung komme allem Leben zu; Wahrnehmung, Fortbewegung und Strebevermögen nur den Tieren und dem Menschen. Er kritisiert den Leib / Seele-Dualismus bei Platon und sagt, die Seele sei die erste Entelechie des Leibes und habe ihren Zweck in sich selbst, weil in ihr der Körper sein Ziel (*telos*), seine Erfüllung findet. Er versteht unter dem, was mit »Substanz« übersetzt wird, vor allen das Wesen (griech. *ousia*) einer Sache. Die Psyche ist auch Substanz oder Wesen, aber kein Körper, keine Materie, kein Substrat: Die Seele ist vielmehr Substanz im Sinne der Form eines Körpers, der dem Vermögen nach lebt. Seele ist die Vollendung eines solchen Körpers (Aristoteles unterscheidet zwischen der Möglichkeit und der Verwirklichung). Deshalb müsse man auch nicht untersuchen, ob Körper und Seele eins seien wie Wachs und die Form, die das Wachs hat. Die Existenz von Körper und Seele endet für Aristoteles mit dem Tod – der Zerstörung seiner Struktur. So etwas wie individuelle Unsterblichkeit kann es auch für ihn nicht geben.

Wie muss ich leben, um glücklich zu sein?

In der Rahmenhandlung von Platons *Politeia* ist Sokrates auf dem Weg von Piräus, wo er auf einem Fest war, zurück nach Athen, als er von Kephalos aufgehalten und eingeladen wird, an einem Gespräch alter Männer teilzunehmen (um nicht nur Umgang mit jungen Leuten zu pflegen). Die Hochbetagten seien gewissermaßen einen Weg vorausgegangen, den wir vielleicht noch zu gehen haben, meint Sokrates, und will fragen, ob dieser Weg rau und beschwerlich oder leicht und bequem sei. Kephalos, der ja schon ein hohes Alter erreicht hat, fragt er, was er von dem halte, was die Dichter „an der Schwelle des Greisenalters“ nennen, ob das der beschwerlichste Teil des Lebens sei. Kephalos erwidert, bei diesem Treffen würden dann die meisten von ihnen jammern und sich zu den Freuden der Jugend zu-

150 Aristoteles, Über die Seele / De anima, übersetzt, mit einer Einleitung und Anmerkungen herausgegeben von Klaus Corcilius, Hamburg 2017, II 413a; siehe dazu auch Andree Hahmann, Aristoteles' „Über die Seele“: Ein systematischer Kommentar, Stuttgart 2016, S. 78.

rücksehnen und dabei an ihre Liebesabenteuer, ans Zechen und an die Gastmähler und was sonst noch dazu gehört zurückdenken; sie seien verdrießlich, als hätten sie weiß Gott was verloren; damals hätten sie ein herrliches Leben geführt, heute aber sei das kein Leben mehr. Einige würden sich auch über die Kränkungen seitens ihrer Angehörigen wegen ihres hohen Alters beschweren und deshalb ein Klagelied darüber anstimmen, welche Leiden das Alter für sie mit sich bringe. Doch würden sie mit ihren Anschuldigungen, wie ihm scheint, nicht die eigentliche Ursache treffen, denn läge es am Alter, so hätte es ja auch ihm und all den anderen so ergehen müssen. Nun habe er aber auch andere getroffen, denen es nicht so ergangen sei; vor allem sei er einmal mit dem Dichter Sophokles beisammen gewesen, als ihn jemand gefragt habe, wie es bei ihm mit der Liebe stehe: „Kannst du noch mit einer Frau schlafen?" Und Sophokles soll geantwortet haben: „Hör bloß auf! Ich bin froh, dass ich davon erlöst bin, wie ein Sklave, der seinem tollen und wilden Herrn entsprungen ist."[151] Im Alter hätte man wenigstens gänzlich Frieden und wolle Freiheit. Wenn die Begierden aufhören, heftig zu sein, und nachlassen, dann bewahrheite sich vollends das Wort des Sophokles: Man sei von gar vielen rasenden Gebietern befreit. Aber daran, und auch an den Schwierigkeiten mit den Angehörigen, sei nur eines Schuld, und das sei nicht das Alter, sondern der Charakter der Menschen. Seien sie nämlich maßvoll und zufrieden, dann sei auch das Alter keine schwere Last; andernfalls sei für einen solchen Menschen das Alter gleich wie die Jugend schwer.

Wie man sieht, wurden Affekte wie Begierden nicht erst von den Stoikern negativ gesehen, sondern auch von Platon, und, wenn das stimmt, auch schon von Sophokles, der dreißig Jahre älter war als Sokrates. In diesen Affekten wurden bereits vor Sokrates und Platon „rasende Gebieter", eine Art Fremdbestimmung, gesehen, von der man sich befreien müsse wie ein Sklave von einem wildgewordenen Herrn, wenn man Frieden und Freiheit wolle. Dann erst wenden sie sich dem Thema Gerechtigkeit und Rechtschaffenheit zu.

Von alters her sei es eine Frage, ob die Gerechten, also die, die richtig und rechtmäßig und gerecht handeln, besser leben oder glücklicher sind als die Ungerechten und Bösen. Das spricht dann Sokrates an: Es geht um die Frage, auf welche Art und Weise man leben soll.[152] Wie muss man sein

151 Platon, Der Staat, übersetzt und hrsg. von Gernot Krapinger, Ditzingen 2017, 329c.

152 Ebenda, 352d.

Leben einrichten, damit es zweckmäßig und sinnvoll ist? Die wichtigste Frage im Leben sei: moralisch gut leben oder schlecht bzw. böse?[153] Diese Frage wird im *Gorgias* einigermaßen radikal beantwortet: Es geht nicht um rhetorische Schmeicheleien und politische Macht, sondern um moralische Integrität und philosophische Wahrheit. Sokrates vertritt die These, dass Unrecht zu tun das größte aller Übel sei (und nicht Unrecht zu erleiden). Zwar möchte er weder Unrecht erleiden noch Unrecht tun, wenn es aber notwendig sei, würde er lieber Unrecht erleiden als Unrecht tun.[154] Das Wichtigste sei doch zu erkennen, wer glücklich ist und wer nicht.[155] Ein Mensch, der Unrecht tue und ungerecht sei, könne nicht glücklich sein. Vor diesem Hintergrund stellt er die Frage, wie man leben muss, um ein glückliches Leben zu leben.[156]

Wer das Gerechte und Fromme tut, sei notwendig gerecht und fromm und zwangsläufig auch tapfer: Der maßvolle und besonnene Mensch verfolge und fliehe nichts, was ihm zukommt, und er halte Dinge, Menschen, Genüsse und Schmerzen einfach aus, wo es notwendig sei. Der Besonnene sei, weil er gerecht und tapfer ist, ein völlig guter Mensch, und wer gut handele, sei glücklich (und wem es schlecht geht und wer schlecht handelt, sei unglücklich).[157] Wer glücklich sein will, müsse die Selbstbeherrschung verfolgen und die Zügellosigkeit fliehen, so schnell die Füße tragen.

Im Leben müsse man darauf achten, gerecht und besonnen zu sein, wenn man glücklich sein will. Man soll so handeln, dass man Begierden nicht zügellos werden lässt und sie nicht zu erfüllen sucht, um nicht das Leben eines Räubers zu führen. Zum Schluss gibt er noch den Rat: „Und kümmere dich nicht darum, wenn einer dich als einen Dummkopf verachtet und dich mit Schmutz bewirft, wenn er will, und lass dir, beim Zeus, ruhig diesen Schlag versetzen. Nichts Schlimmeres nämlich wirst du leiden, wenn du wirklich gut und tüchtig bist, da du die Tugend übst.“[158] Die beste Lebensweise sei die, Gerechtigkeit und jede andere Tugend zu üben und auf diese Weise zu leben und zu sterben.

---

153 Ebenda, 578c; siehe dazu Peter Stemmer, Der Grundriss der platonischen Ethik, in: Zeitschrift für philosophische Forschung 42 (1988), S. 529-569.

154 Platon, Gorgias, 469c.

155 Ebenda, 472c.

156 Ebenda, 492d.

157 Ebenda, 507c.

158 Ebenda, 527c/d.

Es geht bei Platon immer wieder um die Frage, wie man leben soll. Wenn einem das Gute zuteil wird, werde man glücklich sein: Die Glücklichen seien glücklich, weil sie das Gute haben. Die Eudaimonie sei das letzte Ziel, worauf sich all unser Tun, Handeln und Entscheiden richtet, denn man könne nicht fragen, wozu jemand glücklich sein wolle.[159] Aristoteles sagt dann ähnlich, dass das Glück das höchste Gut im Sinne des Endzwecks sei (weil man nicht glücklich sein können wolle, um damit noch etwas anderes zu erreichen, wie wir im nächsten Kapitel sehen werden). Glück ist ein Gut, dass wir um seiner selbst willen haben möchten und nicht wegen seiner Folgen – im Unterschied etwa zum Geld, das wir nicht um seiner selbst haben wollen, sondern wegen seiner Folgen. Glück ist so gesehen das Gegenteil von Geld.

Die Frage, die Platon daher stellt, ist, ob die Gerechten besser leben als die Ungerechten und ob sie glücklicher sind – das gilt es zu untersuchen. Dies scheint der Fall zu sein: „Gleichwohl muss man es noch genauer prüfen, schließlich geht es dabei nicht um irgendeine belanglose Frage, sondern darum, wie man leben soll.“[160] Der Gerechte und Rechtschaffene sei glücklich, der Ungerechte aber nicht; Gerechtigkeit und im ethischen Sinn richtiges Handeln führen zum Glück und zu einem glücklichen Leben. Jedoch weiß Sokrates zunächst nicht, was das Gerechte und Richtige ist, ob es eine Tugend ist und ob, wer sie hat, unglücklich oder glücklich ist. Warum ist gerecht und moralisch zu handeln besser als ungerecht und unmoralisch zu handeln? Warum sollte Gerechtigkeit zu einem glücklichen Leben führen und nicht vielmehr zu einem unglücklichen? Warum sollten Schurken nicht glücklich sein?

Um zu zeigen, dass nur Gerechtigkeit und Rechtschaffenheit zu einem glücklichen Leben führen, entwirft Platon *den* idealen Staat, denn der Staat und die menschliche Seele seien ähnlich und hätten eine ähnliche Struktur: Eine geknechtete und unfreie Seele sei ebenso wenig glücklich wie ein tyrannisch regierter Staat.[161] Die Frage nach dem guten Leben will er beantworten mit dem Verweis, dass der Tugendhafte und Gerechte glücklich ist. Die Weisheitsliebe, die Philosophie, habe dabei die besten Chancen, nicht von Trieben und Lüsten beherrscht zu werden, sondern zur Ruhe und Selbstbeherrschung zu gelangen. Somit hält er es für nachgewiesen, dass nur ein philosophisches Leben auch ein glückli-

159 Platon, Symposion / Gastmahl, 205a.
160 Platon, Der Staat, 352d.
161 Ebenda, 577c/d.

ches Leben sein könne, in dem man nicht nach Geld und Reichtum oder Anerkennung strebt, sondern nach Weisheit. Wie die anderen Seelenteile dem weisheitsliebenden Teil im einzelnen Menschen folgen, so sollen im Idealstaat alle dem bestens ausgebildeten Philosophenherrscher folgen, um glücklich zu leben.

Philosoph ist jetzt, wer an allen Wissenschaften interessiert ist, Freude am Lernen hat und lebenslang lernt. Die wahren Philosophen seien diejenigen, die die Wahrheit schauen.[162] Gemeint mit der Wahrheit und dem eigentlichen Seienden sind die sogenannten Ideen: Die Philosophen können diese Ideen sehen, was gewöhnliche Menschen nicht können. Mit diesem Schritt hat Platon den Großteil der Menschen von der Philosophie ausgeschlossen. Man könnte hier kritisieren, dass Platons Philosophen in der *Politeia* nicht mehr diejenigen sind, die nach Weisheit streben, sondern bereits dem Ideal des Weisen entsprechen: Während Nichtphilosophen mit ihren Meinungen umherirren, verfügen die elitären Philosophen über Wissen und Weisheit. Das entspricht nun nicht mehr der ursprünglichen Bedeutung des Philosophen als jemandem, der nach Weisheit strebt, weil er sie nicht hat. Die gewöhnlichen Menschen vergleicht er jetzt mit Gefesselten, die nicht die Gegenstände, sondern nur ihre Schatten an der Wand sehen können. Ihr Gefängnis halten sie für die Wirklichkeit und die Schatten für wirklicher als die echten Gegenstände. Sie wüssten nicht, dass außerhalb der Höhle, in der sie leben, die wahre Welt liegt und die wahre Sonne scheint. Einen Philosophen, der von dort zurückkehrt, würden die gewöhnlichen Menschen töten.[163]

Für Platon ist ausgemacht, dass nur der Beste und Gerechteste wirklich glücklich sein kann. Bei schlechten Menschen kommen dagegen wie im Traum unkontrolliert alle Triebe zum Vorschein, die in Tyrannei ausarten, wobei die Vernunft zunehmend die Kontrolle verliert.[164] Ein solcher Staat, ein solcher Mensch müssten voller Angst und zutiefst unglücklich sein. Die Vernunft dagegen sei weisheitsliebend und lernbegierig und kümmere sich nicht um Ruhm oder Geld. Menschen, denen Einsicht und Tugend fremd sind und die sich nur der Schlemmerei und den Genüssen hingeben, bewegten sich nach unten und taumelten durchs Leben, ohne das wahre Oben erblickt zu haben; sie seien nie vom wahren Sein erfüllt worden, noch hätten sie je eine sichere und reine Lust gekostet, sondern würden

162 Ebenda, 475c/d.
163 Ebenda, 514a-518c.
164 Ebenda, 576b.

immer nur wie das liebe Vieh nach unten schauen, „zur Erde und über die Tische gebeugt, weiden, mästen und begatten sie sich, und weil sie davon nicht genug bekommen können, stoßen und schlagen sie die anderen mit eisernen Hufen und Hörnern, und töten sie, unersättlich wie sie sind, da sie das Gefäß des Seins in sich nicht mit Seiendem anfüllen".[165] Solche Menschen würden in Lüsten leben, die mit Schmerzen durchmischt seien, in bloßen Schein- und Schattenbildern der wahren Lust. Wahre Lust, wahre Freude und wirkliches Glück ist für Platon das Lernenwollen und das vernünftige Streben nach Weisheit – die Philosophie. Der Vergleich der breiten Masse und einem Leben nach dem Lustprinzip mit dem (lieben) Vieh ist uns schon bei Seneca begegnet und wird uns gleich bei Aristoteles wieder begegnen.

Noch in den *Nomoi* fragt Platon, ob das gerechteste Leben das lustvollste sei oder ob es nicht vielmehr zwei gegensätzliche Lebensweisen gebe – die lustvolle und die gerechte? Wenn nun die gerechte und die lustvolle Lebensweise entgegengesetzt seien, dann führe die lustvolle zu Ungereimtheiten. Dass der Ungerechte unglücklich lebt, scheint ihm noch klarer zu sein als die Tatsache, dass Kreta eine Insel ist.[166] Bei einem gerechten Menschen herrsche die Vernunft über die Bedürfnisse und Triebe, und er schade anderen nicht, wenn er seine Bedürfnisse befriedigt. Bei einem ungerechten Menschen dagegen stehe die Triebbefriedigung im Vordergrund: „Je dominanter die Gier nach Geld, sexueller Lust oder anderen Dingen in einem Menschen ist, und je skrupelloser er ihre Befriedigung verfolgt, desto unglücklicher wird er nach Platon", fasst Anna Schriefl seine Position zusammen.[167] Ein solcher Mensch renne süchtig seinen Trieben hinterher und büße so seine Autonomie ein.

Die Stoiker übernahmen dieses sokratische Moralverständnis und entwickelten daraus ihr Ideal der Affektlosigkeit (*apatheia*). Heftige Gefühle, Leiden und Affekte resultieren für sie aus Urteilen, die erstmal der Kontrolle durch die Vernunft unterliegen. Um ein Gefühl wie etwa Angst zu ändern, müsse man (nur) das zugrundeliegende Urteil revidieren, also etwa das Urteil, dass großes Unheil bevorstehe: die Angst verschwinde,

165 Ebenda, 586a/b.

166 Platon, Nomoi, übersetzt von Klaus Schöpsdau, Ditzingen 2019, Zweites Buch, 662b-d.

167 Anna Schriefl, Antike Philosophie, in: dies. (Hrsg.), Philosophie der Antike (Reihe: Kindler Kompakt), Stuttgart 2016, S. 9-30, hier 23; vgl. dies., Platons Kritik an Geld und Reichtum, Berlin/Boston 2013.

wenn es gelingt, das Urteil zu ändern. Um glücklich zu leben, ist es daher völlig hinreichend, tugendhaft und vernünftig zu sein. Für die Stoiker ist vielleicht Sokrates der stoische Weise, der die stoischen Ziele verwirklicht hat.[168] Sich nicht nur des Geldes und der Macht zu enthalten, sondern etwas zu erleiden, um glücklich bzw. glückselig zu sein, ist zutiefst stoisch und durch Sokrates begründet. Maßvoll und besonnen weder zu verfolgen noch zu fliehen, was auf einen zukommt, und es einfach auszuhalten, sowie Lust und Begierden nicht zügellos nachzugehen und stattdessen tugendhaft zu leben, das allein macht glücklich – das sind Grundmotive stoischen Denkens, die bei Sokrates ihren Ursprung haben. Sokrates moralisiert nicht: natürlich kann ich mich dazu entscheiden, Räuber oder Verbrecher zu werden (einige tun dies sogar), doch das sei unvernünftig, weil ich dann kein glückliches Leben führen kann.

Einhundert Jahre nach dem Tod von Sokrates, etwa im Jahr 300, begann Zenon aus Kition (Zypern) in der bunt bemalten Halle, der *Stoa Poikilê* (eine Stoa ist eine Säulenhalle, eine Art Einkaufspassage[169]) am Marktplatz von Athen, der Agora, auf- und abwandelnd Vorträge zu halten und Philosophie zu lehren. Zunächst wurden seine frühen Hörer wohl „Zenoneer" genannt; doch dann nannte man sie »Stoiker« nach der Halle, in der sie sich aufhielten. Die Athener sollen Zenon so in Ehren gehalten haben, dass sie ihm sogar die Schlüssel für die Stadttore zur Bewahrung gegeben haben, berichtet Diogenes Laertius.[170]

Von Sokrates kann und will ich lernen, dass ich das, was ich nicht wissen kann, auch nicht weiß – und das ist eine ganze Menge. Und von dem, was man wissen kann, weiß ich auch vieles nicht. Ich muss aufpassen, mich nicht dauernd in irgendwelchen Meinungen zu verheddern. Statt um Geld, Ruhm und Ehre sollte ich mich lieber um meine seelische Verfassung kümmern und meine Lebensweise überprüfen. Platon macht deutlich, dass ich nur dann ein glückliches Leben leben kann, wenn die Vernunft nicht die Kontrolle verliert und sich alle Triebe und Wünsche ihr unterordnen, um nicht als Sklave meiner Lüste leben zu müssen und meine Autonomie nicht zu verlieren (was nicht bedeutet, auf Triebbefriedigung völlig zu verzich-

168 Siehe dazu Gisela Striker, Plato's Socrates and the Stoics, in: dies., Essays on Hellenistic Epistemology and Ethics, Cambridge 1996, S. 316-324.

169 So Roderick Beaton, Die Griechen: Eine Globalgeschichte, Ditzingen 2023, S. 222.

170 Diogenes Laertius, Leben und Meinungen berühmter Philosophen, VII 1, 6.

ten). Ein gutes Leben meint demnach immer eine gerechte, d. h. rechtschaffene und moralisch richtige Lebensweise, die beständig überprüft werden muss, anstatt einfach mit meinen Wünschen und Begierden durchs Leben zu taumeln.[171] Doch zunächst zu der Frage, was Eudaimonie und was Tugend ist.

171 Wolfgang Detel, Aristoteles: Eine Einführung, Ditzingen 2021, S. 10.

Vier

Das Glück als das höchste Gut

Aristoteles

Ethik als Lehre vom gelingenden Leben

Die Ethik ist eine philosophische Disziplin, die menschliches Handeln untersucht und fragt, ob Absichten, Handlungen und Ziele richtig oder falsch, gut oder schlecht (bzw. böse) sind. Für Aristoteles ist die Ethik eine praktische Theorie, die zu einer besseren Lebenspraxis führen soll, nämlich zu einem guten, glücklichen Leben. Wie Bogenschützen, wenn sie ein Ziel anvisiert haben, leichter treffen, so sollten wir in unserem Leben ebenfalls wissen, was wichtig ist und was nicht, damit es gelingt.[172] Ihm ging es in seiner Ethik nicht um theoretisches Wissen; er untersucht die Tugend nicht, um zu wissen, was sie ist, sondern damit wir zu besseren Menschen werden, sonst hätte seine Untersuchung keinerlei Nutzen, schreibt er.[173] Er ist nicht der Ansicht, dass Lust, Reichtum oder Macht zu einem gelingenden, erfüllten Leben führen können – in Wirklichkeit würde nichts von dem zum Lebensglück beitragen.

Aristoteles wurde 384 vor unserer Zeitrechnung in Stageira in Makedonien in eine Ärztefamilie geboren. Sein Vater war der Leibarzt des makedonischen Königs Amyntas II., dem Großvater Alexanders (»der Große«). Diogenes Laertius berichtet, dass Aristoteles' Vater Nikomachos am Hof von Amyntas als dessen Arzt und Freund lebte.[174] Aristoteles wird (zumindest)

---

172 Aristoteles, Nikomachische Ethik, übersetzt und hrsg. von Gernot Krapinger, Stuttgart 2017, I 1, 1094a.

173 Ebenda, II 2, 1103b.

174 Diogenes Laertius, Leben und Meinungen berühmter Philosophen, V 1, 1.

einige Jahre seiner Kindheit am Königshof verbracht haben. Mit 17 ging er nach Athen an die Akademie von Platon, wo er zwanzig Jahre bis zu dessen Tod blieb. Nach einigen Jahren des Studiums hat er dann wohl selbst an der Akademie gelehrt. Die Platon-Dialoge hat er gekannt und auch selbst Dialoge geschrieben. Vermutlich hat Aristoteles doppelt so viele Schriften verfasst wie Platon, von denen aber nur knapp ein Viertel erhalten sind. Im Jahr 347, nach Platons Tod, ging Aristoteles zurück in seine Heimat, wo ihn König Philipp mit der Erziehung seines damals dreizehnjährigen Sohnes Alexander beauftragte, was er für drei oder vier Jahre auch gemacht hat. 335 kehrte er zurück nach Athen und gründete seine eigene Schule in einem öffentlichen Gymnasium, dem Lykeion. Er starb 322 in Chalkis im Haus seiner Mutter im Alter von 62 Jahren.

Alles, was Menschen machen, ziele auf irgendein Gut ab: Das Gute ist das Ziel der Handlung, könnte man umgekehrt definieren. Bei manchen Handlungen ist die Handlung reiner Selbstzweck. Gibt es über das Handeln hinaus noch andere Ziele, dann seien die Ergebnisse der Handlung wichtiger als das Handeln selbst (wie das Schiff im Schiffsbau oder die Gesundheit in der Heilkunst). Aristoteles unterscheidet zwischen *praxis* (Handeln) und *poiêsis* (Herstellen, Hervorbringen): Wenn es beim Handeln darüber hinaus noch andere Ziele gibt, dann ist es ein Hervorbringen oder

Herstellen (*poiêsis*), liegt der Zweck in der Handlung selbst, dann ist es reines Handeln (*praxis*).[175] Wenn ich schwimmen gehe, weil ich Lust habe zu schwimmen, dann ist es *praxis*; wenn ich schwimmen gehe, um meine Gesundheit zu erhalten, dann ist es *poiêsis*. Wenn es nun für unser Tun ein Ziel gibt, das wir um seiner selbst willen wollen (während wir alles andere nur des Zieles wegen wollen), dann wird dieses Ziel das *höchste* Gut sein. Wenn alles Erkennen und Handeln irgendein Gut zum Ziel hat, dann sei das höchste Gut das Glück (*eudaimonia*, Glückseligkeit), gut zu leben und sich wohl zu fühlen. Beim Glück gibt es kein „Um-zu“: Ich kann ein Haus besitzen wollen, um darin zu leben oder damit anzugeben; aber ich kann nicht glücklich sein wollen, um meinen Nachbarn zu imponieren.

Eudaimonia meint im Griechischen allgemein die gelungene Lebensführung und den damit verbundenen Gemütszustand, das dauerhafte innere wie äußere Wohlergehen und entsprechende Handeln. Eudaimonie bedeutet wörtlich, dass ein Leben unter dem Schutz einer Gottheit (*daimôn*) oder guten Dämons steht etwa so, wie wir heute sagen, unter einem guten Stern.[176] Die Übersetzung mit „Glück“ oder „Glückseligkeit“ hat in der Philosophie daher eine erweiterte Bedeutung (und keine religiöse im Sinn von „Seligkeit“), nämlich die Frage nach der richtigen Art und Weise zu leben. Eudaimonie (nicht zu verwechseln mit Euphorie) meint ein gutes, gelingendes, blühendes Leben (engl. *flourishing life*).[177]

Diese »Eudaimonie« ist bei Aristoteles das vollkommene Ziel, das höchste Gut: das gute, glückliche Leben, das Wohlergehen, das jeder um seiner selbst willen erstrebt. Was nun aber das Wesen dieses Glücks ist, darüber würden die Meinungen auseinandergehen. Die breite Masse und die Ungebildeten würden darunter die Lust verstehen und ein genussreiches Leben schätzen: Sie würden leben wie das liebe Vieh. Die gebildeten und aktiven Menschen dagegen würden Ruhm und Ehre wählen, denn dies sei das Ziel des politischen, öffentlichen Lebens. Doch scheint es mehr bei denen zu liegen, die die Ehre erweisen als bei dem, dem sie erwiesen wird; außerdem würde man der Ehre nachjagen, um sich selbst für gut halten zu können. Daneben sieht Aristoteles als dritte Art die betrachtende, theoreti-

175 Aristoteles, Nikomachische Ethik, VI 4, 1140a.

176 Einleitung, in: Aristoteles, Nikomachische Ethik, übersetzt, eingeleitet und kommentiert von Dorothea Frede, 2 Bde., Berlin/Boston 2020, S. 223 f.

177 Aristoteles, Nikomachische Ethik, I 2, 1095a; siehe auch Andree Hahmann, Aristoteles' Nikomachische Ethik: Ein systematischer Kommentar, Ditzingen 2022, S. 30 ff.

sche Lebensführung, die nach Wissen und Weisheit strebt. Wer auf bloßen Gelderwerb aus sei, stehe irgendwie unter Zwang, und Reichtum sei auch nicht das Gut, wonach er sucht, denn es sei nur Mittel zum Zweck. Die philosophische Lebensweise, die nach keinem anderen Nutzen strebt, sei deshalb die beste und glücklichste, weil sie nichts weiter brauche als das Betrachten selbst (ähnlich wie das Leben der Götter glücklich ist): die Betrachtung selbst sei das Glück.[178]

Das höchste Gut, das Endziel unseres Handelns, ist das, was an sich selbst gewollt wird (und niemals um eines anderen willen): „Als solches Endziel gilt insbesondere das Glück."[179] Zwar würden wir auch Ehre, Lust, Vernunft und alle Tugenden um ihrer selbst willen wählen, wir würden sie aber auch wegen des Glücks wählen, weil wir annähmen, wir würden durch sie glücklich sein. Das Glück selbst aber wähle niemand wegen dieser Dinge oder einer anderen Sache. Da das vollendete Gut als autark gilt, komme man zum selben Ergebnis, wenn man von der Autarkie (Selbstgenügsamkeit, Unabhängigkeit) ausgeht. Unter »autark« versteht Aristoteles, was einem genügt und was das Leben erstrebenswert macht – das sei das Glück, die Eudaimonie. Dieser Einzelne lebt natürlich nicht alleine, sondern in einer Gemeinschaft. Das Glück erweise sich also als etwas Vollkommenes und Autarkes und sei somit Ziel unseres Handelns. Glück oder Eudaimonie ist für ihn vor allem eine bestimmte Tätigkeit im Sinne der Tugend und eine Lebensweise, die die Vernunft zur Vollkommenheit gebracht hat und sich auf das ganze Leben bezieht: „Denn eine Schwalbe macht noch keinen Frühling, und auch nicht ein Tag. So macht auch ein Tag oder eine kurze Zeit keinen selig oder glücklich."[180]

Gewöhnlich unterscheide man drei Arten von Gütern, sagt Aristoteles: die sogenannten äußeren, die seelischen und die körperlichen Güter. Die seelischen bezeichnet er im strengsten und höchsten Sinn als Güter: Das Ziel eines glücklichen Lebens gehört für ihn zu den seelischen Gütern (und nicht zu den äußeren), was mit seiner Definition übereinstimmt, dass der Glückliche gut lebt und handelt. Das Glück bezeichnet Aristoteles ja als ein Leben und Handeln auf gute Art und Weise.[181] Alles, was man vom Glück verlangt, scheine sich in dem Gesagten zu finden, denn für den einen sei Glück die Tugend, für den anderen die Klugheit, für den dritten eine Art

178 Ebenda, X 8, 1178b.
179 Ebenda, I 5, 1097a.
180 Ebenda, I 6, 1098a.
181 Ebenda, I 8, 1098b.

Weisheit (und für manche komme noch die Lust hinzu). Natürlich würden auch günstige Umstände helfen, um glücklich zu sein. Aber für Aristoteles ist das Glück nicht von Gott gesandt, sondern werde durch Tugend, Lernen und Übung erworben: Durch Belehrung und Bemühung könnten es alle erlangen. Doch weder Kinder noch Tiere könnten in diesem Sinn glücklich sein, weil sie nicht über die dafür notwendige Vernunft verfügen. Der wahrhaft Gute und Verständige werde alle Schicksalsschläge mit Anstand ertragen und aus den jeweiligen Gegebenheiten stets das Beste machen, so wie ein guter Schuster aus dem gegebenen Leder den bestmöglichen Schuh macht.[182] Zum glücklichen Leben braucht man praktisches Wissen, dann werden Unglücksfälle den Glücklichen nicht aus seinem Glück vertreiben. Da das Glück eine Art psychische Tätigkeit im Sinne der Tugend sei, will er als nächstes die (menschliche) Tugend betrachten.

Die Tugend als Mitte

Das griechische Wort *aretê* bedeutet soviel wie „Bestheit", „Vortrefflichkeit" und wird oft mit „Tugend" (oder „Tüchtigkeit") übersetzt. Gemeint ist eine lobenswerte Eigenschaft einer Person (oder einer Sache, z. B. eines Messers: gut zu schneiden); im antiken Verständnis ist *aretê* die Vollkommenheit von etwas bzw. das Beste daraus zu machen – auch aus sich selbst. In Platons Dialog *Menon* will dieser von Sokrates wissen, ob die Tugend lehrbar sei. Als Adeliger hat er vielleicht ein Interesse daran, dass Tugend nicht gelernt werden kann, sondern angeboren ist (*Aristokratie* ist die „Herrschaft der Besten"). Sokrates antwortet darauf, dass er nichts von der Tugend wisse, und er fragt Menon, was er denn meine, was die Tugend sei. Das sei nicht schwer, ist sich Menon sicher, und nennt konkrete Tugenden. Sokrates beharrt jedoch darauf, nicht nach einzelnen Tugenden gefragt zu haben, sondern er will wissen, was das *Wesen* der Tugend sei: Worin sind sie alle gleich?[183] Menon nennt weiter einzelne Tugenden wie Gerechtigkeit, Besonnenheit oder Weisheit; Sokrates bleibt bei der Tugend, nicht einer Tugend. Nach Zwischendefinitionen – die Tugend sei das Gute sowohl

182 Ebenda, I 11, 1101a.

183 Platon, Menon, Übersetzung und Kommentar von Theodor Ebert, Berlin 2018, 2019, 70a-72c.

zu wollen als auch es zu vermögen – wissen sie am Ende weder, was die Tugend noch wie sie beschaffen ist.[184]

Wer nicht nur etwas kann, sondern darin überdurchschnittlich ist, hat die entsprechende *aretê* (Tugend). Aristoteles unterscheidet zwei Arten von Tugenden: die Tugenden des Denkens und die Tugenden des Charakters. Die dianoetischen Tugenden seien reine Verstandestätigkeiten und man lerne sie (größtenteils) durch Belehrung. Die ethischen Tugenden seien gutes Verhalten (Beherrschung der Affekte) und man lerne sie durch Übung und Gewöhnung. Gerade diese Charaktertugenden lerne man, indem man sie ausübt, so wie man Kithara spielen lernt, indem man Kithara spielt. Genauso werde man tapfer, gerecht oder besonnen, indem man sich entsprechenden Situationen stellt und tapfer, gerecht oder besonnen handelt. Es gebe auch schlechte Kitharaspieler, so dass man in einer Situation, die Mut erfordert, zum Feigling werden könne.

Da Eigenschaften wie praktisches Können ihrer Natur nach durch Mangel oder Übermaß zugrunde gehen, was zum Beispiel für Kraft und Gesundheit gilt, entdeckt Aristoteles die Mitte als das rechte Maß: Ein Zuviel an Körpertraining zerstört die Kraft genauso wie ein Zuwenig, ebenso ruinieren zu viel oder zu wenig an Essen und Trinken die Gesundheit, während das richtige Maß sie erzeugt, fördert und erhält.[185] So verhalte es sich auch bei Tugenden wie Besonnenheit oder Tapferkeit, die ebenfalls durch Übermaß und Mangel zugrunde gehen und sich durch ein Mittelmaß erhalten lassen, was auch eine Erziehungsfrage sei.

Tugenden und Laster beziehen sich auf dieselben Dinge: Was in Übereinstimmung mit der Tugend geschieht, werde zum Beispiel dann gerecht oder besonnen getan, wenn der Handelnde mit einer bestimmten Grundhaltung handelt. Die Handlungen nenne man dann gerecht oder besonnen, wenn sie so seien, wie der Gerechte oder Besonnene handelt. Die breite Masse dagegen glaube schon zu philosophieren, indem sie sich in Worte flüchtet (um auf diese Weise gut zu werden); sie würden sich wie Kranke verhalten, die zwar aufmerksam dem Arzt zuhören, aber nichts von dem tun, was er ihnen aufträgt: „Und wie diese bei einer solchen Behandlung nie die Gesundheit des Körpers erlangen, so werden auch jene durch ein derartiges Philosophieren nicht zur Gesundheit der Seele kommen."[186]

184 Ebenda, 87b.
185 Aristoteles, Nikomachische Ethik, II 2, 1104a.
186 Ebenda, II 3, 1105b.

Tugenden seien eine Grundhaltung, begründet auf Vorsätzen, ein Mittel gegen Affekte und Leiden. Als Affekte nennt Aristoteles Begierde, Zorn, Furcht, Mut, Neid, Freude, Liebe, Hass, Sehnsucht und allgemein alles, was von Lust und Unlust begleitet wird. Von Affekten werden wir bewegt, Tugenden (und Laster) seien keine Fähigkeiten, sondern Eigenschaften. Durch diese Charaktereigenschaften würden wir uns zu den Affekten richtig oder falsch verhalten: so würden wir uns dem Zorn gegenüber falsch verhalten, wenn wir zu heftig oder zu schwach zürnen, richtig aber, wenn wir es mit Mittelmaß tun; ebenso sei es mit den übrigen Affekten. Affekte seien etwas, das man erleidet, das einem widerfährt, das man aber auch beeinflussen kann. Beispielsweise sei Zorn oder Wut ein von Schmerz begleitetes Verlangen.[187] Mit der Wut gehe eine gewisse Lust einher, die der Hoffnung auf Vergeltung entspringe, denn Freude bereite ja der Glaube, das zu erlangen, was man begehrt. Aber hinter unserer Wut oder hinter unserer Furcht stehe kein Vorsatz.

Tugenden versetzen einen in einen guten Zustand; durch die Tugend werde man ein guter Mensch und erbringe die entsprechende Leistung. Aristoteles geht es dabei um die Mitte zwischen Übermaß und Mangel; die Mitte sei das, was weder zu viel noch zu wenig ist. Die Mitte denkt er nicht als arithmetische Mitte. Die ethische Charaktertugend würde auf die Mitte zielen, denn sie beziehe sich auf Affekte und Handlungen, und in diesen gebe es Übermaß, Mangel und die Mitte. So könne man zum Beispiel zu viel oder zu wenig Angst empfinden (oder Mut, Zorn, Begierde, Mitleid und überhaupt Lust und Unlust). Das Beste jedoch und ein Zeichen von Tugend sei die Mitte; die Tugend ziele auf das Mittlere ab: „Die Tugend ist also eine Grundhaltung, begründet auf Vorsätzen; sie liegt in der Mitte, und zwar in der Mitte in Bezug auf uns, einer Mitte, die durch Überlegung bestimmt ist, danach also bestimmt, wie der Vernünftige sie bestimmen würde."[188] Die Tugend sei die Mitte zwischen zwei Lastern, dem Übermaß und dem Mangel.

Aber nicht jede Handlung und jeder Affekt habe eine solche Mitte zwischen zu viel und zu wenig. Einige tragen die Schlechtigkeit bereits in ihrem Namen wie Schadenfreude, Schamlosigkeit oder Neid, Ehebruch, Diebstahl oder Mord – das sei schlecht an sich (und nicht schlecht aufgrund eines Übermaßes oder einen Mangels). Wer ein Übermaß an Mut

---

187 Aristoteles, Rhetorik, übersetzt und hrsg. von Gernot Krapinger, Stuttgart 1999, II 2, 1378a.

188 Aristoteles, Nikomachische Ethik, II 6, 1006b/1007a.

besitzt, sei tollkühn, wer einen Mangel an Mut hat, sei feige. Beim Geben und Nehmen von Geld sei die Mitte die Freigebigkeit, Übermaß seien Verschwendung und Geiz. Beim Zorn nennt er die Mitte Milde, das Übermaß Jähzorn, den Mangel Zornlosigkeit. Die Mitte sei das Lobenswerte, die Extreme tadelnswert. Die Charaktertugend sei eine Mitte zwischen zwei Lastern und ziele sowohl bei den Affekten als auch bei Handlungen auf das Mittlere zwischen zwei Extremen. Dieses Mittlere sei nicht leicht zu treffen, weshalb es auch so schwierig sei, gut zu sein.

Für Aristoteles stehen die Tugenden und Laster in unserer Macht, denn wir handelten vorsätzlich und freiwillig und seien deshalb für unser Handeln verantwortlich. Um das zu verdeutlichen, diskutiert er (wie zuvor schon Platon im *Laches*) eine Tugend wie Tapferkeit. Wenn man einmal Tapferkeit aus dem militärisch-kriegerischen Kontext herauslöst, braucht man auch im täglichen Leben so etwas wie Mut oder Tapferkeit. Tapferkeit ist nach Aristoteles eine Mitte zwischen Furcht und Übermut. Unter Furcht versteht er die Erwartung eines Übels wie Schande, Armut, Krankheit oder Tod. Der Tapfere jedoch sei furchtlos: Armut und Krankheit soll man nicht fürchten, wie auch das nicht, das aus Schlechtigkeit geschieht und nicht durch einen selbst verursacht wird. Doch sei man nicht schon deshalb tapfer, weil man vor diesen Dingen keine Furcht empfindet: „Der Tapfere ist unerschütterlich, wie man als Mensch nur sein kann. Auch er hat Furcht vor derartigen Dingen, hält ihnen aber stand, so wie man soll, um des Schönen willen und wie es die Vernunft verlangt; denn dies ist das Ziel der Tugend.“[189]

Man könne aber eben auch Dinge fürchten, die nicht furchterregend sind. Laut Aristoteles besteht der Fehler darin, dass man etwas fürchtet, was man nicht fürchten soll, weil es irrational ist, es zu fürchten. Wer dagegen das fürchtet, was man auch fürchten soll und dies zudem aushält, zeige Mut und sei tapfer. Der Tapfere empfindet und handelt, wie es angemessen sei und die Vernunft es fordere. Wer dagegen ein Übermaß an Mut in furchterregenden Situationen besitzt, sei übermütig; wer ein Übermaß an Furcht empfindet, sei feige, weil er fürchtet, was er nicht fürchten soll, weil es nicht furchtbar ist. Die Tapferkeit sei eine Mitte zwischen Übermut und Furcht (und bezieht sich mehr auf das, was Furcht erregt). Mein Fehlverhalten bestehe darin, dass ich Dinge fürchte, die ich gar nicht zu fürchten brauche. Der Übermütige hingegen unterschätze die Gefahr: „Der Feige,

189 Ebenda, III 10, 1115b (Übersetzung: Frede).

der Tollkühne und der Tapfere befinden sich also in den gleichen Situationen, nur verhalten sie sich ihnen gegenüber unterschiedlich."[190]

Verantwortlich für mein Handeln bin ich laut Aristoteles selbst, wenn ich freiwillig und ohne Zwang handele; und nur wenn ich verantwortlich bin, könne ich für mein Handeln bestraft, getadelt oder gelobt werden. Diese Freiheit spricht er vernunftlosen Wesen ab. Für mein Handeln brauche ich ein Ziel (als Gegenstand meines Wünschens) und mein entsprechendes Handeln, das mich zu diesem Ziel bringt. Die breite Masse scheine sich dabei durch die Lust täuschen zu lassen. Die Lust erscheine als ein Gut, sei es aber nicht: „Daher wählen sie das Angenehme als ein Gut, die Unlust aber meiden sie als ein Übel."[191] Für ihn ist nicht Lust das höchste Gut, auch wenn alle anderen glauben, ein glückliches Leben sei lustvoll. Denn dann wäre Glück von äußeren Gütern abhängig. Diejenigen, die behaupten, ein Mensch, der gefoltert wird und in großes Unglück geraten ist, sei glücklich, wenn er nur gut ist, würden Unsinn reden. Aber auch die glückliche Fügung des Schicksals ist für ihn nicht notwendig, um glücklich zu sein.

Tugend und tugendhaftes Handeln ist ebenfalls ein Kern der stoischen Ethik zur Vermeidung von Affekten, und das Ideal des stoischen Weisen ist vollkommen tugendhaft und affektfrei – das bedeutet ja das Wort „stoisch" in unserer Umgangssprache; die Stoiker nannten das »apathisch« (wörtlich „ohne Pathos"). Ebenso wie sie empfiehlt Epikur, *hêdonê*, das Angenehme oder die Lust, nur unter der Vorherrschaft der Vernunft zu wählen. Und bereits für Aristoteles sind die Menschen selbst dafür verantwortlich, ob sie tugendhaft sind, also auch selbst Schuld an einer zügellosen Lebensweise: „Denn wie man in der jeweils konkreten Situation handelt, das macht einen zu dem, was man ist."[192] Nur ein völlig stumpfsinniger Mensch könne nicht wissen, dass seine Eigenschaften dadurch entstehen, dass er so handelt, wie er handelt. Man wird gerecht, indem man gerecht und rechtmäßig handelt.

190 Ebenda, III 11, 1116a.
191 Ebenda, III 7, 1113b.
192 Ebenda, III 7, 1114a.

Das glückliche Leben als tugendhaftes Leben

Nach Aristoteles ist der Mensch das *zôon politikon*, das einzige Lebewesen, das in einer *polis*, einem Staat, lebt (und das einzige, das Sprache hat).[193] Deshalb geht es in seiner Ethik immer auch um das gemeinschaftliche Zusammenleben: die Ethik ist bei ihm Teil der Politik. Der Mensch sei ein in Gemeinschaft lebendes Wesen und von Natur aus auf das Zusammenleben hin angelegt.[194] Das höchste Ziel sei die Eudaimonie, das individuelle und gemeinschaftliche glückliche Leben, weswegen wir tugendhaft seien und die Tugenden ausbildeten. Die Tugend beziehe sich auf Handlungsbereiche und sei als Mitte das Gegenmittel gegen Affekte. Die Frage ist nun, wovon Gerechtigkeit und Rechtschaffenheit die Mitte sein könnte?

Unter Gerechtigkeit oder Rechtschaffenheit will Aristoteles diejenigen Eigenschaften verstanden wissen, die Menschen nicht nur befähigen, das Gerechte und Richtige zu tun, sondern auch zu wollen. Ungerecht und nicht rechtschaffen sei jemand, der gegen Gesetze und moralische Regeln verstößt, mehr haben will, als ihm zusteht und gegen Gleichheit ist: „Das Gerechte ist also, was den Gesetzen und der Gleichheit entspricht, das Ungerechte aber das Gesetzes- und Gleichheitswidrige."[195] Der Gesetzesbrecher verhält sich ungerecht; der Gesetzestreue ist gerecht bzw. rechtschaffen. Er nennt denn auch gerecht, was das Glück für die Gemeinschaft schafft und erhält. Diese Gerechtigkeit sei eine Tugend in Bezug auf die Mitmenschen. Deshalb gelte die Gerechtigkeit auch als die vorzüglichste Tugend; sie sei vollkommen, weil man sie auf die Mitmenschen (und nicht auf sich selbst) anwenden kann.

Wie alle Tugenden soll auch das Gerechte wieder eine Mitte bilden zwischen dem Zuviel und Zuwenig. Dieses bestimmt er als das Mittlere zwischen Unrechttun und Unrechterleiden. Die Gerechtigkeit sei eine Art Mitte, die Ungerechtigkeit die beiden Extreme: Die Gerechtigkeit sei die Grundhaltung, der gemäß der Gerechte das Gerechte mit Vorsatz verwirklicht, definiert Aristoteles.[196] Im Gegensatz dazu bestimmt er die Ungerechtigkeit als Grundhaltung des Ungerechten, d. h. als ein Übermaß und Mangel des Nützlichen. Bei einer Ungerechtigkeit bedeute das Zuwenig,

193 Aristoteles, Politik, I 2, 1253a.
194 Aristoteles, Nikomachische Ethik, IX 9, 1169b.
195 Ebenda, V 2, 1129a/b.
196 Ebenda, V 9, 1134a.

Unrecht zu erleiden, das Zuviel, Unrecht zu tun. Deshalb gebe es auch keine Ungerechtigkeit sich selbst gegenüber.

Neben den Charaktertugenden gibt es bei Aristoteles noch die dianoetischen Tugenden wie praktisches Können, wissenschaftliche Erkenntnis, Klugheit, Weisheit und Denken. Klugheit beschreibt er an den Merkmalen desjenigen, den wir für klug halten, also richtig zu überlegen, was gut und nützlich für ihn ist, was das gute Leben im Ganzen betrifft. Die Klugheit gebe Anweisungen und sage uns, was wir tun sollen und was nicht. Weisheit dagegen nennt er die vollkommenste der Wissenschaften. Der Weise müsse nicht nur wissen, was aus den Prinzipien folgt, sondern auch die Wahrheit der Prinzipien selbst erkennen: Weisheit verknüpfe wissenschaftliche Erkenntnis mit Vernunft. Insgesamt sieht Aristoteles einen engen Zusammenhang von Einsicht, Verständigkeit, Weisheit, Klugheit und Vernunft, die zusammen zum glücklichen Leben führen. Während man aber Einsicht, Verstehen und Vernunft von Natur aus habe, sei niemand von Natur aus weise.[197]

Natürlich müsse man Schlechtigkeit, Unbeherrschtheit und (tierische) Rohheit meiden: „Der Unbeherrschte weiß, dass seine Handlungen schlecht sind, begeht sie aber dennoch im Affekt, der Beherrschte aber weiß, dass seine Begierden schlecht sind und gibt ihnen aus Überlegung nicht nach."[198] Aristoteles interessiert, wie jemand trotz richtiger Überzeugung unbeherrscht sein kann. Wissen allein (wie Sokrates meinte) scheint nicht auszureichen; vielmehr handelt der Unbeherrschte so, als sei er schon in den Affekt geraten. Zorn, sexuelle Begierden und andere Affekte führen manchmal zu so etwas wie Wahnsinn. Die Unbeherrschtheit scheint demnach daher zu kommen, dass Wissen und Vernunft im Affekt verloren gehen. Aristoteles formuliert hier schon eine in gewisser Weise proto-stoische Philosophie. Die breite Masse strebe nach Geld, Ehre und körperlicher Lust: „Wer davon mehr haben will, gibt sich den Begierden und überhaupt den Affekten hin und somit dem vernunftlosen Teil der Seele."[199] Die Vernunft dagegen wähle das Beste, und der Gute und Tugendhafte folge der Vernunft.

Für Aristoteles ist die Freundschaft vollkommen zwischen Menschen, die gut und tugendhaft sind und einander Gutes wollen. Eine Freundschaft aufgrund von Lust oder Nutzen erscheint ihm weniger wertvoll, denn

197 Ebenda, VI 12, 1143b.
198 Ebenda, VII 2, 1145b.
199 Ebenda, IX 8, 1168b.

so könnten auch schlechte Menschen miteinander befreundet sein: „Die Freundschaft, die auf dem Nutzen beruht, ist etwas für Krämerseelen.“[200] Die Glücklichen bräuchten keine nützlichen Freunde, wohl aber angenehme. Die Liebe dagegen gleiche eher einem Affekt; die Freundschaft sei eine Grundhaltung. Für ihn gehören Freundschaft und Gerechtigkeit bzw. Rechtschaffenheit oder Redlichkeit unmittelbar zusammen, denn so weit Gemeinschaft besteht, bestehe auch Freundschaft. Der Glückliche brauche Freunde nicht, weil der Glückliche autark ist und in diesem Sinn keiner Freunde bedarf. Andererseits wäre es unverständlich, warum gerade der Glückliche keine Freunde haben sollte, denn es wäre widersinnig, den Glücklichen zum Einzelgänger zu machen. Also hat der Glückliche auch Freunde.

Glück oder Eudaimonie ist nach Aristoteles ein Tun oder Handeln, eine Tätigkeit und nicht einfach vorhanden wie Besitz: Glück ist etwas, das man herstellen, machen kann. Wenn sich nun das Glücklichsein durch Tätigsein einstellt, wird der Glückliche Freunde brauchen, um Gutes tun zu können. Für den Einzelgänger sei das Leben beschwerlich; mit anderen zusammen sei es leichter. Aber es gehe auch nicht darum, danach zu trachten, möglichst viele Freunde zu haben, denn man könne nicht mit vielen Menschen innig befreundet sein, sondern nur mit wenigen (wie man auch nicht in mehrere Menschen zugleich verliebt sein könne). Man müsse schon zufrieden sein, wenn man nur wenige Freunde findet.[201]

Das Ziel allen menschlichen Handels sieht Aristoteles im Glück als höchstem Gut. Das Glück sei keine Grundhaltung, sonst würde sie ja auch demjenigen zukommen, der sein ganzes Leben hindurch schläft, wie eine Pflanze lebt oder sich im größten Unglück befindet: Das Glück oder die Glückseligkeit will er eher in einer Art Betätigung sehen, einem Tätigsein, das um seiner selbst willen getan und angestrebt wird (und nicht, um etwas anderes damit zu erreichen). Das Glück bedürfe keiner anderen Sache, es sei vielmehr autark. An sich wünschenswert seien Tätigkeiten, bei denen man über die Tätigkeit hinaus nichts weiter sucht; als so beschaffen gelten ihm auch Handlungen, die der Tugend entsprechen. Aus lustvollen Vergnügungen dagegen erwachse mehr Schaden als Nutzen, da man ihretwegen Gesundheit und Vermögen vernachlässige. Die meisten von denen, die man glücklich nennt, würden sich in einen solchen Zeitvertreib flüchten:

200 Ebenda, VIII 7, 1158a.
201 Ebenda, IX 10, 1171a.

„Auch Kinder meinen ja, dass das, was von ihnen geschätzt werde, das Beste sei."[202] Das Glück bestehe nicht im Vergnügen.

Aristoteles glaubt aber, dass dem Glück etwas Lust (also etwas Angenehmes) beigemischt sein müsse; unter den tugendhaften Tätigkeiten sei diejenige die lustvollste und angenehmste, die mit Weisheit verbunden ist. Die Philosophie scheint Genüsse von wunderbarer Reinheit und Beständigkeit zu bieten, und es sei verständlich, dass die Wissenden ihre Zeit lustvoller verbringen als die Suchenden.[203] Auch Autarkie gebe es wohl am ehesten bei der betrachtenden Tätigkeit. Denn die lebensnotwendigen Dinge bräuchten Weise und Gerechte genauso wie alle anderen; wenn sie aber hinreichend versorgt sind, brauche der Gerechte noch Menschen, an denen und mit denen er gerecht handeln kann; dasselbe gelte auch von dem Maßvollen und dem Tapferen; der Weise aber könne auch betrachten, wenn er alleine ist (und je weiser er ist, um so mehr). Die betrachtende Tätigkeit sei die einzige, die um ihrer selbst geliebt werde. Das vollkommene, lebenslange Glück, das in Autarkie, der Muße, dem Freisein von Mühe, ruht, hält er letztlich für übermenschlich (und nur den Göttern vorbehalten). Für den Menschen sei das vernunftgemäße Leben das glücklichste, und dasjenige Leben sei glücklich, das den Tugenden gemäß ist.

Schon Sokrates hatte bemängelt, dass sich die Leute zwar um ihre Einkünfte, Ruhm und Ehre kümmern, nicht aber um Einsicht in Wahrheit oder die bestmögliche Verfassung der Seele, damit sie so gut wie möglich werde.[204] Denn nicht aus Einkünften entstehe Tugend, sondern umgekehrt die Tugend mache das Leben gut. Um ein glückliches Leben zu leben, müsse man daher tugendhaft sein. Bei Aristoteles ist Glückseligkeit das höchste Ziel, weil es nur um seiner selbst willen angestrebt werde. Die breite Masse dagegen würde ihren Lüsten und Trieben folgen und wie das liebe Vieh leben, die Gebildeten würden der Ehre als Lebensziel nachjagen. Der breiten Masse würde der Glückliche seltsam erscheinen, denn sie urteile nur nach Äußerlichkeiten: „Wer gemäß der Vernunft tätig ist und diese pflegt, der scheint in der besten Verfassung zu sein und von den Göttern am meisten geliebt zu werden."[205] Die philosophische Lebensführung sei die betrachtende, der das Glück als Endziel gelte. Wer dagegen nach den Affekten lebt, werde auf warnende Worte nicht hören, ja sie nicht einmal verstehen.

---

202 Ebenda, X 6, 1176b.

203 Ebenda, X 7, 1177a.

204 Platon, Apologie des Sokrates, 29d/e, 30b.

205 Aristoteles, Nikomachische Ethik, X 9, 1179a.

Der Gute, dessen Leben auf das Werthafte ausgerichtet ist, werde nämlich der Vernunft folgen; der Schlechte aber, der nach Lust strebt, würde durch Unlust gebändigt wie ein Zugtier unter dem Joch.

Wie man leben soll, welche Lebensform am besten ist, was für ein Leben erstrebenswert ist, betrachtet Aristoteles auch zusammenfassend in seiner Politik. Das Glück besteht für ihn aus drei Teilen: den äußeren, den körperlichen und den seelischen Gütern. Niemand könne einen Menschen völlig glücklich nennen, der nicht wenigstens eine Spur von Tapferkeit (*andreia*), Selbstbeherrschung (*sôphrosynê*), Gerechtigkeit (*dikaiosynê*) und Vernunft (*phronêsis*) besitzt, sondern schon eine Mücke fürchtet oder vor dem Schlimmsten nicht Halt macht, wenn er Hunger oder Durst hat, für ein paar Cent seine Nächsten ruiniert, oder jemanden, der unvernünftiger ist als ein Kleinkind oder ein Wahnsinniger.[206] Viele würden glauben, ein noch so geringer Anteil guter menschlicher Qualitäten reiche bereits aus für ein glückliches Leben, während sie bei Reichtum, Geld, Macht, Ruhm und all den anderen Gütern die größte Menge ohne jegliche Beschränkung suchen würden. Jedoch könne man sich leicht darüber schon aus Erfahrung vergewissern, wenn man beobachtet, dass gute menschliche Qualität nicht durch äußere Güter erworben werde, sondern diese durch jene. Glücklich seien doch wohl eher diejenigen, die bis zum Äußersten gehen, um sich durch Charakter und Vernunft auszuzeichnen, aber im Besitz äußerer Güter Maß halten (und nicht mehr besitzen, als sie wirklich brauchen).

Seelischen Reichtum hält er für wertvoller als materielle Güter: jeder erreiche soviel Glück, wie er Charaktertugenden und Vernunft hat und im Einklang damit handelt. Dafür soll ihm Gott als Zeuge dienen: er sei glücklich und glückselig, was er aber nicht äußeren Gütern verdankt, sondern sich selbst und seiner Natur, zumal auch glückliche Umstände etwas anderes seien als Glück, denn die äußeren Güter würden vom Zufall hervorgebracht.[207] Für Platon und Aristoteles kann auch ein Staat ein solches glückliches und gelingendes Leben haben, was nicht unbedingt identisch sein muss mit dem Glück jedes Einzelnen. Die beste Verfassung müsse offensichtlich die sein, unter deren Ordnung es jedem, wer er auch sei, am besten geht und jeder im höchsten Glück lebt.

Halten wir fest: Das höchste Gut ist das Glück, das glückliche Leben. Diese Eudaimonie erreiche ich nach Aristoteles weder durch Lust und Genuss,

206 Aristoteles, Politik, VII 1, 1323a.
207 Ebenda, VII, 1323b.

Geld und Reichtum noch durch Ruhm und Ehre, sondern durch eine betrachtende, philosophische Lebensweise, dem Streben nach Wissen und Weisheit. Weisheit verknüpft wissenschaftliche Erkenntnis mit Vernunft, sagt Aristoteles. Durch Tugenden kann ich richtig, rechtschaffen und gerecht handeln, außerdem bewahren sie mich vor Affekten, die das Glück stören würden. Für ihn liegt das Glück in der Muße und ist nicht von äußeren Umständen abhängig, sondern vielmehr eine innere Einstellung. Von ihm kann ich lernen, dass die Eudaimonie nicht von äußeren Dingen oder körperlichen Befindlichkeiten abhängt, sondern rein psychischer Natur ist. Glück ist nach Aristoteles ein vernünftiges Handeln.

Fünf

Leben wie die Hunde

Diogenes und die Kyniker

Eudaimonie und Autarkie

Seit Platon und Aristoteles galt das Glück als das höchste Gut, um dessentwillen alles getan wird, wie wir gesehen haben. Ehre, Lust, Vernunft und Tugend würden wir (zwar auch im ihrer selbst willen, aber vor allem) wegen des Glücks wählen. Das Glück selbst jedoch wähle umgekehrt niemand wegen dieser Dinge, ja überhaupt nicht um anderer Dinge willen.[208] Zum selben Ergebnis komme man, wenn man von der Autarkie ausgeht. Unter „autark“ (*autarkeia*, Selbstständigkeit, Unabhängigkeit) will Aristoteles ähnlich wie dann die Kyniker verstanden wissen, was für sich allein genommen das Leben erstrebenswert macht, ohne dass es noch etwas anderem bedarf – diese Autarkie sei das Glück. Das Glück erweise sich also als etwas Vollkommenes und Autarkes und sei somit das Ziel alles unseren Tuns.

Den Kynikern ging es vor allem um die Autarkie (wörtl. Sich-selbst-Genügen), um Bedürfnislosigkeit und Selbstgenügsamkeit, um ein glückliches Leben führen zu können. Sie stehen in der sokratischen Tradition, in der davon ausgegangen wird, dass allein die Tugend für ein glückliches Leben ausreichend sei. Die Tugend stelle den einzigen Wert dar, sei das einzige Gut, alles andere sei Übel (oder indifferent). Die Stoiker haben diesen Gedanken von den Kynikern übernommen, die im Anschluss an Sokrates davon ausgingen, dass ein glückliches Leben davon abhängt, ob man tugendhaft ist und moralisch gut handelt und sich selbst und seinen Cha-

208 Aristoteles, Nikomachische Ethik, I 5, 1097b.

rakter permanent verbessert und vervollkommnet. Wer Tugend hat, habe alles, Streben nach allem anderen beruht für die Kyniker auf Wahn. Das Ziel des Lebens müsse daher die Freiheit vom Wahn sein, dem alle anderen Menschen ihrer Ansicht nach verfallen sind. Triebe und Begierden müssten beherrscht und überwunden werden.

Die kynische Philosophie mit ihrem Minimalismus erinnert an das beliebte Märchen *Hans im Glück* der Brüder Grimm: Nach (sieben) Jahren harter Arbeit bekommt Hans seinen Lohn in Form eines Goldstücks, das so groß ist wie sein Kopf. Auf dem Weg zu Fuß nach Hause sieht er einen Reiter und wünscht sich ein Pferd. Der Reiter tauscht sein Pferd gegen den Goldklumpen. Nachdem ihm das Pferd durchgegangen ist, tauscht Hans es gegen eine Kuh. Als die Kuh keine Milch gibt, tauscht er sie gegen ein Schwein. Das Schwein tauscht er dann gegen eine Gans und die Gans gegen einen wertlosen Stein. Beim Trinken schließlich fällt der Stein in den Brunnen. Als er den Stein in die Tiefe sinken sieht, springt er auf, kniet nieder und dankt Gott mit Tränen in den Augen, dass er ihm diese Gnade erwiesen und ihn von der Last des Steines befreit habe, „das sey das einzige, was ihm noch zu seinem Glück gefehlt" habe.[209] So glücklich wie ihn gebe es keinen Menschen unter der Sonne. Mit leichtem Herzen und frei von aller Last geht er heim. – Vielen gilt das Märchen von Hans im Glück als Beispiel großer Naivität und vielleicht sogar größter Dummheit. In Wirklichkeit jedoch erzählt es die Geschichte der Befreiung vom Überflüssigem: erst nachdem er Schritt für Schritt den Ballast losgeworden ist, den er mit sich (in seinem Leben) herumschleppt, ist er glücklich.

Aus kynischer Sicht muss man zu einem glücklichen Leben Freiheit erreichen und unabhängig sein von allen äußeren Dingen, was ja die Folge der Autarkie ist: Das Ziel der Philosophie sei, sowohl ein Leben nach sittlichen Grundsätzen als auch Freiheit, zu der Selbstgenügsamkeit führe.[210] Freiheit bedeutet im philosophischen Sinn „die Fähigkeit der Vernunft, zu überlegen und dann entsprechend zu handeln", wie Franz Schupp (im Zusammenhang mit Augustinus) formuliert. Dies sei bereits die Voraussetzung der sophistischen Aufklärung und sokratischen Ethik gewesen. Wenn die spätere Philosophie, wie etwa die des Stoikers Epiktet, „die Unterscheidung einbrachte zwischen dem, was nicht in unserer Macht steht – die äußeren Lebensbedingungen –, und dem, was in unserer Macht steht – die

---

209 Märchen der Brüder Grimm, Bd. 1, München 1982, Reinbek bei Hamburg 1993, Nr. 83, S. 353-356.

210 Diogenes Laertius, Leben und Meinungen berühmter Philosophen, VI 6, 104.

innere Haltung des Menschen –, so war damit doch eindeutig gesagt, daß das Innere des Menschen einzig seiner Selbstbestimmung unterliegt."[211]

Diese Selbstbestimmung ist es, die den Ausgangspunkt der kynischen Philosophie bildet: Der Kyniker reduziert seine Bedürfnisse und genügt sich selbst, um sich nicht von mehr als nötig abhängig zu machen und frei zu sein. Abhängigkeit, Anpassung und Unterwürfigkeit haben die Kyniker verachtet und sich über gesellschaftliche Gepflogenheiten und Konventionen lustig gemacht und hinweggesetzt (und oftmals provokativ das Gegenteil davon getan). Diogenes, der bis heute bekannteste Kyniker, soll öffentlich masturbiert und dies mit den Worten kommentiert haben: „Könnte man doch den Bauch auch ebenso reiben, um den Hunger loszuwerden."[212] Sie sahen sich nicht der Polis oder der menschlichen Gemeinschaft unterstellt, sondern dem Kosmos und der Weltordnung. Die Kyniker waren frühe Zivilisationsgegner und haben entsprechend gelebt, weshalb im Kynismus manchmal eher eine Lebensform als eine Philosophie gesehen wird.

Freiheit und Frechheit

Der Kynismus geht zurück auf den Sokrates-Freund und -Schüler Antisthenes (um 455–360 v.u.Z.), der für eine gewisse Bedürfnislosigkeit eintrat und Reichtum, Luxus und gesellschaftliche Konventionen wenig achtete. Mit dem Motto „Zurück zur Natur" soll er das bisherige philosophische Theoriegebäude abgelehnt haben. Auf die Frage, was das beste in der Welt sei, hat er geantwortet: „Glücklich zu sterben." Seinen philosophischen Standpunkt gibt Diogenes Laertius so wieder: Tugend sei lehrbar und Tugend sei ausreichend zur Glückseligkeit. Tugend bestehe im Handeln und bedürfe weder vieler Worte noch vieler Lehren. Der Weise sei sich selbst genug, denn alles, was andere hätten, habe er auch. Der Weise werde sich nicht nach bestehenden Gesetzen richten, sondern nach dem Gesetz der Tugend. Der Tugendhafte sei liebenswert; die Tugend sei eine Waffe, der man nicht beraubt werden könne.[213] Auch wenn die Kyniker ganz in der sokratischen Tradition stehen, waren Platon und Antisthenes keine Freunde und

---

211 Franz Schupp, Geschichte der Philosophie im Überblick, Bd. 2: Christliche Antike, Mittelalter, Hamburg 2003, S. 80/81.

212 Diogenes Laertius, Leben und Meinungen berühmter Philosophen, VI 2, 46.

213 Ebenda, VI 1, 12.

mochten sich gegenseitig nicht. Manche Forscher gehen sogar davon aus, dass Antisthenes Sokrates näher gestanden hat als andere Sokratiker. Als er ein Loch in seinem Mantel sichtbar hervorkehrte, soll Sokrates zu ihm gesagt haben: „Deine Eitelkeit blickt mir aus deinem Mantel entgegen."[214]

Ein Hauptanliegen des Kynismus war die Ausrottung der Affekte, was die Stoiker von ihnen übernommen haben. Die *apatheia*, die völlige Affektfreiheit oder Leidenschaftslosigkeit, die dann mit der *ataraxia*, der Unerschütterlichkeit und Gemütsruhe, gleichgesetzt wurde, gilt den Kynikern und Stoikern als Voraussetzung für ein glückliches Leben.[215] Wer von solchen Störungen frei ist, sei restlos glücklich, so ihre Überzeugung. Die Apathie des kynischen Weisen zeige sich vor allem darin, dass er ruhig und gelassen Beschimpfungen, Beleidigungen, Verleumdungen und Drohungen erträgt.[216] Zu den Affekten rechneten sie die Lust und die Begierden; besonders vor dem Zorn haben sie gewarnt; Neid hielten sie für gefährlich, aber auch Hoffnung galt ihnen als Affekt, ebenso die Hoffnungslosigkeit. Stattdessen empfahlen sie einen gesunden Realismus und warnten davor, sich irgendwelche Illusionen zu machen. Natürliche Bedürfnisse wollten sie auf einfachste Weise befriedigen: „Einfacher und billiger als ein Besuch im Bordell ist nur die Selbstbefriedigung", schreibt Georg Luck in Bezug auf den Sexualtrieb.[217]

Der Name dieser Schule könnte vom Athener Gymnasium *Kynosarges* abstammen, an dem Antisthenes unterrichtete. Möglicherweise hatte er auch den Beinamen „Hund", jedenfalls sollen die Kyniker wie die Hunde gelebt haben (griech. *kýōn*, gen. *kynós*, Hund). Für sie war diese Lebensweise der kürzeste Weg zur Tugend. Antisthenes trat für Bescheidenheit ein: Man solle nur soviel auf Reisen mitnehmen, wie man bei einem Schiffbruch schwimmend mitnehmen kann. Auf die Frage, welchen Gewinn ihm die Philosophie gebracht habe, antwortete er: „Die Fähigkeit, mit mir selbst zu verkehren."[218] Einsicht sei das sicherste Bollwerk, denn die könne weder weggeschwemmt noch verraten werden. Man müsse sich entweder Verstand erwerben oder einen Strick ... Und auf die Frage, warum nicht die Reichen zu den Philosophen gingen, entgegnete er: Weil die Philosophen

214 Ebenda, VI 1, 8.

215 Georg Luck, Die Weisheit der Hunde: Texte der antiken Kyniker in deutscher Übersetzung mit Erläuterungen, Stuttgart 1997, Einleitung, S. 20.

216 Ebenda, S. 21.

217 Ebenda, S. 23.

218 Diogenes Laertius, Leben und Meinungen berühmter Philosophen, VI 1, 6.

wissen, was sie zum Leben brauchen, die Reichen aber wüssten es nicht, weil sie sich mehr um Geld als um Weisheit kümmern.

Oft ist das Bild des Philosophen bis heute geprägt durch Diogenes (etwa 410–323 v.u.Z.), der wahrscheinlich als erster tatsächlich als „Hund" bezeichnet wurde. Er soll gebissen und gebellt und seine Schlagfertigkeit muss die Grenze von Frechheit überschritten haben: „Bei einer Mahlzeit warf man ihm Knochen hin wie einem Hunde, doch er bepisste sie beim Weggehen wie ein Hund."[219] Zu Knaben, die Angst hatten, er könne sie beißen, sagte er, ein Hund fresse kein Grünzeug.[220] „Als Platon ihn Hund nannte, erwiderte er: 'Jawohl, denn ich bin zu denen, die mich verkauft haben, wieder zurückgekehrt'", berichtet sein Namensvetter Diogenes Laertius über fünfhundert Jahre später.[221] Spott und Ironie, Schlagfertigkeit und Witz kennzeichnen seinen Umgang mit anderen Menschen. Mit einer brennenden Lampe soll er mitten am Tag umhergelaufen sein und sagte: „Ich suche einen Menschen."[222]

Diogenes stammte aus Sinope am Schwarzen Meer und war der Sohn eines Geldwechslers. Er soll (zusammen mit seinem Vater) Münzen umgeprägt und Geld gefälscht haben, weshalb er in die Verbannung geschickt wurde.[223] Später wollte er die bestehenden gesellschaftlichen Werte und Normen umwerten und ummünzen. Er ging nach Athen und schloss sich Antisthenes an, bei dem er blieb, solange dieser lebte. Danach zog er nach Korinth, wo er unter freiem Himmel schlief und ein Fass ihm als Behausung diente: „Es war seine Gewohnheit, ganz unverblümt alles herauszusagen, was er dachte, indem er die Unvernunft der Leute kritisierte und sich bemühte, ihnen ihre Dummheit und Beschränktheit auszutreiben."[224] Angst zu haben hielt er für Sklavenart. Für die Kyniker gibt es kein Leben

---

219 Ebenda, VI 2, 46.

220 Ebenda, VI 2, 45.

221 Ebenda, VI 2, 40.

222 Ebenda, VI 2, 41. Da man zunächst im Deutschen (über die lateinische Sprache) Cynismus mit „c" schrieb, gab es beide Aussprachemöglichkeiten: Kynismus und Zynismus. Heute ist es üblich, mit „Kynismus" die antike Philosophenschule, mit „Zynismus" eine anderen gegenüber aggressive, übertrieben ironische und scharfzüngige Einstellung zu bezeichnen, die zweifellos an Diogenes anknüpft – auch in der Verachtung, die ihr allgemein entgegen gebracht wird; vgl. Heinrich Niehues-Pröbsting, Der Kynismus des Diogenes und der Begriff des Zynismus, München 1979, Frankfurt am Main 1988.

223 Diogenes Laertius, Leben und Meinungen berühmter Philosophen, VI 2, 20.

224 Luck, Die Weisheit der Hunde, S. 79.

nach dem Tod. Gefragt, ob der Tod ein Übel sei, sagte Diogenes (Epikur vorwegnehmend): „Wie soll der Tod ein Übel sein? Wir merken ja nichts davon, wenn er da ist.“[225]

Sowohl für Antisthenes als auch für Diogenes muss es ein wichtiges Anliegen gewesen sein, grundlegende Bedürfnisse wie Essen, Trinken, Kleidung, Wohnung und Sex auf einfachste Weise und (so weit wie möglich) von nichts und niemand abhängig zu befriedigen. Gesellschaftliche Konventionen und öffentliche Meinungen lehnte Diogenes ab und bevorzugte ein natürliches Leben. Im Sommer soll er sich in glühend heißem Sand gewälzt, im Winter die schneebedeckten Bildsäulen umarmt haben, um sich abzuhärten und widerstandsfähig zu machen. Auch wollte er den Staat und die damit verbundene Ordnung abschaffen, denn die einzig wahre Ordnung befinde sich im Weltall. Er bezeichnete sich daher als „Kosmopolit“, als Weltbürger, dessen Polis der Kosmos ist.

Auch Diogenes verachtete Platon und machte sich über dessen Reichtum und Berühmtheit lustig. Als Platon die Definition aufstellte, der Mensch sei ein federloses zweifüßiges Tier, soll Diogenes einem Hahn die Federn ausgerissen und in Platons Schule gebracht haben mit den Worten: „Das ist Platons Mensch.“ Infolgedessen machten die Akademiker den Zusatz „mit platten Nägeln“.[226] An Platons Ideenlehre ließ er kein gutes Haar: Als Platon von Tischheit und Becherheit sprach, sagte er, er sehe zwar einen Tisch und einen Becher, aber keine Tischheit oder Becherheit, worauf Platon entgegnete, er habe zwar Augen, mit denen er Tisch und Becher sehe, aber nicht den Verstand, mit dem man Tischheit und Becherheit erschaue.[227]

Als er sich einmal auf dem Marktplatz von Korinth sonnte, seinem Lieblingsort, und Alexander »der Große« ihn aufsuchte und fragte, was er für ihn tun könne (er durfte fordern, was er wollte), soll er geantwortet haben: „Geh mir nur ein wenig aus der Sonne!“[228] Auch Plutarch überliefert diese Geschichte:

---

225 Diogenes Laertius, Leben und Meinungen berühmter Philosophen, VI 2, 68.

226 Ebenda, VI 40.

227 Ebenda, VI 53. Die gleiche Geschichte ist aber auch für Antisthenes überliefert: Er sehe zwar das Pferd, aber nicht die »Pferdheit«, soll er zu Platon gesagt haben, worauf dieser erwiderte, er habe eben das Auge, mit dem man das Pferd sieht, aber das Auge, mit dem man die Pferdheit sehe, habe er nicht; vgl. Luck, Die Weisheit der Hunde, S. 43.

228 Diogenes Laertius, Leben und Meinungen berühmter Philosophen, VI 2, 38.

„Die Griechen versammelten sich auf dem Isthmos von Korinth und fassten den Beschluss, mit Alexander den Feldzug gegen die Perser zu unternehmen, und wählten ihn zum Befehlshaber. Daraufhin kamen viele Politiker und Philosophen zu ihm und gratulierten ihm, und Alexander nahm an, auch Diogenes von Sinope, der in Korinth lebte, werde das gleiche tun. Da dieser überhaupt keine Notiz von Alexander nahm und in aller Ruhe im Kraneion [einem Vorort] blieb, ging er selber zu ihm. Als er kam, lag Diogenes gerade in der Sonne. Er setzte sich ein wenig auf, als eine solche Menge von Leuten erschien, und blickte Alexander an. Dieser begrüßte ihn und fragte, ob er eine Bitte an ihn habe. Darauf entgegnete Diogenes: 'Geh mir nur ein wenig aus der Sonne!' Alexander soll davon sehr beeindruckt gewesen sein und den Stolz und die Größe des Mannes, der ihn mit solcher Nichtachtung behandelt hatte, so sehr bewundert haben, dass er, während seine Begleiter beim Weggehen lachten und spotteten, sagte: 'Wahrhaftig, wenn ich nicht Alexander wäre, dann möchte ich wohl Diogenes sein!'“[229]

Wie Antisthenes verachtete auch Diogenes die Lust und sah fehlenden Verstand als Ursache des Unglücks. Nichts gelinge im Leben ohne Übung: Wenn man sich an ein einfaches, hündisches Leben gewöhnt habe, empfinde man es als angenehm, während die, die sich an ein angenehmes Leben gewöhnt haben, es bei jeder Entbehrung unangenehm empfinden. So übt sich der Kyniker darin, auf Lust zu verzichten. Diogenes soll dies nicht nur gelehrt, sondern auch entsprechend gehandelt haben, indem er weniger Gewicht auf die menschlichen Vorschriften legte als auf die Natur. Ziel der kynischen Lebensweise ist Freiheit und Unabhängigkeit sowohl von gesellschaftlichen Konventionen und Benimmregeln, als auch von eigenen Bedürfnissen und Trieben. Zivilisation und Kultur hielten sie für mehr oder weniger überflüssig; Vorbild war ihnen eher der Naturzustand der Tiere.

Diogenes meinte, das Leben der Menschen sei wegen ihrer Weichheit unglücklicher als das der Tiere: Die Tiere seien nackt, bräuchten kein Haus und kein Feuer, seien stark und gesund und bräuchten weder Arzt noch Arzneien, während der Mensch kränklich sei. Der Mensch sei erst infolge seiner Lebensweise so zart geworden; dass er kein Fell habe, sei kein Hindernis, sich abzuhärten. Frösche seien noch viel zarter gebaut und könnten im Winter im kältesten Wasser überleben. Die Menschen würden ihre Intelligenz nur dazu benutzen, der Lust nachzujagen, und so wurde ihr Leben immer unerfreulicher und mühseliger, und im Wahn, für sich Vorsorge zu

229 Plutarch, Alexander, Stuttgart 2014, Kap. 14, S. 17/18.

tragen, kämen sie jämmerlich herunter infolge ihrer vielfältigen Bemühungen und ihrer Vorsorge. Während die Tiere im Sommer wie im Winter in der Natur leben, würden die Menschen in steter Aufregung leben und danach trachten, einander zu schaden, seien in endlosen Nöten und könnten nie Ruhe halten. Das machen sie zu dem Zweck, um leben zu können und fürchten gleichzeitig, dass ihnen die angeblich notwendigen Dinge ausgehen, sorgen sich und versuchen, ihren Kindern möglichst viel Geld zu hinterlassen. Er aber tue merkwürdigerweise nichts von alledem und deshalb sei er allein von allen Menschen frei – und niemand sonst verstehe etwas von diesem seinem Glück![230]

Der bedeutendste Schüler von Diogenes war Krates. Sein Vermögen soll er verschenkt haben, um sich mit voller Kraft der Philosophie zu widmen. Verwandte, die ihn davon abhalten wollten, hat er mit einem Stock verjagt. Hipparchia, Mädchen aus gutem Hause, fühlte sich durch die Lehren des Kynismus angezogen und schwärmte für Krates. Sie soll sogar ihren Eltern gedroht haben, Hand an sich zu legen, wenn man sie ihm nicht gäbe. Die Eltern forderten Krates auf, das Mädchen davon abzubringen, und als es ihm nicht gelang, sie zu überreden, legte er alles, was er bei sich trug, zu ihren Füßen nieder und sagte: „Hier steht dein Bräutigam, dies ist seine Habe, danach fasse deinen Entschluss“, denn er würde nicht mit ihr die eheliche Gemeinschaft eingehen, wenn sie nicht seine Lebensweise völlig teile. Das Mädchen entschied sich natürlich für ihn, legte die gleiche Kleidung an, zog mit ihm herum und wohnte mit ihm im Freien.[231] Man müsse solange philosophieren, bis man die Feldherrn für Eselstreiber halten würde, soll er gesagt haben.[232] Diesem Krates schloss sich dann ein gewisser Zenon (aus Kition auf Zypern) an, der wiederum als sein mit Abstand bedeutendster Schüler gilt – der Begründer der Stoa.

230 Malte Hossenfelder, Antike Glückslehren: Quellen zur hellenistischen Ethik in deutscher Übersetzung, aktualisiert von Christof Rapp, Stuttgart ²2013, S. 28/29.

231 Diogenes Laertius, Leben und Meinungen berühmter Philosophen, VI 7, 96/97.

232 Ebenda, VI 5, 92.

Parrhesie: Der Mut zur Wahrheit

Parrhesia (oder dt. Parrhesie) ist die offene, aufrichtige Rede und bezeichnete in Athen das Recht des freien Bürgers auf Meinungs- und Redefreiheit. Im Kynismus wird Parrhesia zur Möglichkeit, gegen gesellschaftliche Konventionen seine eigene Freiheit zu wahren. Diese Parrhesie hat Foucault in seinen letzten Vorlesungen 1983/84 ausführlich untersucht: Der Kynismus sei eine Form der Philosophie, in der die Lebensweise und das Wahrsprechen direkt und unmittelbar miteinander verbunden seien. Der Kyniker sei stets als der Mann des Wahrsprechens charakterisiert, und das Bild des Kynikers sei stets mit dieser Freiheit und Unverfrorenheit gekennzeichnet. Auf die Frage, was das Schönste im Leben sei, antwortete Diogenes: das freie Wort (*parrhesia*).[233]

Foucault wollte die Art und Weise erfassen, wie diese Parrhesie mit Sokrates am Beginn der abendländischen Philosophie erscheint, wie sich die Sorge um sich selbst mit dem Prinzip des Wahrsprechens kreuzt, der Kunst der Existenz mit dem Leben in Wahrheit. Die kynische Lebensweise sei durch präzise und kodierte Verhaltensformen gekennzeichnet; die Lebensweise, die philosophische Praxis des Kynikers habe im Verhältnis zum Wahrsprechen genaue Funktionen: wer die Wahrheit sagt, muss ungebunden sein; alle (nutzlosen) Verpflichtungen und damit alle Konventionen müssen auf ein Mindestmaß reduziert werden; nur die elementarsten, ursprünglichen Dinge werden für das Leben benötigt. Der Kynismus begnüge sich nicht damit, eine bestimmte Art von Diskurs und ein Leben, das mit dem in diesem Diskurs ausgesagten Prinzipien übereinstimmt, in Einklang zu bringen, sondern er binde die Lebensweise und die Wahrheit viel enger zusammen: der Kynismus mache aus der Lebensform eine bestimmte Art und Weise, in den Handlungen, in den Körpern, in der Kleidung, im Benehmen und im Leben die Wahrheit selbst sichtbar zu machen. Kurz, der Kynismus mache aus dem Leben, aus der Existenz, eine Manifestation der Wahrheit.[234]

Der Kyniker verachtet Geld und bettelt, hat keinen festen Job und besitzt nur das Nötigste, und er besteht auf Parrhesie, der Freiheit, über alles zu sprechen: Der Kynismus sei eine Philosophie gewesen, die einerseits

---

233 Ebenda, VI 2, 69.

234 Foucault, Der Mut zur Wahrheit, S. 227; siehe dazu auch ders., Diskurs und Wahrheit: Die Problematisierung der Parrhesia, 6 Vorlesungen, gehalten im Herbst 1983 an der Universität Berkeley/Kalifornien, Berlin 1996.

eine große gesellschaftliche Verbreitung und andererseits ein schmales theoretisches Gerüst hatte.[235] Insgesamt sei der Kynismus eine Lebensform – das philosophische Leben –, das Theorie und Praxis nicht trenne. Das Leben des Kynikers sei unverborgen, öffentlich, nackt, ohne Privatsphäre: Der Kyniker wohnt auf der Straße – das Leben eines Hundes. Das Nicht-Verbergen sei weit davon entfernt, die traditionellen Regeln der Schamhaftigkeit zu übernehmen und gutzuheißen. Diogenes aß öffentlich und masturbierte öffentlich, Krates schlief öffentlich mit seiner Frau. Deshalb erscheine das philosophische Leben anders als alle anderen Lebensformen.

Die Kyniker seien ausschließlich praktische Philosophen gewesen, urteilt Arthur Schopenhauer (1788–1860). Aus ihnen seien die Stoiker dadurch hervorgegangen, dass sie das Praktische in ein Theoretisches verwandelten. Sie seien der Ansicht gewesen, das Entbehren alles Entbehrlichen sei nicht erforderlich, sondern es reiche hin, Besitz und Genuss als entbehrlich und zufällig zu betrachten: dann werde die Entbehrung, wenn sie eintritt, weder unerwartet sein noch schwerfallen. Die Stoiker waren im Unterschied zu den Kynikern durchaus der Ansicht, dass man alles haben und genießen könne; nur müsse man von der Wertlosigkeit und Entbehrlichkeit solcher Güter überzeugt sein. Der stoische Weise erkenne, dass sie gar keine Güter seien, vielmehr ganz gleichgültige Dinge (*adiaphora*). Daher werde er sie, wenn sie sich darbieten, annehmen; er sei jedoch stets bereit, sie mit größter Gleichgültigkeit wieder fahren zu lassen, wenn der Zufall, dem sie angehören, sie zurückfordert.[236]

Kyniker und Stoiker haben das Ziel verfolgt, sich von gängigen Fehleinschätzungen und damit verbundenen gesellschaftlichen Zwängen zu befreien und zu einem naturgemäßen, „richtigen“ Leben und zur Glückseligkeit (*eudaimonia*) zu gelangen. Nur haben sie dieses Ziel auf verschiedenen Wegen angestrebt: Die Kyniker durch ein geistiges und körperliches Training, um sich alle überflüssigen Bedürfnisse abzugewöhnen, sich abzuhärten und von äußeren Zwängen durch Normen und Konventionen unabhängig zu machen, um so wiederum ein Leben in uneingeschränkter Freiheit führen zu können; die Stoiker durch eine Analyse des Kosmos, um so zur Einsicht in den wahren Wert der Dinge zu gelangen. Zugespitzt:

235 Ebenda, S. 285.

236 Arthur Schopenhauer, Die Welt als Wille und Vorstellung II, Zürich 1988, S. 179/80.

„Der Weg der Kyniker war der Weg über die Praxis, der Weg der Stoiker der über die Theorie.“[237]

Sowohl die Stoiker als auch die Kyniker streben die Apathie an, das Freisein von Affekten, aber auf unterschiedliche Art: Der stoische Weise überwinde zwar jedes Missgeschick, der Kyniker empfinde es nicht einmal. Die Behauptung aber, der Weise genüge sich selbst, sei beiden gemeinsam. Die Stoiker bestehen darauf, dass der Weise zwar affektfrei sei, nicht aber empfindungslos; die Kyniker dagegen suchen absolute Affektfreiheit bis zur völligen Empfindungslosigkeit.[238]

Vom Kynismus kann ich lernen, dass wir es selbst sind, die die Abhängigkeit zu irgendwelchen Dingen erzeugen, folglich können wir uns dann auch selbst davon befreien und unabhängig machen. Mir kommt es, wie dem Kynismus, auf größtmögliche Freiheit im Leben an, also muss ich gesellschaftliche Konventionen mindestens hinterfragen – angesichts meiner Zeitgenossen braucht man dazu ein gewisses Maß an Frechheit! Mich mehr um Weisheit als um Geld zu kümmern, könnte dabei ein erster Schritt sein. Das, was man wirklich braucht, sei ohnehin leicht zu bekommen, wird Epikur im nächsten Kapitel sagen. Man wird unabhängiger, meinen die Kyniker, wenn man seine Bedürfnisse reduziert, was wohl der Übung und Bewusstmachung bedarf. Ich werde mich daher mehr auf meine grundlegenden Bedürfnisse besinnen, um freier und unabhängiger zu sein, sowie an meinen Affekten arbeiten, um die gesuchte Eudaimonie zu erreichen. Die Menschen leben auch heute noch ängstlich in steter Aufregung und trachten einander zu schaden und glauben, dies tun zu müssen, um leben zu können, weil sie fürchten, dass ihnen die angeblich notwendigen Dinge ausgehen. Diogenes macht nichts von alledem – und ist frei und glücklich!

237 Klaus Döring, Die Kyniker, Bamberg 2006, S. 41.
238 Ebenda, S. 54; vgl. Seneca, Briefe an Lucilius, 9. Brief, 3.

Der Ursprung des Hedonismus (Kyrenaiker)

Die Kyniker hielten die Tugend für das höchste Gut, die Kyrenaiker dagegen die Lust und das Angenehme (*hêdonê*): Ging es den Kynikern um die Eudaimonie, hielten die Kyrenaiker die Eudaimonie bloß für die Summe der Lustempfindungen, die deshalb selbst nicht angestrebt werden könne. Der Kyrenaismus verdankt seine Bezeichnung der griechischen Stadt Kyrene (im heutigen Libyen), der Heimat von Aristipp (um 435–350 v.u.Z.). Um Sokrates zu hören, ging er 416 nach Athen und soll der erste unter den Sokratikern gewesen sein, der für seine philosophische Lehrtätigkeit Geld verlangte. Als er auch seinen Lehrer bezahlen wollte, schickte Sokrates das Geld wieder zurück mit der Begründung, dass das Daimonion ihm die Annahme verbiete.[239] Aristipp soll die Lust genossen haben, die der Augenblick bot, ohne ängstlich Genüssen nachzujagen, die in dunkler Ferne liegen. Für sein verschwenderisches Leben wurde er häufig getadelt. Als einer die Bemerkung machte, er sähe immer die Philosophen an den Türen der Reichen, antwortete Aristipp, dass man doch auch die Ärzte immer an den Türen der Kranken sehe, weshalb doch aber keiner lieber krank sein möchte als heilen.[240] Seine Schüler waren auch seine Tochter Arete sowie deren Sohn Aristipp (der Jüngere).

Die Kyrenaiker vertraten einen Individualismus, der das Denken der Skeptiker vorwegnahm: die (individuellen) Empfindungen und Sinneseindrücke, hervorgerufen von den Dingen, seien untrüglich und erkennbar, jedoch nicht die Dinge selbst! Denn dass wir weiß und süß empfinden, lasse sich untrüglich und unwiderleglich sagen; dass aber dasjenige, was die Empfindung in uns hervorruft, weiß oder süß sei, lasse sich unmöglich zeigen. Denn es sei denkbar, dass jemand auch von einem nicht-weißen Gegenstand eine Weißempfindung habe oder von einem nicht-süßen eine Süßempfindung. Daher müsse man zwischen den Dingen, die die Empfindungen hervorrufen, und der Empfindung selbst unterscheiden. Das einzige, was erscheint, seien die Empfindungen, die unfehlbar gegeben seien, während die Dinge unerkennbar seien.[241]

Die Philosophen aus Kyrene lehren, dass nur Empfindungen existieren (und sonst nichts), sagt Sextus Empiricus.[242] Deshalb müssten wir un-

239 Diogenes Laertius, Leben und Meinungen berühmter Philosophen, II 8, 65.

240 Ebenda, II 8, 70.

241 Hossenfelder, Antike Glückslehren, S. 47/48.

242 Ebenda, S. 49.

ser Handeln nach unseren Empfindungen richten: Von den Empfindungen nämlich seien die einen lustvoll und angenehm, die anderen schmerzhaft und unangenehm, die dritten in der Mitte und neutral. Die schmerzhaften seien Übel, die lustvollen und angenehmen Güter. Die Empfindungen seien daher die Kriterien, nach denen wir leben.[243] Die Lust sei allen Lebewesen erwünscht, dem Schmerz weichen alle aus. Das Gute ist für sie das Angenehme, der Schmerz das Schlechte.

Darum ist für den Kyrenaismus auch nicht die Eudaimonie das höchste Gut und Ziel unseres Handelns, sondern das Angenehme und die konkrete Lust, weil wir nach dem Angenehmen und der Lust streben. Die Eudaimonie sei die Summe der einzelnen Lustempfindungen: die einzelne, konkrete Lust sei um ihrer selbst willen begehrenswert, nicht aber die Eudaimonie. Der Beweis dafür, dass die Lust das höchste Ziel sei, liege in der Tatsache, dass wir von klein auf ohne weiter darüber nachzudenken wie alle anderen Lebewesen auch die Lust begehren und den Schmerz meiden. Lust sei selbst dann ein Gut, wenn ihre Quelle schmutzig sei, und auch wenn die Handlung verächtlich sei, sei die Lust rein für sich genommen um ihrer selbst willen erstrebenswert und ein Gut.[244] Die Glückseligkeit oder Eudaimonie als Gesamtsumme aller Lust ist für sie daher gar kein erreichbares Ziel. – Ähnlich wie die Kyniker die Stoa beeinflusst haben, haben die Kyrenaiker auf Epikur eingewirkt.

243 Ebenda, S. 50.
244 Diogenes Laertius, Leben und Meinungen berühmter Philosophen, II 8, 88/87.

Sechs

Im Garten der Freude

Epikur und die Epikureer

Die Lust ist das Gute

War oft den meisten der bisher behandelten Philosophen die Lust- und Triebbefriedigung zu primitiv und tierisch, stellt Epikur (wie zuvor die Kyrenaiker) diesen Gedanken in den Mittelpunkt seines Denkens. Selbstverständlich brachte dies den Epikureern nicht nur Ärger ein; man verstand sie vielleicht sogar absichtlich falsch: Epikureer gelten bis heute als genusssüchtig. Die Unterschiede zwischen den verschiedenen Philosophenschulen sind gar nicht so groß, wie gemeinhin – und möglicherweise im Interesse dieser Philosophenschulen selbst – behauptet wird. Während die einen lehren, in seinem Leben nur den Lüsten zu folgen, führe zu nichts, lehrt Epikur, dass die Grundbedürfnisse erstmal befriedigt werden müssten, um zur (inneren) Ruhe zu gelangen. Selbstgenügsamkeit (*autarkeia*) hält er für ein hohes Gut, damit wir auch dann mit dem Wenigen zurechtkommen, wenn wir nicht viel haben. Epikur war überzeugt, dass alles Natürliche leicht zu haben sei und lehrt eine den Kynikern und Stoikern ähnliche natürliche Lebensweise.

Epikurs Leben ist schnell erzählt: Er stammte aus Samos, war aber Athener Bürger, interessierte sich früh für Philosophie, hörte bei Platonikern, lernte die Lehre der Atomisten kennen und gründete 310 seine eigene Schule auf Lesbos. 306 kaufte er in Athen ein Haus mit Garten, wonach seine Schule benannt wurde (*kepos*, Garten). Dort lehrte er fast vierzig Jahre bis zu seinem Tod. Er starb im Alter von zweiundsiebzig Jahren nach zweiwöchiger Krankheit; die Schmerzen soll er – seiner Philosophie gemäß –

in heiterer Gelassenheit ertragen haben.[245] Epikur war möglicherweise der erste Philosoph, der die »Seelenruhe« in eine Glücksethik eingebaut hat.[246]

Wer jung ist, solle nicht zögern zu philosophieren und nach Weisheit zu streben und wer alt ist, solle ebenfalls nicht aufhören zu philosophieren, denn für niemanden sei es zu früh oder zu spät, etwas für seine seelische Ausgeglichenheit zu tun. Wer aber sagen würde, die Zeit zu philosophieren sei noch nicht gekommen oder schon wieder vorbei, der sagt, es sei nicht Zeit, um glücklich zu sein, schreibt Epikur an seinen Freund und Schüler Menoikeus.[247] Deshalb müsse sowohl ein junger Mensch wie ein alter philosophieren, damit der alte jung bleibt und der junge seine Furcht vor der Zukunft verliert. Man müsse sich um alles kümmern, was Glück bringt, denn wenn es da ist, hätten wir alles, und wenn es nicht da ist, würden wir alles tun, um es zu bekommen. Um glücklich zu sein, braucht man laut Epikur nicht viel: Die Seelenruhe (*ataraxia*) sei das Freisein von Beunruhigung, Sorge und Furcht. Sein Ziel ist es, weder Schmerz noch Unruhe zu

245 Malte Hossenfelder, Epikur, München 1991, ³2006, S. 20.

246 Vgl. Gisela Striker, Ataraxia: Happiness as tranquillity, in: dies., Essays on Hellenistic Epistemology and Ethics, S. 183-195, hier 185.

247 Epikur, Brief an Menoikeus, 122; zitiert nach Epikur, Wege zum Glück, S. 147.

empfinden, denn dann erreicht die Psyche die ungestörte Ruhe, die direkt zur Glückseligkeit oder Eudaimonie führt.

Einige Bedürfnisse und Begierden seien natürlich, andere sinnlos; die natürlichen teils notwendig, teils nur natürlich; und die notwendigen seien teils für das Glück, teils für die Ungestörtheit des Körpers notwendig, teils für das Leben an sich, schreibt Epikur weiter. Das glückliche Leben erreiche man durch gezielte Beobachtung dieser Tatsachen, und jedes Auswählen und Ablehnen müsse auf die Gesundheit des Körpers und die Ungestörtheit der Psyche ausgerichtet sein, denn dies sei das Ziel des glücklichen Lebens: „Deswegen tun wir nämlich alles, damit wir weder Schmerzen noch Angst haben.“[248] Das glückliche Leben, die Eudaimonie, setzt er gleich mit der Seelenruhe, der Ataraxie oder Unerschütterlichkeit, weil dann nichts fehlt oder gesucht wird.

Unnötige und unnatürliche Begierden sind nach Epikur nicht nur luxuriöse und üppige Speisen (anstatt eines einfachen Mahls), sondern auch das Streben nach Macht, Ruhm und Reichtum. Sex und Liebesgenuss hält er zwar für natürlich, aber nicht für notwendig, weil die Nicht-Befriedigung keinen Schmerz auslöse. Notwendig sei nur die Befriedigung der Grundbedürfnisse wie Essen und Trinken. Nach Epikur geht es nicht um mehr Geld und ein größeres Vermögen, sondern vielmehr um die Beschneidung des Großteils der Bedürfnisse: „Wenn du jemanden reich machen willst, gib ihm nicht mehr Geld, sondern nimm ihm von seiner Begierde.“[249] Denn das Lebensnotwendige sei leicht zu beschaffen, betont Epikur immer wieder (und das schwer zu Beschaffende nicht notwendig).

Wir hätten nur dann ein Bedürfnis nach Lust (*hêdonê*), wenn wir durch die Abwesenheit von Lust Schmerzen empfinden und leiden: „Wenn wir aber keine Schmerzen empfinden, brauchen wir die Lust nicht mehr.“[250] Die Größe der Lust habe ihre Grenze in der Beseitigung alles Schmerzenden; solange aber Lust empfunden wird, gebe es dort nichts, was weh tut oder traurig macht (oder beides zusammen). Deshalb ist die Lust für ihn Anfang und Ende des glücklichen Lebens. Die Lust sei ein angeborenes Gut, bei der aber immer die nützlichen und schädlichen Folgen abgewogen werden müssten. Kurz: Alle Begierden, die nicht direkt zu Schmerzen führen, wenn sie nicht befriedigt werden, seien unnötig und ein Verlangen, das überwunden werden kann, weil sie einer leeren Meinung entspringen.

248 Ebenda, 128 (= Diogenes Laertius, X 1, 128).
249 Zitiert nach Hossenfelder, Antike Glückslehren, S. 266 (= Stobaeus 3, 495, 11).
250 Epikur, Brief an Menoikeus, 128.

Hedonismus bei Epikur ist das Streben nach Lust und dem angenehmen Leben, insofern das Fehlen der Lust unangenehm ist. Ist jedoch das Unangenehme beseitigt, brauche man das Angenehme nicht mehr. Beispielsweise ist es unangenehm, Hunger oder Durst zu haben. Sobald ich etwas gegessen und getrunken habe, ist das Unangenehme (der „Schmerz“) verschwunden und ich brauche *hêdonê*, das Angenehme oder die Lust, nicht länger. Darum sagt Epikur, dass *hêdonê* Anfang und Ende des glücklichen Lebens sei. Das höchste Gut ist daher für ihn die Lust in diesem Sinn, denn von ihr gehen wir bei jedem Auswählen und Ablehnen aus.

Lust und Vernunft

Die Unabhängigkeit von den äußeren Dingen hält er für ein großes Gut, nicht nur, um in jeder Lage mit Wenigem zufrieden zu sein, sondern auch, um, wenn wir das Meiste nicht haben, mit Wenigem auszukommen. Epikur ist davon überzeugt, dass die, die den Überfluss am meisten genießen, ihn am wenigsten brauchen und dass alles Natürliche leicht, das Überflüssige schwer zu beschaffen sei: eine einfache Suppe bereite die gleiche Lust wie ein üppiges Mahl. Die Gewöhnung an einfache Nahrung diene so nicht nur der Gesundheit, sie nehme andererseits auch dem Menschen die Sorgen angesichts der Grundbedürfnisse des Lebens und mache außerdem furchtlos gegenüber dem Schicksal. Und er stellt klar: „Wenn wir also sagen, dass die Lust das Ziel sei, meinen wir nicht die Wollust der Unersättlichen und die Lüste, die sich auf oberflächlichen Genuss beschränken, wie einige aufgrund von Unkenntnis und Ablehnung oder aus Missverständnis meinen, sondern die Freiheit von körperlichem Schmerz und seelischer Unruhe.“[251] Denn nicht Trinkgelage und endlose Feste, nicht der Genuss von Knaben und Frauen, auch nicht von Fischen und allem anderen, was eine üppige Tafel bietet, erzeuge das lustvolle Leben, sondern ein nüchterner Verstand, der Vorurteile vertreibt, aus denen die größte Verwirrung der Psyche entsteht, und Gründe für das Auswählen und Ablehnen findet: Das, was das Leben angenehm macht, ist das, was größte Ruhe im Geist erzeuge.

Der Ursprung all dieser Überlegungen und das höchste Gut sei die Vernunft. Deshalb sei die Vernunft auch wertvoller als die Philosophie. Aus ihr würden alle übrigen Tugenden stammen: „Sie lehrt uns, dass man nicht

251 Ebenda, 131.

lustvoll leben kann, ohne vernünftig, anständig und gerecht zu leben, und dass man nicht vernünftig, anständig und gerecht leben kann, ohne lustvoll zu leben."[252] Denn die Tugenden seien von Natur aus mit dem lustvollen, angenehmen Leben verbunden, und das lustvolle, angenehme Leben ist für Epikur nicht von den Tugenden zu trennen. Niemand sei stärker als der, der gegenüber dem Tod frei von Angst sei und das Ziel der Natur verstanden habe, dass das höchste Gut leicht zu verwirklichen und leicht zu beschaffen sei, dass aber das größte Übel entweder nur kurze Zeit andauere oder nur über kurze Zeit als Leid empfunden werde. Um diese Dinge soll man sich kümmern und zwar für sich selbst allein, dann werde man nicht in Unruhe geraten, sondern glücklich leben wie ein Gott unter Menschen. Die Politik solle man dabei meiden wie das Verderben, und wer einmal weise geworden ist, werde nicht mehr in den entgegengesetzten Zustand geraten.[253]

Wenn die Lust befriedigt ist, löse sich eine innere Spannung auf und heitere Ruhe und Gelassenheit erfülle die Seele; Unglück sei der unkontrollierte Affekt. Für Epikur resultiert die Glückseligkeit in der Erregungsfreiheit, der Ataraxie. Gemeint ist „das Freisein von jeglicher Erregung, die Ruhe und Ausgeglichenheit des Gemüts, der vollkommene innere Friede."[254] Ataraxie wird von Epikur aufgefasst als ein Geisteszustand, bei dem jegliche Erregung fehlt und Ruhe und Ausgeglichenheit, innerer Friede, sich einstellt vergleichbar einer „Meeresstille" (ein Bild, das er wohl bei den Kyrenaikern entlehnt): Wenn wir Schmerz empfinden, gleiche das einem Sturm auf dem Meer, Lust ähnele dem glatten Wellengang, und wenn wir weder Schmerz noch Lust empfinden, sei das einer Meeresstille ähnlich.[255] So genießt Epikur die Gemütsruhe selbst als ein Vergnügen. Der Begriff der Ataraxie, der später von den Stoikern übernommen wurde, bedeutet Freiheit von jeglichen Beschwerden und Leiden, Problemen oder Schwierigkeiten – Affektfreiheit.

Halten wir zunächst fest: Epikur bezeichnet die Lust (und die Ataraxie) als das höchste Gut. Lust ist Freiheit von Unlust. Essen beispielsweise bereite deshalb Lust, weil es von der Unlust des Hungers befreie. Ursprung dieser Erkenntnis sei die Vernunft. Epikurs Lustbegriff hat daher nichts mit Maßlosigkeit zu tun; sein Hedonismus ist eher eine Philosophie der Freude und vielleicht einfach nur eine Denkweise, angenehm zu leben, indem man

252 Ebenda, 132.
253 Epikur, Wege zum Glück, S. 72 (= Diogenes Laertius, X 1, 117).
254 So Hossenfelder, Antike Glückslehren, S. XXIX.
255 Hossenfelder, Epikur, S. 38 und 56.

hauptsächlich Unannehmlichkeiten aus dem Weg geht: Im Wesentlichen ist für ihn diese Freude ein Fehlen von Unlust. Die Epikureer lebten genügsam, und Autarkie, Selbstgenügsamkeit, wurde zum moralischen Ziel. Sie lehnen Luxus nicht ab, denn Luxus schade zwar nicht, nütze aber auch nichts; vor allem sind die Epikureer nicht vom Luxus abhängig und haben ein entspanntes Verhältnis zu den Annehmlichkeiten des Lebens und dem Lustgewinn.[256] Denn was der Epikureer zur Vermeidung von Unlust braucht, steht ihm ja jederzeit zur Verfügung. Wer ein freies Leben lebt, könne nicht viel Geld verdienen, weil es nicht leicht sei, dies ohne Unterwerfung unter die Interessen der Masse oder der Mächtigen zu erreichen. Und alles, was er braucht, sei bereits in Fülle da, oder anders formuliert: „Nichts genügt demjenigen, dem das, was genügt, zu wenig ist."[257]

Epikur vertritt keinen vulgären, sondern einen vernünftigen Hedonismus: unter *hêdonê* versteht er die Abwesenheit von körperlichem Schmerz und geistiger Verwirrung. Sein Hedonismus ist ein Streben nach persönlichem Wohlergehen infolge von Selbstbeschränkung, vernünftiger Lebensführung und Berücksichtigung der Naturwissenschaft. Cicero legt seinem Epikureer Torquatus die Worte in den Mund, dass für Epikur Lust das höchste Gut und Schmerz das schlimmste Übel sei, weil das natürlich sei, denn jedes Lebewesen strebe gleich nach der Geburt nach Lust und vermeide Schmerz. Das Problem mit der Lust bestehe vielmehr darin, mit ihr vernünftig umzugehen, weil sonst schlimme Leiden daraus folgen. So strengen wir uns beispielsweise an, um etwas zu erreichen und verzichten dabei auf schnellen Lustgewinn. Darum halte sich der Weise bei der Wahl zwischen augenblicklichen Annehmlichkeiten und Unannehmlichkeiten an den Grundsatz, auf Lustgefühle zu verzichten, um größere zu erlangen.[258] Denn eigentlich sei bei Epikur mit „Lust" die Vermeidung von Schmerz gemeint: Wenn ich durch Essen und Trinken Hunger und Durst stille, sei schon der Zustand der *hêdonê* erreicht.

256 Malte Hossenfelder, Die Philosophie der Antike 3: Stoa, Epikureismus und Skepsis (= Geschichte der Philosophie, Bd. III, hrsg. von Wolfgang Röd), München 1985, ^{2}1995, S. 120.

257 Epikur, Wege zum Glück, S. 173 (= Gnomologium Vaticanum, 67/68).

258 Cicero, De finibus bonorum et malorum / Über das höchste Gut und das größte Übel, I 28-33.

Der Tod geht uns nichts an

Wir sollten uns daran gewöhnen, dass der Tod keine Bedeutung für uns hat. Denn alles, was gut ist, und alles, was schlecht ist, liege in der Wahrnehmung oder Empfindung. Der Tod sei aber gerade der Verlust der Wahrnehmung – des Bewusstseins. Im Leben sei nichts Schreckliches für den, der wirklich begriffen hat, dass nichts Schreckliches darin sei, nicht mehr zu leben: Wer den Tod nicht fürchtet, hat auch im Lebens nichts zu befürchten. Laut Epikur ist es dumm, den Tod zu fürchten, weil er angeblich schmerzhaft sei. In Wirklichkeit jedoch würde man, wenn man tot ist, nichts mehr empfinden. Deshalb habe der Tod keine Bedeutung, denn solange wir leben, sei der Tod nicht da, und wenn der Tod da ist, leben wir ja nicht mehr. Der Tod habe also weder für die Lebenden eine Bedeutung noch für die Toten. Und der Weise würde weder das Leben zurückweisen noch fürchte er sich davor, nicht mehr zu leben.[259] Weder sei ihm das Leben eine Last noch glaube er, es sei ein Übel, nicht mehr zu leben. Wie er auch beim Essen nicht die größte Portion wähle, sondern die schmackhafteste, so wolle er auch nicht die längste, sondern die angenehmste Lebenszeit genießen.

Der Tod hat deshalb keine Bedeutung für die Epikureer, weil das, was sich aufgelöst hat, nichts empfinden könne; und was ohne Empfindungen oder ohne Bewusstsein ist, wie der Tod, sei bedeutungslos.[260] Ihr ganzes Leben lang würden sich manche Leute alles besorgen, was für das Leben nötig ist, und dabei würden sie nicht sehen, dass in uns allen das tödliche Gift des Geborenseins stecke. Gegen alles Mögliche könne man sich Sicherheit verschaffen; angesichts des Todes aber würden wir Menschen eine Stadt ohne schützende Mauern bewohnen.[261] Wir sollten daher stets daran denken, dass wir die Zukunft nicht in unserer Gewalt haben.

Weder sollten wir glauben, dass das, was wir erwarten, eintreten wird, noch sollten wir zweifeln, dass es nicht eintritt. Wer dazu auffordere, dass der junge Mensch anständig leben, der alte aber anständig sterben soll, sei dumm und einfältig, nicht nur weil das Leben als solches lebens- und liebenswert sei, sondern auch weil man ebenso für das anständige Leben und das anständige Sterben sorgen müsse, meint Epikur. Wer sagt, schön sei es

259 Epikur, Brief an Menoikeus, 125/26.

260 Epikur, Wege zum Glück, S. 155 (= Kyriai Doxai II = Diogenes Laertius, X 1, 139).

261 Ebenda, S. 168 (= Gnomologium Vaticanum 30/31).

nicht, geboren zu sein, aber wenn man geboren ist, sei es am besten, bald wieder zu sterben, der könne sich ja das Leben nehmen.

Epikur habe die Menschen von der Last des Aberglaubens und der Gottesfurcht (lat. *religio*) befreit, schreibt Lukrez, indem er sich auf die Natur der Dinge besann. Die Seele entstehe erst bei der Geburt und löse sich mit dem Tod wieder auf. Priester, Seher und Weissager hätten die Menschen in Angst und Schrecken versetzt und das ganze Lebensglück verdunkelt mit ihren Lug- und Truggeschichten. Wenn die Menschen erkennen würden, dass es für ihre Nöte und ihre Mühsal ein Ende gibt, könnten sie den abergläubischen Ängsten trotzen, indem sie nicht mehr mit dem Tod eine endlose Strafe fürchten. Die Erkenntnis der Natur müsse mit dem Leitsatz beginnen: „Kein Ding entspringt durch göttlich wundersame Kraft jemals aus dem Nichts."[262] Noch aber halte die Angst die Sterblichen zu fest im Griff, weil sie hinter allem eine göttliche Kraft vermuten. In Wirklichkeit jedoch würde alles ohne Einfluss der Götter entstehen und vergehen. Kein Ding werde zu nichts, sondern es löse sich in seine Bestandteile auf. Die ganze Welt bestehe aus Atomen, die sich bewegen.

Gegen die Unsterblichkeit der Seele argumentiert Lukrez, dass auch sie aus feinsten Körpern, aus Urelementen bzw. Atomen gebildet sei. So wie bei einem mit Flüssigkeit gefüllten Gefäß, wenn es zerbricht, die Flüssigkeit nach allen Seiten zerfließt und zerrinnt, so verstreue sich nach dem Tod des Leibes auch die Seele und löse sich auf.[263] Epikur hatte an einen gewissen Herodot geschrieben (nicht der berühmte Historiker, der über hundert Jahre früher lebte), dass die Seele ein Körper sei, der aus feinsten Teilchen bestehe und sich im Körper befinde. Die Psyche sei zuständig für Gedanken, Wahrnehmungen und Empfindungen. Deshalb habe ein Körper kein Wahrnehmungsvermögen mehr, wenn sich die Seele von ihm getrennt hat. Sobald sich der Körper auflöst, zerfalle die Seele und verliere ihre Wahrnehmungsfähigkeit: „Demnach reden diejenigen Unsinn, die behaupten, die Seele sei unkörperlich."[264]

Für die Einheit von Körper und Geist spricht auch wie gesagt die Tatsache, dass Alkoholgenuss betrunken macht: Wie sollte es sonst möglich sein, dass der Betrunkene stolpernden Schrittes umherwankt, warum lallt die Zunge, zerfließt der Geist, verschwimmt der Blick? Weil nicht nur der

262 Lukrez, Über die Natur der Dinge, Erstes Buch, 149.

263 Ebenda, Drittes Buch, 420 ff.

264 Epikur, Wege zum Glück, S. 125/126 (= Diogenes Laertitus, X 1, 67).

Körper, sondern auch die Seele vom Alkohol überschwemmt werde.[265] Deshalb hält Lukrez den Geist für einen bestimmten Teil eines Menschen, der fest an einen bestimmten Ort des Körpers gebunden sei: Der Leib bilde das Gefäß für Seele und Geist. Deshalb könne die Seele nicht vom Leib getrennt existieren und auch der Leib nicht ohne Seele. Mit dem Tod lösten sich Körper und Geist auf.

Geist und Seele seien körperlich und materiell: Leib und Seele, Körper und Geist, bilden eine Einheit. Die Psyche (oder das Bewusstsein) bestehe daher weder vor der Geburt noch nach dem Tod. Denn wäre die Seele unsterblich und würde erst im Moment der Geburt in den Leib gelangen: Warum fehlt uns dann jegliche Erinnerung an die zuvor vergangene Zeit? Wenn es Seelenwanderung gibt: Warum können kluge Geister verdummen und dement werden? Warum haben Kinder noch keinen klaren Verstand? Warum sind Fohlen dann nicht genauso gelehrig wie ein starkes Pferd? Deshalb könne die Seele weder ungeboren noch unsterblich sein. Mit dem Tod verlasse die Seele nicht den Körper, sondern löse sich in ihre materiellen Bestandteile auf wie der Leib. Darum sei der Tod ein Nichts und gehe uns nicht das Geringste an, weil die Seele ihrer Natur nach sterblich sei.[266]

So wie wir von Vergangenem nicht erschüttert werden könnten, so auch nicht von Zukünftigem, wenn wir einst tot sind und Körper und Seele auseinandergerissen wurden, durch deren Einheit wir ein Ganzes seien. Dann könne uns nichts mehr widerfahren, nichts mehr würden wir empfinden:

> „Sollten einem Menschen zukünftig Unglück und Schmerzen bevorstehen: Er müsste leben, um sie zu empfinden, leben auch zu der Zeit, in der Unheil ihn treffen soll. Das aber verhindert der Tod, der dem zu leben verbietet, dem dieses Ungemach womöglich bestimmt ist. Auch darum können wir sicher sein, nach dem Tod steht nichts zu fürchten; wer nicht mehr ist, der kann nicht unglücklich sein. Hat ihm der unsterbliche Tod einmal das sterbliche Leben genommen, macht es nicht den geringsten Unterschied mehr, ob er je geboren wurde oder nicht.“[267]

Wenn jemand mit seinem Schicksal hadert und klagt, dass sein Leib in der Erde verrotte, dass ihn vielleicht die Flammen verzehren oder wilde Tiere fressen, der wolle nicht sehen, dass mit dem Tod das Leben vollständig beendet sei und bedauere nur zu Lebzeiten sich selbst. Er hadere damit, sterb-

265 Lukrez, Über die Natur der Dinge, Drittes Buch, 475 ff.
266 Ebenda, Drittes Buch, 760 ff.
267 Ebenda, Drittes Buch, 861-869.

lich geboren zu sein, und sehe nicht, dass, wenn er tot ist, er ja nicht mehr da sei. Und wenn er nicht mehr ist, könne er auch seinen Tod nicht beklagen, egal ob der Leib nun gefressen, verbrannt, in Honig einbalsamiert und eng eingewickelt auf kaltem Marmor steif oder unter der Erde Last erdrückt und zerrieben wird. Lukrez fragt: Was ist das für eine feige Gier, am Leben bleiben zu wollen? Unzweifelhaft sei allen Sterblichen doch ein Ende des Lebens gesetzt: Dem Tod können wir nicht ausweichen und müssen ihn treffen.

Epikur war übrigens nicht der einzige, der meinte, dass es zwar Götter gebe, diese sich aber nicht um uns kümmern würden. Platon hat in den *Nomoi* behauptet, dass niemand, der gemäß den Gesetzen glaubt, dass es Götter gibt, jemals eine unfromme Tat begangen oder ein gesetzloses Wort geäußert habe, sondern jemand tue dies nur, wenn er sich in einem dieser drei krankhaften Zustände befinde: entweder wenn er nicht an die Existenz der Götter glaubt oder wenn er zweitens glaubt, dass die Götter zwar existieren, aber sich nicht um die Menschen kümmern, oder drittens, dass sie leicht durch Opfer und Gebete zu beschwichtigen seien.[268] Die Skeptiker stellen dagegen fest, dass die Aussagen über die Götter völlig widersprüchlich sind: die einen nehmen an, dass es Götter gebe, die anderen nicht; die einen nehmen an, Gott sorge für uns, die anderen nicht; die einen behaupten, es gebe nur einen Gott, die anderen, es gebe viele Götter. Der Sophist Protagoras (ca. 490–411 v.u.Z.) erklärte zuvor nicht nur den Menschen zum Maß aller Dinge, sondern sagte auch, dass er von den Göttern nicht wisse, weder dass sie sind noch dass sie nicht sind.[269] – Offensichtlich waren bereits in der Antike nicht alle Menschen religiös oder teilten die gleichen Glaubensinhalte: Die Annahme, dass es keine Götter gebe oder diese sich nicht um uns kümmern würden, was Platon als „krankhaft" diffamiert, muss bekannt und verbreitet gewesen sein.[270] Deshalb vertrete ich die Ansicht, dass die Aussagen der hier behandelten Philosophenschulen auch ohne religiöse oder metaphysische Hintergrundannahmen in der heutigen Zeit angewendet und gelebt werden können.

---

268 Platon, Nomoi, Zehntes Buch, 885b (sowie 888c).

269 Diogenes Laertius, Leben und Meinungen berühmter Philosophen, IX 8, 51.

270 Siehe Andreas Becke, Der philosophische Diskurs der Säkularisierung, Aschaffenburg 2022, S. 17 ff. und 125 f.

Epikur oder Stoa?

Galten von Anfang an die stoische und die epikureische Ethik als Gegensätze, sieht man in letzter Zeit wieder die Gemeinsamkeiten. Vermutlich haben Stoiker, Skeptiker und Epikureer viele ihrer Lehren in einer kritischen Diskussion miteinander entwickelt und ihre Argumentation geschärft und zugespitzt.[271] Um das Jahr 300 vor unserer Zeitrechnung hatte Epikur den Garten gleich hinter der Athener Stadtmauer gekauft und die ersten Stoiker trafen sich in der Halle beim Marktplatz; der Skeptizismus entwickelte sich etwa dreißig Jahre später in Platons Akademie nur wenige hundert Meter hinter Epikurs Garten. Während für die Skeptiker die Tugend (*aretê*) das höchste Ziel für ein glückliches Leben ist, nennt Epikur die Lust (*hêdonê*) als das höchste Gut des Lebens.

Ziel ist für Epikur die Ataraxie, was bei den Stoikern der Affektfreiheit oder Apathie entspricht. Genauso sagt Epikur: „Leer ist die Erklärung jenes Philosophen, durch welche kein menschlicher Affekt (*pathos*) geheilt wird; denn so wie auch die Heilkunst keinen Nutzen hat, wenn sie nicht die Krankheiten aus den Körpern vertreibt, so hat auch die Philosophie keinen Nutzen, wenn sie nicht den Affekt der Seele vertreibt."[272] Philosophie habe daher die Aufgabe, die Psyche von den Affekten zu befreien. So erreiche man durch Philosophie das glückselige Leben, die Eudaimonie.

Die Lust als das höchste Gut definiert er als einen stabilen, körperlichen Zustand, wobei das Gute aber auch im Vermeiden des Übels liege. Die Ataraxie und die Schmerzlosigkeit seien ruhige Lustempfindungen.[273] Was glückselig und unvergänglich ist, sei nicht nur frei von jeder Störung, sondern bereite auch keinem anderen irgendwelche Störungen. Ein lustvolles Leben sei aber nur möglich mit einem einsichtsvollen und gerechten Leben. Er ist davon überzeugt, dass der Gerechte am sichersten vor Störungen der Seelenruhe und der Ungerechte ihnen am meisten ausgesetzt ist. Zusammengefasst wurde seine Philosophie in der sogenannten »vierfachen Medizin«, einer Kurzformel: „die Götter kümmern sich nicht um uns; der

---

271 Vgl. Anna Schriefl, Stoische Philosophie: Eine Einführung, Ditzingen 2019, S. 22.

272 Epikur, Ausgewählte Schriften, S. 38 (= Test. 9).

273 Diogenes Laertius, Leben und Meinungen berühmter Philosophen, X 1, 136.

Tod bedeutet nichts für uns; was gut ist, ist leicht zu erlangen; was schlecht ist, ist leicht zu ertragen".[274]

Kurz: Lust (und Unlustfreiheit) ist für Epikur der direkte Weg zum Glück. Der Gegensatz zwischen Epikureern und Stoikern liegt in der Bewertung der Lust (*hêdonê*): Für die einen ist Lust das Gute und der Weg zum Glück, für die anderen führt Lust zum Kontrollverlust und damit gerade nicht zur Glückseligkeit. Die Tatsache, dass die einen etwas gut finden, was die anderen völlig ablehnen, könnte darauf beruhen, dass sie unter demselben Begriff Verschiedenes verstehen: die Epikureer etwas Angenehmes, die Stoiker einen Affekt, den Verlust des vernünftigen, selbstbeherrschten Lebens.

Die Frage ist seit Sokrates (und vielleicht schon viel länger), ob man von seinen Lüsten und Begierden beherrscht wird oder ob man sie beherrscht.[275] Kann man glücklich sein, wenn man als Sklave seinen Lüsten und Begierden dient? Dann müssten diejenigen am glücklichsten sein, die ihre Lüste und Begierden möglichst groß werden lassen und sie nicht zügeln. Wären dagegen diejenigen glücklich, die nichts brauchen, müssten Steine und Tote am glücklichsten sein. Sokrates hält aber die Zügellosen für töricht, denn sie hätten die Kontrolle verloren: Wenn man viel zum Kratzen habe, führe ständiges Kratzen nicht zum glücklichen Leben. Für ihn gilt daher das Leben des Zügellosen als weniger glücklich als das des Maßvollen. Das Leben der Lustmolche sei schlimm, schädlich, elend und nicht glücklich.[276] Sonst wäre derjenige glücklich, der Hunger und Durst bis zum Äußersten steigert, um dann Essen und Trinken zu können, was ihm eine angenehme Befriedigung verschafft. Doch wenn dann Hunger und Durst gestillt sind, hören der Genuss und die Lüste auf. Deshalb sehen die Sokratiker (und damit die Stoiker) die Lust bei der Frage, wie man leben soll, nicht als Weg zum Glück. Epikur dagegen will negative Gefühle wie Hunger und Durst gar nicht erst aufkommen lassen, indem man gerade soviel isst und trinkt, bis man keinen Hunger oder Durst mehr hat, um so zu einem angenehmen, leidensfreien Leben zu gelangen.

---

274 Maßgebende Sätze (Kyriai Doxai) I-IV, zitiert nach Michael Erler, Epikur oder die Kunst, in Gemeinschaft zu leben, in: Gerhard Ernst (Hrsg.), Philosophie als Lebenskunst, S. 66-87, hier 66.

275 Platon, Gorgias 491d.

276 Ebenda, 493e.

Bereits für Platon führt ein Leben in Betrübnis und Schmerzen nicht zu einem guten Leben.[277] Folglich ist das angenehme Leben gut und das unangenehme schlecht. Was lustvoll ist und Lust bewirkt, ist angenehm, weshalb das Angenehme auch etwas Gutes ist. Natürlich sollten Weisheit und Wissen die größte Macht haben und leidenschaftliche Lust und Unlust dürften nicht die Herrschaft übernehmen, weil man dann sein eigener Sklave sei und herumgezerrt werde. Von Lust (oder Unlust) besiegt zu werden, heißt, von einem der Affekte überwältigt zu werden.[278] Den Lüsten unterlegen zu sein, bedeutet beispielsweise, Speisen, Getränken oder Liebesgenuss nicht widerstehen zu können. Wenn man aber vom Schlechten weiß, dass es schlecht ist und es trotzdem tut, dann deshalb, weil man von der Lust überwältigt wird. Das Unangenehme jedoch im Wissen zu tun, dass es unangenehm ist, scheint irgendwie nicht möglich zu sein, so dass Platon Sokrates aus dieser Tatsache folgern lässt, dass man der Lust nur unterlegen sein könne, wenn man aus Unwissenheit handelt.[279] Da das Angenehme gut und das Unangenehme schlecht ist, sei daher alles, was man macht, um angenehm zu leben, gut, nützlich und lobenswert. Herr über sich zu sein, wird von Platon als Wissen verstanden.[280]

Für alle Lebewesen sei es gut, so lautet die These der Hedonisten, sich zu freuen, Angenehmes, Freudvolles und Vergnügen zu empfinden. Sokrates bestreitet dies und vertritt die Auffassung, dass Einsicht, Vernunft, Erinnerung, richtige Meinung und zutreffende Überlegungen sich als besser und wertvoller erweisen als die Lust.[281] Dass Lust lustvoll ist, bestreite niemand, die Frage ist, ob Lust als das Gute definiert werden kann. Selbstverständlich ist das für Sokrates viel zu pauschal; für ihn gibt es nicht die Lust, sondern nur verschiedene Lüste. Die Frage ist sogar, ob es so etwas wie falsche Lust geben kann. Am Ende ist für Platon klar, dass die Vernunft der Lust weit überlegen und besser für ein gutes Leben ist; hinter der Vernunft könne die Lust bestenfalls Platz zwei belegen.[282]

---

277 Platon, Protagoras, eingeleitet, übersetzt und erläutert von Bernd Manuwald, Göttingen 2006, 351b.

278 Ebenda, 352e.

279 Ebenda, 357e.

280 Ebenda, 358c.

281 Platon, Philebos, Übersetzung und Kommentar von Dorothea Frede, Göttingen 1997, 11b.

282 Ebenda, 66e.

Für Epikur ist jedoch, wie wir gesehen haben, Lust kein Affekt (wie für die Stoiker), sondern steht für ein angenehmes, schmerzfreies Leben. Wir hätten dann ein Bedürfnis nach *hêdonê*, sagt er, wenn wir Leiden und Schmerz empfinden, weil die Lust oder das Angenehme nicht da sei; wenn wir aber keinen Schmerz empfinden, bräuchten wir die Lust nicht mehr. Deshalb ist für ihn die Lust das höchste Gut, und das glückliche Leben nichts anderes als ein lustvolles, d. h. angenehmes und süßes Leben. Seneca ist der Ansicht (was die Stoiker nicht gerne hören würden), dass Epikur eine moralisch richtige und rechte Lehre vertritt, die ja sogar bei genauerer Betrachtung fast freudlos sei. Die Lust laufe am Ende auf ein geringes Maß hinaus und er verlange, der Natur zu gehorchen: „Was aber der Natur genügt, ist für ein üppiges Leben zu wenig."[283] Deshalb sei Epikurs Schule keine Lehrstätte des Lasters, sondern stehe zu Unrecht in schlechtem Ruf.

Die hellenistische Philosophie hielt es allgemein nicht für klug, Begierden und Bedürfnisse hervorzubringen, die man weder hat noch braucht. Von Epikur kann ich auch lernen, dass eigentlich nur die Grundbedürfnisse wie Nahrung, Wohnung und Kleidung befriedigt werden müssen, um zur Ataraxie zu gelangen. Deshalb sollte ich meine Begierden überprüfen, bevor ich ihnen nachgehe, denn die meisten sind leer und unbegründet. Ist diese Anschaffung, dieser Theater- oder Restaurantbesuch, diese Reise wirklich notwendig? Anstatt Reichtum und Luxus nachzujagen, wäre es wohl hilfreicher, meine Bedürfnisse und Begierden radikal zu hinterfragen, vor allem wenn deren Nicht-Befriedigung gar nicht zu Leiden oder Schmerz führt.

So kann und will ich von Epikur lernen, dass einerseits meine (Grund-)Bedürfnisse erst einmal befriedigt werden müssen, bevor ich zu so etwas wie innerer Ruhe und Gelassenheit gelangen kann. Das führt wiederum dazu, dass ich nur unabhängig und autark bin, wenn ich mich selbst nicht von Unwichtigem abhängig mache und möglichst selbstgenügsam lebe und mit Wenigem auskomme. Das, was ich wirklich brauche, sei ohnehin leicht zu bekommen, sagt Epikur. Und er hat ja gesagt, wer ein freies Leben leben will, könne nicht viel Geld verdienen, weil es nicht leicht sei, dies ohne Unterwerfung unter die Interessen der Masse oder der Mächtigen zu erreichen.[284] Ich stelle mir die Frage, wie ich mich dem Hamsterrad, gesell-

283 Seneca, De vita beata / Vom glücklichen Leben, 13.

284 Epikur, Wege zum Glück, S. 173 (= Gnomologium Vaticanum, 67).

schaftlichen Konventionen und dem Einfluss der Mächtigen besser entziehen kann. Epikur sagt auch, dass man sich selbst aus dem Gefängnis der üblen Geschäfte und der Politik befreien müsse.[285] Denn nur die Dummen streben nach Geld, Macht, Ruhm und Einfluss! Auf diesem Weg könnte ich Erregungsfreiheit und Eudaimonie durch Ruhe und Ausgeglichenheit erreichen. Die Erfahrung habe ich schon mehrmals gemacht, dass Gemütsruhe die Glückseligkeit, nämlich Wunschlosigkeit, ist.

285 Ebenda, S. 172 (= Gnomologium Vaticanum, 58).

Sieben

Nichts ist wirklich sicher – vielleicht nicht einmal das

Pyrrhon und die Skeptiker

Meinungsfreiheit und Seelenruhe

Sokrates hatte zwischen einer bloßen Meinung (*doxa*) und begründetem Wissen (*epistêmê*) unterschieden: da eine Meinung wahr oder falsch sein kann, sei sie kein gesichertes Wissen.[286] Die meisten Menschen hätten Meinungen und glaubten, etwas zu wissen, das aber bei genauerer Betrachtung kein sicheres Wissen sei. Diese Leute wissen nicht, sondern glauben bloß, etwas zu wissen. Sokrates dagegen ist sich dessen bewusst, dass er nicht weiß und behauptet auch nicht, etwas zu wissen.[287] Meinen gilt im Platonismus als fehlbar, Wissen dagegen nicht: Wissen ziele auf das Seiende ab, wie es sich verhält.[288] Bloßes Meinen dagegen gilt als unbewiesene Behauptung. Der Philosoph als Freund des Erkennens liebe das Seiende an sich.[289]

Die Skeptiker setzen diese sokratische Tradition fort und stellen die gewöhnlichen Meinungen in Frage: Sie haben keine Meinung und enthalten sich jeglichen Urteils. Vielmehr verstehen sie sich als Suchende (*skepsis* bedeutet Untersuchung, Prüfung; von *skeptesthai*, sehen, blicken, spähen). Ergebnis dieser Meinungs- und Urteilsenthaltung (*epochê*) ist überraschenderweise die Ataraxie, die Gemütsruhe und das Freisein von Sorgen. Ur-

286 Platon, Theaitetos, 201c ff.
287 Platon, Der Staat, 337e.
288 Ebenda, 477e.
289 Ebenda, 480a.

teilsenthaltung befreie nämlich von dem inneren Aufruhr, unter dem diejenigen leiden, die feste Meinungen haben oder sich um solche bemühen.[290]

Der Skeptiker bestreitet nicht, dass er diesen oder jenen Sinneseindruck (*phainomenon*) hat, wohl aber verzichtet er auf Behauptungen, dass etwas so (oder anders) sei, als es ihm erscheint. Bei der Wahrnehmung eines Phänomens als Bewusstseinsinhalt ist die Epoché die Enthaltung, über diese Erscheinung hinaus noch etwas auszusagen wie zum Beispiel, dass es sich tatsächlich so verhält.[291] Zwar unterscheiden auch die Stoiker zwischen Meinen und Wissen, aber für sie ist Wissen praktisch nicht erreichbar, denn nur der Weise habe wirkliches Wissen. Wir Dummköpfe dagegen schlagen uns mit unseren Meinungen herum.

Hier geht es nicht um die Frage, ob mir Honig süß schmeckt, denn das ist eine Empfindung, sondern um die Frage, ob Honig tatsächlich süß ist. Der Skeptiker enthält sich des Urteils bzw. der Meinung darüber, wie die Dinge „objektiv" wirklich sind; er hat aber „subjektive" Empfindungen. Der Fehler der anderen besteht aus skeptischer Sicht darin, dass sie sich in irgendeiner Art und Weise festlegen, wie etwas an sich sei. Aus der Vielzahl der Meinungen entstehe aber eine innere Unruhe aufgrund der Ungewissheit und der Meinungskonflikte, die sich nicht auflösen lassen. Anstatt sich den Kopf zu zerbrechen, was die Wahrheit ist, verzichtet der Skeptiker darauf, die Wahrheit entdeckt zu haben (oder entdecken zu können), und gelangt so zur Ataraxie und damit zur Eudaimonie. Denn der Skeptiker hebe nicht die Erscheinungen (*phainomena*) auf, wie sie – modern gesprochen – dem Bewusstsein erscheinen, sondern will sich nur nicht in irgendeiner Weise festlegen, wie die Dinge wirklich sind. Das Phänomen ist für ihn gar nicht fragwürdig, sondern was darüber sonst noch ausgesagt wird: Honig schmeckt mir süß; aber ich weiß nicht, ob Honig süß ist. Der Skeptiker hebt nicht die Phänomene auf, wie sie ihm erscheinen, sondern enthält sich der voreiligen Behauptungen der Dogmatiker.

Natürlich ist sofort diskutiert worden, ob der Skeptiker mit seinem Meinungsverzicht und seiner Urteilsenthaltung überhaupt lebensfähig ist und

290 Richard Bett, Als Skeptiker leben, in: Gerhard Ernst (Hrsg.), Philosophie als Lebenskunst, S. 232-256, hier 238.

291 Diesen Gedanken übernimmt dann Edmund Husserl in seiner »Phänomenologie«; Edmund Husserl, Ideen zu einer reinen Phänomenologie und phänomenologischen Philosophie, Erstes Buch: Allgemeine Einführung in die reine Phänomenologie. Hamburg 1992, § 32, S. 65; vgl. Andreas Becke, Der Weg der Phänomenologie: Husserl, Heidegger, Rombach, Hamburg 1999, S. 41 ff.

Entscheidungen treffen könne – als ob wir immer erst ein sicheres Urteil fällten und dann handelten. Nur Buridans Esel verhungert zwischen zwei Heuhaufen, weil er sich weder für den rechten noch für den linken entscheiden kann. Dieser sog. Apraxia-Einwand (dem Vorwurf, der Skeptiker sei aufgrund seiner Urteilsenthaltung handlungs- und lebensunfähig) wird von Sextus Empiricus dadurch entkräftet, dass der Skeptiker sich nach seinen Eindrücken richte, was zum Handeln und Entscheiden ausreichend sei und sich mit der Epoché sehr wohl vereinbaren lasse.

Nun war Pyrrhon (um 360–270 v.u.Z.) zwar nicht lebensunfähig, verhielt sich aber äußerst merkwürdig als gelte nichts für ihn, was anderen wichtig ist: er soll vor nichts ausgewichen sein und kannte keine Vorsichtsmaßregeln, gegenüber allem soll er gleichgültig gewesen sein – entgegenkommende Wagen, Abhänge oder Hunde; der Macht der Sinneswahrnehmung soll er angeblich keinen Einfluss auf sich eingeräumt haben und musste immer wieder von seinen Schülern gerettet werden.[292] Immerhin ist er mit dieser Lebenseinstellung etwa neunzig Jahre alt geworden. Pyrrhon aus Elis soll zunächst Maler gewesen sein, schloss sich dann Anaxarchos an, der aus der Schule Demokrits kam, und soll ihm überallhin gefolgt sein, angeblich sogar bis nach Indien. Dort kam er mit (von den alten Griechen so genannten) »Gymnasophisten« in Verbindung, mit nackten Weisen: „So scheint er denn den besten Weg philosophischer Betrachtungsweise gewählt zu haben, indem er dem Standpunkt der Unbegreiflichkeit der Dinge und der Zurückhaltung des Urteils Eingang und Geltung verschaffte", schreibt Diogenes Laertius.[293]

In Wirklichkeit sei nichts schön oder hässlich, sondern alles geschehe aufgrund von Gesetzen oder aus Gewohnheit. Pyrrhon habe sich der Geselligkeit entzogen und die Einsamkeit gesucht, und selbstverständlich hat er nichts Schriftliches hinterlassen. Nichts konnte ihn aus der Fassung bringen: Sogar wenn einer mitten im Gespräch wegging, redete er zu Ende. Als Anaxarchos einmal in einen Sumpf gefallen war, ging er einfach weiter. Epikur soll Pyrrhon wegen seiner Lebensweise bewundert haben. Man ernannte ihn zum Oberpriester, und die Athener erteilten ihm das Bürgerrecht. Er hat mit seiner Schwester zusammengelebt und das Reinigen des Hauses übernommen. Wenn er sich aufregte, und man ihm Vorwürfe machte, entgegnete er, es sei schwer, den Menschen vollständig abzulegen. Medizinische Operation wie Schneiden oder Brennen soll er ohne Stirnrunzeln

292 Diogenes Laertius, Leben und Meinungen berühmter Philosophen, IX 11, 62.
293 Ebenda, IX 11, 61.

ausgehalten haben. Als auf einer Seefahrt bei einem Sturm die Mitfahrenden langsam in Panik gerieten, blieb er ganz ruhig und wies auf ein fressendes Schweinchen im Schiff hin mit den Worten, diese Unerschütterlichkeit sei ein gutes Beispiel für das Verhalten des Weisen.[294]

Die Skeptiker versuchen, die Lehren der anderen Philosophenschulen zu widerlegen, ohne selbst welche aufzustellen. Wenn einer etwas behauptet, könne man immer auch das Gegenteil davon annehmen. Diese Setzung des Gegenteils laufe auf die Epoché, die Zurückhaltung des Urteils, hinaus, denn wenn die Dinge miteinander in Widerspruch stünden, die Urteile darüber aber ganz gleichen Anspruch auf Geltung hätten, so ergebe sich daraus als Folge die Nichterkenntnis der Wahrheit.[295] Die Suche der Skeptiker richte sich (nicht auf das, was das Denken erkennt, sondern) auf das, was man durch die Sinne erfasst.

Auf die Entgegnung der sog. Dogmatiker, dass sie ja im Alltag auch Dinge erfassen und wahrnehmen, gaben die Skeptiker ihnen jedoch Recht, was unsere allgemein menschlichen Erfahrungen angeht, denn dass es Tag ist und dass wir leben sowie viele andere alltägliche Erscheinungen erkennen sie als Tatsachen an; was aber die angeblich sicheren Sätze der Dogmatiker anlangt, die diese behaupten mit Verstand erfasst zu haben, darüber halten sie sich mit ihrem Urteil zurück.[296] Für die Skeptiker sind die Meinungen und Ansichten der anderen Philosophen schlicht nicht verifizierbar, und sie wollen sich mit ihrer Erkenntnis auf das beschränken, was man unmittelbar erfahren kann. Das Erscheinende lassen sie gelten, aber nicht in dem Sinn, dass es auch wirklich sei. Das Endziel für die Skeptiker ist Epoché, die Urteilsenthaltung, der wie ein Schatten die unerschütterliche Gemütsruhe folge.[297] Denn aus eigener Kraft könnten wir das, was von uns abhängt, wählen oder meiden; was aber nicht von uns abhängt, sondern eine Naturnotwendigkeit ist, das könnten wir nicht meiden wie Hunger, Durst oder Schmerz, weil wir das durch den bloßen Verstand nicht wegschaffen könnten. So ist auch für die Skeptiker das Endziel die Leidenschaftslosigkeit oder Affektfreiheit.

294 Ebenda, IX 11, 68.
295 Ebenda, IX 11, 76.
296 Ebenda, IX 11, 102/103.
297 Ebenda, IX 11, 107.

Epoché und Ataraxie

Wenn man etwas sucht, dann kann man es eventuell entdecken, das Gegenteil finden und sich eingestehen, dass es unerkennbar sei, oder die Suche fortsetzen. Das sei vielleicht der Grund, warum in philosophischen Fragen die einen behauptet haben, sie hätten das Wahre gefunden, während die anderen erklärten, es lasse sich nicht erkennen, und die dritten noch suchen. Sextus teilt die Philosophen in drei Gruppen ein: die dogmatischen, die akademischen und die skeptischen. Die Dogmatiker (wie Aristoteles, Epikur und die Stoiker) glauben gefunden zu haben, die Akademiker (wie Kleitomachos, Karneades und andere) würden die Dinge für unerkennbar erklären, und die Skeptiker würden noch suchen.[298]

Sextus Empiricus, ein Arzt und Philosoph aus dem zweiten nachchristlichen Jahrhundert, durch dessen Werk der Pyrrhonismus vor allem überliefert ist, spricht von der pyrrhonischen Skepsis, weil Pyrrhon die Skepsis greifbarer und deutlicher angegangen sei als seine Vorläufer und sagt, die skeptische Schule begreife sich selbst als „suchende“. Die Skepsis sei die Kunst, erscheinende und gedachte Dinge einander entgegenzusetzen, von wo aus man zur Epoché (Zurückhaltung) und danach zur Ataraxie (Seelenruhe) gelange.[299] Unter Phänomenen verstehen die Skeptiker die Dinge, wie sie dem Sinnen und dem Bewusstsein erscheinen. Sie halten sich aber zurück, etwas darüber auszusagen, wie diese Dinge wirklich sind. Der Meinung der anderen setzen sie einfach die gegenteilige Meinung entgegen, die genauso gut wahr sein könnte. Daraus folge die Ataraxie, die Ungestörtheit und »Meeresstille der Seele«, als das motivierende Prinzip.[300] Sextus Empiricus nennt die Hoffnung auf Seelenruhe das motivierende Prinzip der Skepsis.

Der Skeptiker dogmatisiert nicht, d.h. er hat keine Meinung. Seinen (subjektiven) Erlebnissen stimme er aber zu. Wenn ihm z.B. warm oder kalt ist, würde er nicht sagen: „Ich glaube, mir ist nicht warm bzw. kalt.“[301] Der Dogmatisierende nämlich setze die Sache als wahr, über die er etwas behauptet; der Skeptiker sage nur, was ihm selbst erscheint, ohne etwas darüber zu sagen, wie die äußeren Dinge wirklich sind. Er hat keine Lehrmei-

---

298 Sextus Empiricus, Grundriß der pyrrhonischen Skepsis, eingeleitet und übersetzt von Malte Hossenfelder, Frankfurt am Main 1968, 1985, I 1.

299 Ebenda, I 8.

300 Ebenda, I 10/12.

301 Ebenda, I 13.

nung, wenn darunter das Hängen an Dogmen gemeint ist; nennt man jedoch Lehrmeinung eine Lebensform, die dem Erscheinenden (Phänomen) folgt und sich auf die Möglichkeit der Zurückhaltung (Epoché) bezieht, dann habe er sehr wohl eine Lehrmeinung und folge einer bestimmten Lehre.[302]

Der Skeptiker wolle nicht gegen die Erscheinungen argumentieren oder gar die Erscheinungen aufheben, sondern nur die Voreiligkeit der Dogmatiker aufzeigen: „Denn wenn die Vernunft eine solche Betrügerin ist, daß sie uns beinahe sogar die Erscheinungen unter den Augen entreißt, wie sollen wir ihr da nicht bei den verborgenen Dingen mißtrauen, um nicht in ihrem Gefolge voreilig zu sein?"[303] Er hält sich daran, wie ihm die Dinge erscheinen, und folgt nicht den unsicheren Vermutungen der Vernunft, die immer wieder mehr zu erkennen glaubt, als sich wahrnehmen lässt. Das Kriterium der skeptischen Schule sei das Erscheinende, so wie es ihm erscheint, woran gar nicht zu zweifeln ist. Ob der erscheinende Gegenstand aber tatsächlich so ist, wie er ihm erscheint, wird infrage gestellt bzw. nicht beantwortet.[304] Der Skeptiker halte sich also an die Erscheinungen und lebe undogmatisch nach der alltäglichen Lebenserfahrung, da er ja nicht gänzlich untätig sein könne.

Das Ziel der Skepsis sei die Seelenruhe in den auf dogmatischem Glauben beruhenden Dingen (und das maßvolle Leiden in den aufgezwungenen). Denn der Skeptiker habe deshalb zu philosophieren begonnen, so Sextus Empiricus, „um die Vorstellungen zu beurteilen und zu erkennen, welche wahr sind und welche falsch, damit er Ruhe finde".[305] Dabei geriet er in einen Widerstreit, und weil er sich nicht entscheiden konnte oder wollte, hielt er inne; als er aber inne hielt, folgte ihm zufällig die Seelenruhe (in den auf dogmatischem Glauben beruhenden Dingen). Wer nämlich dogmatisch etwas für gut oder übel von Natur hält, werde fortwährend beunruhigt: Besitzt er die vermeintlichen Güter nicht, glaube er sich von den natürlichen Übeln heimgesucht und jage nach den Gütern, von denen er meint, es seien welche. Hat er diese erworben, gerate er in noch größere Sorgen, weil er sich wider alle Vernunft und über alles Maß aufrege und aus Furcht vor dem Umschwung alles unternehme, um die vermeintlichen Güter nicht zu verlieren.[306] Wer jedoch hinsichtlich der natürlichen Güter

302 Ebenda, I 16/17.
303 Ebenda, I 20.
304 Ebenda, I 22.
305 Ebenda, I 26.
306 Ebenda, I 27.

oder Übel keine bestimmten Überzeugungen hege, der meide oder verfolge nichts mit Eifer, weshalb er Ruhe habe.

Dem Skeptiker sei dasselbe geschehen wie einem Maler namens Apelles: der wollte beim Malen eines Pferdes dessen Schaum auf dem Gemälde nachahmen, was ihm aber misslang. Wütend darüber warf er den Schwamm, in dem er die Farben vom Pinsel abwischte, gegen das Bild. Als der Schwamm auftraf, brachte er genau eine Nachahmung des Pferdeschaumes hervor:

> „Auch die Skeptiker hoffen, die Seelenruhe dadurch zu erlangen, dass sie über die Ungleichförmigkeit der erscheinenden und gedachten Dinge entschieden. Da sie das nicht zu tun vermochten, hielten sie inne. Als sie aber innehielten, folgte ihnen wie zufällig die Seelenruhe wie der Schatten dem Körper."[307]

Der Skeptiker friert z. B. auch, aber er mischt dem Gefühl nicht zusätzlich noch den Gedanken bei, dass Frieren von Natur aus ein Übel sei, sondern räume diesen Gedanken beiseite und komme daher selbst in diesen Dingen mäßiger davon. Deshalb nennt Sextus das Ziel des Skeptikers Seelenruhe in den auf dogmatischem Glauben beruhenden Dingen (in den aufgezwungen dagegen maßvolles Leiden).[308] Kurz: der Skeptiker hat keine Meinung und kommt so zur Ruhe, womit die Eudaimonie erreicht ist.

Die Frage ist, was genau die Skeptiker unter „Meinung" verstehen. Da sie Wahrnehmungen und Empfindungen haben, können diese und aus der Vergangenheit stammende Erfahrungen nicht gemeint sein. Bloße Meinung (*doxa*) vielmehr ist ein Satz, der nicht bewiesen ist: Er ist nicht notwendig falsch und könnte wahr oder falsch sein. Mir scheint es so zu sein. Überprüftes Wissen (*epistêmê*) dagegen ist bewiesen und begründet und damit sicher wahr. Im Unterschied zu begründetem und intersubjektiv überprüfbarem Wissen ist das bloße Meinen ein Fürwahrhalten, bei dem eine Begründung oder Überprüfung fehlt. Der Skeptiker bleibt bei diesem Meinen zurückhaltend und enthält sich des Urteils.

Die Epoché resultiere aus der Entgegensetzung der Dinge, in dem einer Erscheinung oder einem Gedanken die entgegengesetzte Erscheinung oder der gegenteilige Gedanke entgegen gesetzt wird: „Derselbe Turm erscheint aus der Ferne rund, aus der Nähe viereckig", ist ein Beispiel für ein solches

307 Ebenda, I 29.
308 Ebenda, I 30.

Phänomen.[309] Der Vorstellung, dass es so etwas wie eine Vorsehung gebe, halten die Skeptiker entgegen, dass es den Guten oft schlecht gehe und den Schlechten dagegen gut, woraus man auch auf die Nichtexistenz der Vorsehung schließen könnte.

Um diese Entgegensetzungen genauer zu zeigen, führt Sextus Empiricus sogenannte Tropen der Zurückhaltung (von *tropoi*, Wendungen, Argumentationsformen) an, die ich hier im einzelnen nicht erörtern will. Er nennt beispielsweise die unterschiedliche Beschaffenheit der Sinnesorgane von Lebewesen (wie Säugetiere, Insekten, Würmer), die so verschieden sind, dass sie die Welt gar nicht einheitlich wahrnehmen könnten. Die jüngeren Skeptiker hätten fünf Tropen überliefert (bei den älteren waren es wohl 33), von der der Tropus »Dissens« der erste ist: dieser besagt, dass zwischen den Philosophen ein unentscheidbarer Zwiespalt herrsche, was denn nun zu einer bestimmten Frage die richtige Ansicht sei, weshalb die Skeptiker unfähig seien, sich einer Meinung oder Ansicht anzuschließen, und sich daher eines Urteils enthalten.[310]

Ethik und Lebenstechnik

Der Skeptiker hält sich darüber zurück, ob etwas von Natur aus gut oder schlecht ist und distanziert sich damit von der dogmatischen Voreiligkeit, die er Aristoteles, Epikur und den Stoikern vorwirft. Als sinnlich empfindender Mensch leide er zwar gelegentlich, da er aber nicht noch obendrein glaubt, dass das, was er erleidet, von Natur aus übel ist, leide er maßvoll. Zu glauben, dass etwas an sich übel ist, sei nämlich noch schlimmer als das Leiden selbst.[311] Wer annehme, dass etwas von Natur aus gut oder schlecht ist, erleide vielfältige Seelenqualen, weshalb es nicht sinnvoll sei, solche Annahmen zu treffen. Deshalb gibt es für den Skeptiker auch keine Lebenskunst oder Lebenstechnik. Denn wenn es eine solche Technik gäbe, dann würde sie sich mit der Betrachtung des Guten, des Bösen oder des Schlechten (und all der indifferenten Dinge) befassen, und da es diese Dinge nicht gebe, könne es auch keine Lebenstechnik geben.[312]

309 Ebenda, I 32.
310 Ebenda, I 165.
311 Ebenda, III 235/6.
312 Ebenda, III 238/9.

Sextus versucht, alle philosophischen Haltungen zu widerlegen, seien es die der Stoiker, Peripatetiker oder Epikureer, was ihm auch gelingt, weil er ja immer nur das Gegenteil dem Behaupteten entgegensetzen muss. Wenn beispielsweise jemand behauptet, das Gute sei in der Seele, dann sagt der Skeptiker, dass die Seele vielleicht gar nicht existiere.[313] Egal ob Inzest, Selbstbefriedigung oder Genuss von Menschenfleisch – zu nichts dergleichen will der Skeptiker eine Meinung haben. Epikur etwa sage, der Tod gehe uns nichts an, denn das Aufgelöste sei empfindungslos, und das Empfindungslose gehe uns nichts an. Wenn wir aus Seele und Körper zusammengesetzt seien und der Tod die Auflösung von Seele und Körper sei, dann sei der Tod nicht da, solange wir da seien. Wenn aber der Tod da sei, seien wir nicht mehr. Andererseits würde Heraklit sagen, dass beides, Leben und Totsein, sowohl im Leben als auch im Tod vorhanden sei; solange wir nämlich leben, seien unsere Seelen tot und in uns begraben; wenn wir aber sterben, würden die Seelen lebendig und lebten. Einige würden sogar meinen, dass es besser für uns sei, tot zu sein als zu leben.[314] Hier finden sich nur widerstreitende Ansichten der Philosophen, denen sich der Skeptiker nicht anschließen will. Er bleibt ohne Meinung.

Der Skeptiker wolle aus Menschenfreundlichkeit nach Kräften die Einbildung und Voreiligkeit der Dogmatiker durch Argumentation heilen, so Sextus. Wie nun die Ärzte je nach Krankheit unterschiedlich starke Heilmittel hätten, so würden die Skeptiker verschieden starke Argumente aufstellen, um das Leiden der Dogmatiker, die Einbildung, nachhaltig zu beheben. Der Anhänger der Skepsis scheue sich nicht, bald in ihrer Überzeugungskraft schwerwiegendere, bald schwächer erscheinende Argumentationen aufzustellen, und zwar absichtlich, weil sie ihm zur Erreichung seines Ziels genügten.[315]

Aus skeptischer Sicht gibt es kein Gut oder Übel von Natur aus, sondern Gut und Böse seien Wertsetzungen oder Bewertungen des Menschen. Um nun »wohlfließend« und damit glücklich zu leben, können die Skeptiker daher nicht versuchen, das Gute zu erreichen (wie die sog. Dogmatiker). Sie können sich nicht festlegen und halten sich zurück. Alles Unglück entstehe durch irgendeine Beunruhigung, sagt Sextus. Alle Beunruhigung aber überkomme die Menschen entweder durch das angestrengte Verfolgen oder Meiden bestimmter Dinge: Alle Menschen würden angestrengt das

313 Ebenda, III 186.
314 Ebenda, III 229/30.
315 Ebenda, III 280/81.

von ihnen vermeinte Gut verfolgen und das angebliche Übel meiden. Alles Unglück entstehe daher aus dem Verfolgen der Güter bzw. aus dem Meiden der Übel.[316]

Der Dogmatiker verfolge etwas, das lediglich seiner (subjektiven) Meinung entspringt, weshalb er aus skeptischer Sicht niemals glücklich werden kann, weil er durch dieses Verfolgen stets beunruhigt werde. Eudaimonie ist aber nur durch Ataraxie zu erreichen: „Wenn dagegen jemand von Natur nichts eher erstrebenswert als meidenswert nennt und nichts eher meidenswert als erstrebenswert, weil jedes Gegebene sich auf irgendeine Weise relativ verhält und nach verschiedenen Gelegenheiten und Umständen bald erstrebenswert ist, bald meidenswert, so wird er glückselig und ohne Beunruhigung leben."[317]

Wer nach Reichtum strebt, sei geldgierig; wer nach Ruhm strebt, sei ruhmsüchtig; wer nach Lust strebt, sei vergnügungssüchtig. Solange der Mensch einem dieser vermeintlichen Güter hinterher jagt, werde er gepeinigt. Und wenn die Menschen die von ihnen vermeinten Güter erreichen, werden sie sogar noch mehr bedrängt und betrübt, weil sie sie nicht alleine haben. So entstehe Eifersucht, Missgunst und Neid. Auch die Übel vermeiden zu wollen, wühle nur auf: „Hat dagegen die Vernunft klargestellt, dass keines dieser Dinge von Natur gut ist oder von Natur übel, dann wird sich Erlösung von der Beunruhigung einstellen und ein friedvolles Leben uns erwarten."[318]

Aus den angeblichen Gütern ergeben sich also nur Übel, so dass ihretwegen die Glückseligkeit unerreichbar werde. Auf dem Weg der dogmatischen Philosophie sei keine Abhilfe zu erlangen, kritisiert Sextus: eine Beunruhigung anstelle einer anderen herbeizuführen, helfe dem Beunruhigten nicht! Beunruhigungen ließen sich nur vermeiden, wenn man davon ausgeht, dass es weder irgendein Gut, noch irgendein Übel von Natur aus gibt – das lehre die Skepsis und nur sie führe zum glückseligen Leben.

Glücklich sei, wer ein unruhefreies Leben führt. Wer dagegen zum Beispiel Reichtum für ein Gut hält (und Armut für ein Übel), aber nicht reich ist, der werde zweifach beunruhigt: zum einen, weil er das angebliche Gut nicht besitzt, zum anderen, weil er sich mit seinem Erwerb abplagt; hat er ihn dann erworben, werde er sogar auf dreifache Weise bestraft: zum

316 Sextus Emiricus, Gegen die Wissenschaftler, XI 112-113, zitiert nach Hossenfelder, Antike Glückslehren, S. 363 f.

317 Ebenda, XI 118, S. 365.

318 Ebenda, XI 130, S. 367.

einen, weil er sich maßlos freut, zum anderen, weil er sich abplagt, dass der Reichtum bleibt, und zum dritten, weil er vor seinem Verlust bangt und zittert. Wer dagegen Reichtum weder für ein Gut noch ein Übel hält, der werde weder durch seine Abwesenheit beunruhigt, noch freut er sich über seine Anwesenheit, sondern bleibe in beiden Fällen ohne Beunruhigung. Daher sei er (bezüglich der aus Glauben angenommenen Güter und Übel des Wählens dieser Dinge) vollkommen glücklich.

Was nämlich nicht durch die Perversion der Vernunft und den törichten Glauben eintrete, sondern durch ein unfreiwilliges Erlebnis der Sinnlichkeit, das lasse sich auf keine Weise durch skeptische Argumentation vertreiben.[319] Durch die Epoché jedoch entstehe ein großer Nutzen für die Eudaimonie. Dem Skeptiker widerfahre deshalb nur maßvolle Beunruhigung: Wer nämlich keinerlei Glauben zu seinen Erlebnissen hinzufügt, etwa dass die Beschwerde ein Übel sei, der werde nur von der (aufgezwungenen, von außen kommenden) Reizung der Beschwerde befallen. Wer aber hinzudichte, dass die Beschwerde ein einziges Übel sei, der verdoppele durch diesen Glauben die Peinigung.

So sei zuweilen die Beunruhigung durch den Glauben an irgendein Übel als Übel größer als die, die durch das sogenannte Übel selbst eintritt. Deshalb genieße der, der sich in allen Dingen zurückhält bei allem, was auf Glauben beruht, die vollkommenste Glückseligkeit und leide bei unfreiwilligen Reizungen nur maßvoll.[320] Der Skeptiker sei nicht zur Untätigkeit verdammt und vegetiere auch nicht wie eine Pflanze dahin, wie manche behaupten. Aus skeptischer Sicht ist vielmehr die Skepsis der einzige Weg zur Eudaimonie.

Zusammengefasst: Ein Skeptiker hat keine Meinung; er sucht noch. Natürlich macht er sinnliche Erfahrungen, fügt aber denen nicht noch eine Meinung hinzu. Wenn er friert, friert er, ist aber nicht außerdem noch der Meinung, dass frieren schlecht sei. Vor allem durch Setzung der gegenteiligen Meinung entkräftet er die Meinung der anderen. Aus dieser Inne- oder Zurückhaltung eines Urteils (*epochê*) folge, sagen die Skeptiker, die Gemütsruhe wie ein Schatten und so die Eudaimonie.

Von den Skeptikern kann ich lernen, nicht dauernd zu allem und jedem sofort eine Meinung zu haben und zu meinen, diese dann auch noch gegenüber Meinungen anderer verteidigen zu müssen. Mir erscheint die Welt far-

319 Ebenda, XI 141-149, S. 371.
320 Ebenda, XI 158-161, S. 373.

big, ob sie aber an sich farbig ist, weiß ich nicht. So kann ich vielleicht zur gesuchten Seelenruhe gelangen, indem ich mich öfters einfach mal des Urteils enthalte. Dass es im Universum weder Gut noch Böse gibt, passt zum Stand der heutigen Naturwissenschaften: gut oder schlecht sind meine Beurteilungen. Wenn ich zu einem Leiden noch die Bewertung hinzufüge, dass dieses Leiden schlecht sei, leide ich doppelt. Von daher leuchtet mir ein, dass derjenige glücklich ist, der sein Urteil zurück hält und keine Meinung hat.

Acht

In Übereinstimmung leben

Zenon und die Stoiker

Die von der Säulenhalle

Auch die Stoiker bezeichnen die Eudaimonie als das höchste Gut, um dessentwillen alles getan werde.[321] Dahinter steht die Auffassung, dass man sich für ein philosophisches Leben völlig frei von falschen Prioritäten machen müsse, und es sei vernünftig, sich nur solche Ziele zu setzen, die auch erreichbar seien. Dadurch vermeidet man nicht nur Affekte wie Frust, Angst, Kummer und Sorgen, sondern dadurch setze auch ein innerer Friede ein, die Ataraxie, die das gleiche sei wie die Eudaimonie. Die Stoiker sind der Ansicht, dass das einzige, was von uns abhängt, unsere innere Einstellung zu den Dingen ist, während sich die äußeren Dinge meistens unserem Einfluss entziehen.

Das Lebensziel bestimmen sie als das übereinstimmende Leben, in Übereinstimmung und Harmonie zu leben mit der Natur, auch seiner eigenen, was dasselbe sei wie das tugendhafte Leben, sagt Zenon.[322] Dazu brauche man nur vernünftige Einsicht, um sich von falschen Vorstellungen zu befreien. Diese vernünftige Einsicht besteht darin, nur das zu wollen, was sich auch verwirklichen lässt – das heißt nach Zenon „einstimmig leben". Unter »Natur« (griech. *physis*) verstehen die Stoiker das, was sich selbst erzeugt, wächst und die Welt zusammen hält.[323]

321 Hossenfelder, Antike Glückslehren, S. 80 (= Stobaeus II 46, 5 = SVF III, 2).
322 Diogenes Laertius, Leben und Meinungen berühmter Philosophen, VII 1, 87.
323 Ebenda, VII 1, 148.

Zenon aus Kition auf Zypern (um 333/32–262/61) war wohl Phönizier und kam etwa 311 nach Athen. Berichtet wird, dass er das Orakel befragt habe, „was er tun müsse, um sein Leben aufs beste zu gestalten, worauf der Gott die Antwort erteilt habe, er müsse sich mit den Toten paaren; dies verstand er richtig und legte sich auf das Studium der Alten".[324] Der Legende nach soll er in Phönizien Purpur eingekauft und damit Schiffbruch nahe Piräus erlitten haben. Er ging hinauf nach Athen, und als er bei einem Buchhändler die *Xenophonischen Denkwürdigkeiten* las, soll er gefragt haben, wo solche Männer zu finden seien. Zufällig kam gerade Krates vorbei, und der Buchhändler sagte, er solle sich diesem anschließen. Später hat er den Schiffbruch als „glückliche Fahrt" bezeichnet und gesagt, dass das Schicksal es gut mit ihm meinte, dass es ihn zur Philosophie geführt habe. Der Kyniker Krates hatte gelehrt, dass man sich von allen äußeren Zwängen und überflüssigen Bedürfnissen frei machen und sich nur Verfügbares zum Ziel setzen dürfe, um glücklich und zufrieden zu leben. Der Gedanke stammt letztlich von Sokrates, der der Ansicht war, dass ein tugendhaftes (und damit naturgemäßes, einstimmiges) Leben zur Bedürfnislosigkeit führt, wozu nichts weiter als vernünftige Einsicht erforderlich sei.

324 Ebenda, VII 1, 2.

Weil Zenon kein Athener Bürger war, konnte er kein Grundstück kaufen und begann ab etwa 300 vor unserer Zeitrechnung wohl deshalb öffentlich in der bunten Säulenhalle am Marktplatz, der *Stoa Poikile*, zu lehren. Bald wurde die Gruppe als Stoiker bezeichnet – „die von der Halle“. Sie vertraten eine einfache Lebensweise und hatten gesellschaftskritische Fragen (ohne dem Kynismus zu nahe zu kommen). Auf- und abwandelnd hielt Zenon in der bemalten Halle seine Vorträge. Die Eudaimonie definiert Zenon als „den guten Fluss des Lebens“.[325] Sie sei das Ziel, und das höchste Gut sei das Erreichen der Eudaimonie, das gelingende Leben. Zenon soll sehr angenehm und entgegenkommend gewesen sein; er war sparsam und bescheiden; er soll aber auch etwas Finsteres und Herbes gehabt haben. Zahlreiche Bücher hat er verfasst, von siebenundzwanzig Werken (Buchrollen) ist die Rede.

Nachfolger von Zenon war Kleanthes, der nach dessen Tod die Schule leitete. Auf ihn folgte Chrysipp, der die Lehre der Stoa systematisierte, so dass man später sagte, ohne ihn gäbe es die Stoa gar nicht.[326] Der Legende nach hat er sich totgelacht, als er einem Esel ungemischten Wein zu saufen gegeben hatte: „an dem Lachkrampf, der ihn darüber befiel, soll er gestorben sein“.[327] – Neben dieser älteren Stoa (und einer mittleren) rechnet man Seneca, Epiktet und Marc Aurel zur jüngeren (römischen) Stoa. Hier wird deutlich, dass es sich weder am Anfang noch am Ende um eine kontinuierlich fortgeführte Schule handelt, sondern um eine Denkrichtung. Leider sind sämtliche Schriften und Texte der Stoiker vor Seneca verloren gegangen, nur von der römischen Stoa besitzen wir vollständige Texte. Indirekte Überlieferungen durch Zitate und Paraphrasen sind jedoch teilweise bei anderen Autoren erhalten.

Für die Stoiker ist Philosophie die Beschäftigung mit der Weisheit. Sie unterschieden drei Teile oder Disziplinen der Philosophie, Physik, Ethik und Logik, die schon Zenon in die stoische Philosophie eingeführt hat (und die es schon vor ihm gab), und vergleichen sie mit einem fruchtbaren Acker: die Logik entspreche der Umzäunung, die Erde der Physik und

325 Stoa und Stoiker, Auswahl der Fragmente und Zeugnisse, Übersetzung und Erläuterungen von Rainer Nickel, 2 Bde., Düsseldorf 2008, 536 (= SVF I 184 = Stobaeus II 77, 20-21); vgl. dazu Mihaly Csikszentmihalyi, Flow: Das Geheimnis des Glücks, Stuttgart 1990, 2017.

326 Diogenes Laertius, Leben und Meinungen berühmter Philosophen, VII 7, 183.

327 Ebenda, VII 7, 185.

die Frucht der Ethik.[328] Kein Teil sei von einem anderen getrennt, betrachtet werden müsse immer die Philosophie als Ganze. Die stoische Physik erforscht die Natur (*physis*). Die Stoiker wollen aber nicht nur die Natur verstehen, sondern auch der natürlichen Ordnung folgen. Dadurch hängen Physik und Ethik aufs engste zusammen.[329] Die stoische Ethik behandelt Fragen nach dem glücklichen Leben und den damit zusammenhängenden Tugenden. Die stoische Logik ist die Wissenschaft von unserer Vernunft (*logos*), unserem Denken und Sprechen. Ihr geht es darum, wie wir Wissen über die Natur erlangen können und sie hilft so dabei, tugendhaft zu werden, indem wir uns von der Vernunft leiten lassen. Zenon soll als erster gesagt haben, dass das Ziel des Lebens darin besteht, in Übereinstimmung mit der Natur zu leben, und zwar mit der eigenen und der des Kosmos, in dem man nichts macht, was die (Welt-)Vernunft verbietet, was dasselbe sei wie ein tugendhaftes Leben. In Harmonie und Einklang mit der Natur und damit glücklich zu leben, bedeutet sowohl mit sich selbst übereinzustimmen als auch sich mit allen äußeren, zufälligen Ereignissen anfreunden zu können.

Im Unterschied zu den Epikureern, für die die Welt aus Atomen, Leere und sonst nichts besteht, ist für die Stoiker der Kosmos von Gott durchdrungen und die göttliche Vernunft eins mit der Materie: Gott bezeichnen sie als geistiges Prinzip; das Göttliche durchdringe die ganze Materie.[330] Sie vertraten das, was heute »Pantheismus« genannt wird, weshalb die stoische Theologie auch Teil der Physik ist.[331] Bei den Stoikern gehen Religion und Moral eine engere Verbindung ein, als es in der Antike üblich war: Im göttlichen Kosmos herrscht Ordnung und an die sich zu halten, führt zur Eudaimonie.[332] Aber wie die Epikureer sind die Stoiker keine Dualisten,

---

328 Ebenda, VII 1, 40.

329 Schriefl, Stoische Philosophie, S. 78 ff.; siehe dazu insgesamt auch Maximilian Forschner, Die Philosophie der Stoa: Logik, Physik und Ethik, Darmstadt 2018.

330 Stoa und Stoiker, 423 (= SVF 1039).

331 Vgl. Forschner, Die Philosophie der Stoa, S. 144-161. Aus diesem Grund bezweifelt Forschner, dass es möglich sei, die stoische Philosophie als aktuelle Lebenskunst fruchtbar zu machen und die stoische Lebensweise wiederzubeleben, weil es seiner Meinung nach nicht möglich ist, „die gesicherten Erkenntnisse der gegenwärtigen Naturwissenschaft mit einer pantheistischen Weltsicht in Einklang zu bringen“. Ebenda, S. 10/11.

332 Paul Veyne, Die griechisch-römische Religion: Kult, Frömmigkeit und Moral, Stuttgart 2008, S. 128/129.

sondern Materialisten: alles sei Materie (mit Gott durchmischt). Chrysipp sagt, dass der Tod die Trennung der Seele vom Körper sei. Nun trenne sich aber nichts Unkörperliches, denn etwas Unkörperliches könne mit dem Körper keinen Kontakt haben. Die Seele habe aber Kontakt mit dem Körper: Also muss die Seele etwas Körperliches sein.[333]

Alle Tiere haben den Stoikern zufolge einen Sinnesapparat, mit dem sie die Welt wahrnehmen. So entstehen Vorstellungen im Bewusstsein (*psychê*), das rein körperlich sei.[334] Diese Vorstellungen (erwachsener) Menschen sind sprachlich und rational, und mithilfe der Vernunft können Erwachsene ihre Vorstellungen kritisch beurteilen: „Nur wenn wir einer Vorstellung zustimmen, bilden wir eine entsprechende Überzeugung. Wenn wir unsicher sind, ob eine Vorstellung wahr ist, oder wenn wir sie eindeutig für falsch halten, verweigern wir unsere Zustimmung und enthalten uns des Urteils“, schreibt Anna Schriefl.[335] Diese Zustimmung liegt für die Stoiker bei uns, das heißt, sie erfolgt freiwillig (die Bildung der Vorstellung liegt dagegen nicht bei uns, sondern wird von äußeren Gegenständen ausgelöst, wie wir bereits von den Skeptikern wissen). Für die Affekte ist das ein entscheidender Punkt: Wir müssen zustimmen – was bedeutet, dass wir sie auch ablehnen können!

Die Stoiker übernehmen die sokratische und skeptische Unterscheidung zwischen bloßer Meinung (*doxa*) und überprüftem Wissen (*epistêmê*). Laut den Stoikern ist eine Meinung eine Vorstellung, der wir zustimmen, obwohl sie nicht sicher ist – die Meinung muss nicht wahr sein. Der stoische Weise aber hat (wie der pyrrhonische Skeptiker) keine Meinung, sondern verfügt über gesichertes Wissen. Das, was der Weise erfasst und begreift, ist daher wahr; einem nicht sicheren Eindruck würde er nicht einfach zustimmen und sich deshalb auch keine Meinung bilden.

---

333 A. A. Long / D. N. Sedley (Hrsg.), Die hellenistischen Philosophen: Texte und Kommentare, Stuttgart/Weimar 1999, 2006, 45D.

334 Schriefl, Stoische Philosophie, S. 47.

335 Ebenda, S. 49.

Die stoischen Tugenden

Um die Eudaimonie zu erreichen, genügt es nach stoischem Verständnis, tugendhaft zu sein. Das griechische Wort *aretê*, das meistens mit „Tugend" übersetzt wird, bedeutet wörtlich, dass etwas von hervorragender Qualität ist.[336] Wie schon die Kyniker hielten die Stoiker die Tugendhaftigkeit für lehrbar und lernbar (und nicht bloß dem Adel vorbehalten). Die stoische Philosophie folgt Sokrates auch in der Ansicht, dass Tugend ein Wissen (und nicht bloß eine Gewohnheit) sei. Von Platon übernahmen sie die Grundtugenden (später auch „Kardinaltugenden" genannt; von lat. *cardo*, Dreh- oder Angelpunkt): Besonnenheit (*sôphrosynê*), Klugheit (*phronêsis*) oder Weisheit (*sophia*), Gerechtigkeit (*dikaiosynê*), Tapferkeit bzw. Mut (*andreia*).[337]

Bereits für Sokrates tragen etwa Gesundheit oder Reichtum, Macht oder Ansehen wenig zu einem glücklichen Leben bei, denn damit könne man ebenso gut unglücklich sein. Aus sokratischer Sicht sind nur Tugenden wie Besonnenheit, Gerechtigkeit, Tapferkeit und vor allem Weisheit ein Gut und führen zu einem gelingenden Leben. Denn aus Weisheit werde man immer richtig handeln, sonst wäre sie ja keine.[338] Die Weisheit führt also die Menschen zum Glück. Daher ist Weisheit das höchste Gut und Dummheit das größte Übel, und das Streben nach Weisheit ist für Sokrates der Weg zur Eudaimonie. Er war davon überzeugt, dass man nichts Schlechtes wollen kann, sondern nur das Gute, dass aus rationaler Einsicht moralisches Handeln resultiert und man verrückt oder krank sein müsse, dem zuwiderzuhandeln.

Auch diesen Gedanken übernehmen die Stoiker: Gut seien nur die Tugenden (und böse das Gegenteil). Da der Mensch ein vernunftbegabtes, sterbliches und von Natur aus soziales Wesen ist, besteht nach Ansicht der Stoiker die Tugend in einem Leben, das der Natur folgt und mit ihr übereinstimmt.[339] Deshalb hat für sie alles, was naturgemäß ist, einen Wert, und alles, was gegen die Natur ist, keinen Wert.[340] Weder zur Tugend noch zum Laster rechnen sie das Leben an sich, Gesundheit, Lust, Schönheit,

---

336 Ebenda, S. 126.

337 Nach Hossenfelder, Antike Glückslehren, S. 107-110; vgl., Stoa und Stoiker, 610/611.

338 Platon, Euthydemos, 279a-282d, hier 280a.

339 Stoa und Stoiker, 535.

340 Ebenda, 543.

Kraft, Reichtum, Ruhm, hohe Geburt sowie das Entgegengesetzte wie Tod, Krankheit, Schmerz, Hässlichkeit, Schwäche, Armut, Ruhmlosigkeit, niedere Geburt oder ähnliches: „Das seien nämlich keine Güter, sondern an sich gleichgültige Dinge, die nur teilweise in gewisser Hinsicht wünschenswert seien.“[341] Diese Dinge seien so gleichgültig wie die Frage, ob die Zahl der Haare auf meinem Kopf gerade oder ungerade ist.

Adiaphora („Mitteldinge“) sind gleichgültig, weil sie weder zur Eudaimonie beitragen, noch sie verhindern. Gesundheit, Lust, Schönheit, Kraft, Reichtum, Ansehen oder Ruhm machen nicht glücklich, und man kann gesund und reich unglücklich sein; ich kann aber trotz Krankheit, Schmerz, Hässlichkeit, Schwäche, Armut oder Ruhmlosigkeit glücklich sein. Dennoch haben die Stoiker weiter differenziert und die *Adiaphora* in bevorzugte und abzulehnende unterteilt. Etwa rechnen sie bei den körperlichen Dingen Gesundheit, funktionierende Sinnesorgane und Vergleichbares, bei den äußeren Dingen Eltern, Kinder, angemessener Besitz und Ansehen bei den Mitmenschen zu den bevorzugten.[342] Diese Bezeichnungen sollen bereits auf Zenon zurückgehen: obwohl es indifferent ist, bevorzugen wir es, soll er gesagt haben.

Die Stoiker sind der Ansicht, dass Lebewesen eine angeborene Zuneigung und Hinwendung zu sich selbst entwickeln, um sich zu erhalten.[343] Diese sog. Oikeiosis-Lehre (*oikeiosis*, Selbstaneignung, Eingewöhnung, über *oikeion*, sich zu eigen machen, von *oikos*, Haus) meint ein natürliches, von Geburt an bestehendes affirmatives Selbstverhältnis: Der erste Trieb, so würden die Stoiker sagen, der sich in einem lebenden Wesen regt, sei der der Selbsterhaltung, was ihm von Natur aus mitgegeben sei. Für jedes Lebewesen sei seine erste ihm von selbst zugewiesene Angelegenheit sein eigenes Bestehen sowie das Bewusstsein davon, sagt Chrysipp.[344] Das Gegenteil davon wäre Selbstentfremdung, was aber nicht natürlich und von Natur aus nicht zu erwarten sei. Auf diese Weise wehre ein Lebewesen alles Schädliche von sich ab. Dazu gehören für die meisten Lebewesen nicht nur sie selbst, sondern auch ihr Nachwuchs und die soziale Gruppe, in der sie leben. Dieser Selbsterhaltungstrieb sei jedem Lebewesen angeboren.

341 Diogenes Laertius, Leben und Meinungen berühmter Philosophen, VII 102/103.

342 Stoa und Stoiker, 569b.

343 Cicero, De finibus bonorum et malorum / Über das höchste Gut und das größte Übel, III 16.

344 Diogenes Laertius, Leben und Meinungen berühmter Philosophen, VII 1, 85.

Wenn die Epikureer behaupten, die Lust sei der erste Trieb für die lebenden Wesen, erscheint dies aus stoischer Sicht nicht richtig zu sein. Sie wenden dagegen ein, dass nicht die Lust der erste Trieb eines Lebewesens, sondern Lust bzw. das Streben nach dem Angenehmen nur eine Folgeerscheinung dieses Selbsterhaltungstriebs sei: Das sei es, was Lebewesen die heitere Stimmung und Pflanzen das fröhliche Wachstum bringe.[345] Den Stoikern zufolge haben die Lebewesen (insbesondere Tiere) Triebe, mit denen sie ihre Ziele verfolgen; Menschen verfügten außerdem noch über Vernunft. Folglich sei das vernünftige oder vernunftgemäße Leben die richtige Entwicklung des naturgemäßen Lebens, denn die Vernunft steuere den Trieb. Daher erklärte Zenon als erster, dass das Endziel des Menschen das mit der Natur in Einklang stehende Leben sei, welches übereinkomme mit dem tugendhaften Leben, denn dazu leite uns die Natur.[346]

Das tugendhafte Leben sei nicht verschieden von dem auf empirischer Kenntnis der Naturvorgänge beruhenden Leben, denn unsere Naturen seien Teil des Weltganzen, sagt Chrysipp. Würden diese ersten Stoiker heute leben, würden sie sich an dem heutigen Stand der Naturwissenschaften orientieren und ihr Leben danach ausrichten. Das Ziel muss aus stoischer Sicht ein natürliches, naturgemäßes Leben sein, „d. h. das der eigenen Natur wie auch der Natur des Alls gemäße Leben, wo man nichts tut, was die Weltvernunft zu verbieten pflegt; diese aber ist die wahre Vernunft, die alles durchdringt und wesenseins ist mit Zeus, dem Ordner und Leiter des Weltalls".[347] Die Tugend des Glückseligen und der ungetrübt schöne Ablauf des Lebens bestehe darin, dass alles, was man tut, die volle Übereinstimmung des Willens des Einzelnen mit dem Willen des Allherrschers zeige.

In der stoischen Ethik sind pflichtgemäße Handlungen diejenigen, die sich mit Gründen rechtfertigen lassen – als vernünftige. Da die Vernunft die natürlichen Triebe steuern soll, seien die triebgesteuerten Handlungen nur dann moralisch, wenn sich die Vernunft mit Gründen dafür entscheidet, ansonsten seien sie unmoralisch.[348] Die Pflichten seien dauerhaft verbindlich, wenn es darum geht, tugendgemäß zu leben und zeitweilig, wenn es um die Frage geht, spazieren zu gehen oder nicht. Kurz: Moralisch sind alle Handlungen, die vernünftig, d. h. ethisch gerechtfertigt sind und unmo-

345 Ebenda, VII 1, 86.
346 Ebenda, VII 1, 87.
347 Ebenda, VII 1, 88.
348 Ebenda, VII 1, 108.

ralisch alle, die unvernünftig sind. Darüber hinaus gibt es noch Handlungen, die, wenn auch nicht falsch, jedenfalls als nicht völlig moralisch oder tugendhaft gelten, wie zum Beispiel heiraten, sich unterhalten oder einen Strohhalm aufheben.[349] Eine Handlung ist dann im stoischen Sinn richtig, wenn sie sich rational begründen lässt.

Die stoischen Philosophen teilen die Menschen in zwei Gruppen ein: die Weisen und die Dummen. Die Weisen sind natürlich die Guten, die ihre Lebenserfahrung nutzen, richtig handeln, und den Tugenden entsprechend leben, die Dummen lernen nichts dazu, machen alles falsch und leben die Laster aus. Der Weise, in vollendeter Harmonie und Übereinstimmung mit der Natur, führe selbstverständlich immer ein gelingendes, vollkommenes, glückliches Leben und werde dabei durch nichts behindert oder aufgehalten.[350] Weder lasse sich der Weise zwingen, noch zwinge er jemanden, weder herrsche er, noch werde er beherrscht, weder tue er anderen Böses, noch werde ihm Böses angetan, weder gerate er ins Unglück, noch stürze er andere ins Unglück, weder lasse er sich betrügen, noch betrüge er. Vor allem sei er glücklich, während die Dummen unglücklich seien.[351] Der Weise werde auch nicht in Einsamkeit leben, denn er sei von Natur aus gesellig und aktiv.[352]

Im Gegensatz zu den Weisen sind wir alle Deppen – Dummköpfe, die unwissend und verrückt sind, weil wir aufgrund unserer Unvernunft die Untugend statt der Tugend, das Falsche statt des Richtigen wählen würden – daher stamme auch unser Unglück. Die Stoiker sagen sogar, dass der, der nicht weise ist, geisteskrank sei, weil er sich selbst und die Dinge, die ihn betreffen, nicht kenne, was Geisteskrankheit bedeute. Die Unwissenheit sei das Laster, das im Gegensatz zur Einsicht stehe.[353] Uns Deppen halten sie für irre, was sich nicht nur auf die Affekte bezieht, sondern wir seien geisteskrank wie jeder Haufen Mist stinke: „Stochere in ihm herum, und du wirst es merken."[354] Der Jähzornige sei auch nicht immer wütend; aber reize ihn und schon wird er wütend werden. Während der Weise alles gut

349 Hossenfelder, Antike Glückslehren, S. 129 (= Stobaeus 2,85,13 = SVF 3,494).
350 Cicero, De finibus bonorum et malorum / Über das höchste Gut und das größte Übel, III 26.
351 Stoa und Stoiker, 826 (= SVF I 216 = Stobaeus II 3-100, 6).
352 Diogenes Laertius, Leben und Meinungen berühmter Philosophen, VII 1, 123.
353 Stoa und Stoiker, 833 (= SVF III 663 = Stobaeus II 68, 18-23).
354 Ebenda, 834 (= SVF III 665 = Cicero, Tusculanae disputationes IV 54).

macht, machen wir alles falsch, wählen das Schlechte und geraten dauernd in Affekte.

Der stoische Weise und die Affekte

Den Weisen erklären die Stoiker für leidenschaftslos und affektfrei, weil er den Leiden (griech. *pathos*, pl. *pathê*), den Affekten (von lat. *afficere*, anregen, in eine Stimmung versetzen), keinen Angriffspunkt mehr biete.[355] Wie gesagt: Den stoischen Weisen hat es real wohl nie gegeben, denn er ist ein Ideal und Vorbild, dem die Stoiker nacheifern. Die Stoiker sind Philosophen und keine Weisen. Letztlich müssen sich die Stoiker selbst zu den Dummköpfen rechnen, denn es gibt nicht so etwas wie ein bisschen weise. Am Ende sei es nämlich egal, ob man einen Meter unter der Wasseroberfläche ertrinkt oder in hundert Metern Tiefe.[356]

Das höchste Ziel der Stoiker ist das gelingende Leben, die Eudaimonie. Die tritt ein (nicht dadurch, dass man etwas erreicht oder erhält, sondern) dadurch, dass etwas fehlt: *pathos*, Leiden, Leidenschaft, Affekt. Diese Affekte sind Erregungszustände, Angespanntheiten der Psyche, die das glückselige Leben verhindern. Deshalb muss eine Affektfreiheit oder Apathie erreicht werden, damit sich die Ataraxie und damit die Glückseligkeit von selbst einstellen kann. Zenon sagt, die Eudaimonie, das gelingende, fließende Leben, sei erreicht, wenn kein Affekt mehr die Seelenruhe stört. Daher sagen die Stoiker, dass der Weise völlig frei von Affekten sei, weil er nicht bereit sei, sich ihnen zu unterwerfen. Auch handele er in Übereinstimmung mit allen Tugenden, denn jede seiner Handlungen sei vollkommen, weil er es an keiner Tugend fehlen lasse.[357]

Manchmal kann man hören oder lesen, der stoische Weise habe keine Gefühle, sei emotionslos und gefühlskalt, was nicht nur zur Indolenz führe, zu Schmerzlosigkeit und Gleichgültigkeit von Schmerzen, sondern auch zu völliger Gefühlskälte, weshalb dieses stoische Ideal untauglich für die gesellschaftliche Praxis und wirklichkeitsfremd sei.[358] Doch das stimmt nicht:

355 Diogenes Laertius, Leben und Meinungen berühmter Philosophen, VII 1, 117.
356 Cicero, De finibus bonorum et malorum/Über das höchste Gut und das größte Übel, III 48.
357 Stoa und Stoiker, 839 (= SVF III 557 = Stobaeus II 65, 12-14).
358 So z. B. Demandt, Marc Aurel, S. 389.

Natürlich hat der Weise Gefühle und Empfindungen wie Hunger und Durst, Schmerz und Lust, fühlt Hitze und Kälte, wird zu Tränen gerührt oder ist schockiert, denn das sind Empfindungen, die unmittelbar Sinneseindrücken folgen – er leidet aber nicht unter seinen Affekten. Der Weise hat zwar Schmerzen, wird aber davon nicht gequält, weil er der Empfindung nicht noch den Gedanken hinzufügt, dass diese Zahnschmerzen schlecht seien (und verschwinden müssten).[359]

Affekte sind für die Stoiker exzessive Antriebe, unvernünftige Bewegungen der Seele wider die Natur, die außer Kontrolle geraten sind und der Vernunft nicht mehr gehorchen.[360] Die Affekte haben etwas Überwältigendes. Da sie auf einer falschen Meinung bzw. einem falschen Verstandesurteil beruhen, sind sie grundsätzlich kontrollierbar. Affekte sind nichts anderes als Urteile, hatte schon Chrysipp gesagt: Geldgier beispielsweise sei eine Annahme des Verstandes, dass Geld etwas Schönes und Nützliches sei.[361] Genauer gesagt sind Affekte die Folgen dieser Fehlurteile. Das ist insofern ein wichtiger Punkt, als Affekte nicht einfach Gefühle oder Emotionen sind, die man nicht bewusst steuern kann, sondern hinter den Affekten stehen falsche Werturteile oder Wertsetzungen, die bewusst vom Verstand getroffen werden. Falsch sind die Urteile nach stoischer Auffassung, wenn sie sich auf Indifferentes beziehen, also auf etwas, das weder in meiner Macht steht noch sonst irgendwie von mir beeinflusst werden kann. Deshalb sind wir letztlich auch verantwortlich für uns und unsere Affekte, und können sie, jedenfalls nach stoischer Auffassung, kontrollieren und abstellen. Die Stoa lehrt ja gerade, dass wir unseren Affekten nicht hilflos ausgesetzt sind.

Der Affekt sei ein übersteigerter Trieb, sagt Zenon, eine „Erregung der Seele“ und vergleicht das Flatterhafte der Affekte mit dem Flattern der Vögel.[362] Einen Affekt halten die Stoiker für einen der Vernunft nicht mehr gehorchenden Trieb, eine unvernünftige Bewegung der Seele wider die

---

359 Hossenfelder, Antike Glückslehren, S. 142 (= Stobaeus III 314, 14 = SVF III, 574).

360 Long / Sedley (Hrsg.), Die hellenistischen Philosophen, 65A (= Stobaeus II 88, 8–90, 6).

361 Diogenes Laertius, Leben und Meinungen berühmter Philosophen, VII 1, 111; Maximilian Forschner, Die stoische Ethik: Über den Zusammenhang von Natur-, Sprach- und Moralphilosophie im altstoischen System, Darmstadt ²1995, S. 114 f.

362 Hossenfelder, Antike Glückslehren, S. 86 (= Stobaeus II 39, 4 = SVF I 206 = Stoa und Stoiker, 764).

Natur, und vergleichen die Heftigkeit des Affekts auch mit der, von einem durchgehenden Pferd mitgerissen zu werden. Im Affekt wende man sich von der Vernunft ab, drehe durch, könne nicht mehr (richtig) erkennen, sei nicht mehr belehrbar, sondern werde von deren Tyrannis beherrscht.[363] Man darf es gar nicht erst so weit kommen lassen, dass der Affekt mit einem durchgeht. Dazu muss man sich seiner Wertsetzungen bewusst sein, sowie prüfen, ob es sich bei dem, worum es geht, um etwas Indifferentes und Unbeeinflussbares handelt.

Schon Zenon geht von vier Grundaffekten aus, aus denen sich alle anderen Affekte ableiten: Schmerz, Furcht, Begierde und Lust.[364]

- Schmerz sei ein unvernünftiges Verzagen; als Arten seien ihm untergeordnet: Mitleid, Neid, Missgunst, Eifersucht, Beschwerde, Betrübnis, Wehleid, Bestürzung. Mitleid beispielsweise sei Schmerz über das unverdiente Leben eines anderen, Neid der Schmerz über fremdes Glück, Missgunst Schmerz darüber, dass ein anderer hat, was man selbst gern hätte usw.
- Furcht sei die Erwartung eines Übels; untergeordnet seien Schrecken, Scham, Betäubung, Verwirrung. Schrecken sei Furcht, die Angst erwecke, Scham sei Furcht vor Verachtung usw.
- Begierde sei ein unvernünftiges Verlangen, ihr untergeordnet seien Hass, Ehrgeiz, Zorn, Liebe, Groll, Jähzorn. Hass sei eine andauernde Begierde, die darauf aus sei, dass es einem anderen schlecht ergehe, Zorn Begierde nach Rache für ein angeblich erlittenes Unrecht, Liebe eine Begierde, die Tugendhaften nicht gut stehe (nämlich der Versuch einer Befreundung mit einer Schönheit) usw.
- Lust sei das unvernünftige Frohgefühl über eine scheinbar begehrenswerte Sache; untergeordnet seien Entzücken, Schadenfreude, Ergötzung, Zerstreuung. Entzücken sei die bezaubernde Lust, Schadenfreude die Lust über das Unglück anderer usw.

Nehmen wir als Beispiel Mitleid: Bereits Aristoteles definiert Mitleid als eine Art Schmerz über eine anscheinend verderbliche oder leidbringende Not, die jemand nicht verdiene, ein Übel, das uns auch selbst treffen kön-

363 Ebenda, S. 86/87 (= Stobaeus II 88, 6 = SVF III 378, 389).

364 Diogenes Laertius, Leben und Meinungen berühmter Philosophen, VII 1, 110-114; vgl. Cicero, Tusculanae disputationes / Gespräche in Tusculum, IV 14.

ne.[365] Mitleid ist auch für ihn ein Affekt. Da die Stoiker affektfrei sein wollen, lehnen sie Mitleid ab: Mitleid sei ein seelischer Schmerz beim Anblick fremden Elends oder Trauer aufgrund fremden Leides, von dem man annimmt, es geschehe unverschuldet. Den stoischen Weise überkomme aber kein seelischer Schmerz, er stehe eigenem und fremdem Leid eher emotionslos und gefasst gegenüber; er fühle kein Mitleid, schreibt Seneca, weil dies ohne Leiden der Seele nicht möglich wäre.[366] Der Weise empfinde zwar kein Mitleid, werde aber selbstverständlich helfen und unterstützen. Mitleid sei ein psychisches Fehlverhalten, sich allzu sehr vom fremden Leid ergreifen zu lassen. Auch Epikur sagt, dass wir das Leiden der Freunde teilen wollen, nicht indem wir mit ihnen jammern, sondern für sie Sorge tragen.[367]

Von diesen Affekten ist der stoische Weise völlig frei; er hat aber drei emotionale Grundstimmungen, die der Kontrolle der Vernunft unterliegen, sogenannte »Eupathien«, gute Emotionen, nämlich Freude, Vorsicht und guten Willen. Die Freude sei das Gegenstück zur Lust, eine vernunftgesteuerte Erregung. Die Vorsicht sei das Gegenstück zur Furcht, eine vernunftgesteuerte Ablehnung, denn der Weise werde sich niemals fürchten, aber vorsichtig sein. Und das Gegenstück zur Begierde sei der gute Wille, ein von der Vernunft gesteuertes Verlangen.[368] Von Schmerz scheint der Weise völlig befreit zu sein und er wird beispielsweise von Trauer und Traurigkeit zumindest nicht überwältigt, denn das sei vernunftwidrig. Wie den obersten Affekten bestimmte Unterarten zugeordnet sind, fällt hier unter den »guten Willen« Wohlwollen, Freundlichkeit, Respekt, Zuneigung, unter »Vorsicht« Scheu (vor berechtigtem Tadel) und Zurückhaltung und unter »Freude« Vergnügen, Fröhlichkeit und gute Stimmung.

Ob es besser sei, gemäßigte Affekte zu haben als gar keine, sei eine oft gestellte Frage, schreibt Seneca in seinem 116. Brief an Lucilius: Unsere Stoiker würden die Affekte austreiben, die Peripatetiker sie mäßigen. Das Mittelmaß einer Krankheit könne aber nicht heilsam oder nützlich sein. Am Anfang sei jeder Affekt schwach, doch dann entfache er sich von selbst und gewinne Kraft. Für sich zu sorgen, sei natürlich, aber die Übertreibung werde zum Laster.[369] Nach Seneca ist ein Affekt das Resultat einer über-

365 Aristoteles, Rhetorik, 1385b.
366 Seneca, Über die Milde, II 6 (= Stoa und Stoiker, 791).
367 Epikur, Ausgewählte Schriften, S. 32 (= Gnomologium Vaticanum, 66).
368 Stoa und Stoiker, 823 (= SVF III 431 = Diogenes Laertius VII 1, 116).
369 Seneca, Briefe an Lucilius, 108. Brief, 1-7.

triebenen Sorge um sich selbst. Um die stoische Affektenlehre an einem Beispiel zu verdeutlichen, will ich im Folgenden zeigen, wie Seneca den Affekt des Zornes (oder der Wut) unter verschiedenen Gesichtspunkten analysiert.

Der Affekt der Wut

Im Unterschied zur Wut haben die übrigen Affekte noch etwas Ruhiges und Friedliches an sich, schreibt Seneca. Wut sei ganz Erregung und Drang, rasend vor unbändigem Verlangen nach Rache, sei es ihr gleichgültig, was mit ihr passiert, solange sie nur dem anderen schadet. Daher sei die Wut auch als temporäre Geisteskrankheit bezeichnet worden. Keine andere Seuche habe in der Geschichte der Menschheit mehr Schaden angerichtet als die Wut. Und er definiert: Die Wut sei das unbändige Verlangen nach Rache für ein Unrecht, d. h. den zu strafen, von dem du dich zu Unrecht verletzt glaubst.[370]

Wut sei ein Affekt, und obwohl sie eine Gegnerin der Vernunft sei, könne sie nur dort entstehen, wo auch Vernunft vorkommen kann (also nicht bei Tieren und Kindern). Seneca hält das Trachten nach Strafe nicht für natürlich und Wut – ganz stoisch – für nichts Natürliches. Es sei einfacher, derart verderbliche Affekte ganz auszuschließen, als zu versuchen, sie unter Kontrolle zu bringen, wenn man sie einmal zugelassen hat: „Denn nachdem sie von der Seele Besitz ergriffen haben, sind sie mächtiger als derjenige, der sie beherrschen sollte, und erlauben es nicht, dass man sie zurückstutzt oder verringert."[371] Auch Chrysipp soll bereits festgestellt haben, dass man einmal entfesselte Affekte nicht abschalten kann und empfiehlt daher, in einer ruhigen Minute sich vernünftig zu besinnen und sich klar zu machen, worum es geht. Im Affekt habe die Vernunft die Zügel nicht mehr in der Hand und könne den Affekt nicht bändigen, sagt Seneca. Zuvor hätte man ihn noch vertreiben können. Sei der Geist nämlich erst einmal in Aufruhr gebracht worden, müsse er nun dem sklavisch gehorchen, von dem er vorwärts gestoßen wird.

370 Seneca, De ira / Über die Wut, übersetzt von Jula Wildberger, Stuttgart 2007, 1, 1 (3).

371 Ebenda, 1, 7 (2).

Es gebe Dinge, bei denen der Anfang in unserer Macht steht, aber alles Weitere uns durch die ihm eigene Dynamik fortreißt und keine Möglichkeit zur Umkehr lässt. Seneca vergleicht die Affekte mit Körper im freien Fall, über die man auch nicht mehr bestimmen kann (weder Widerstand leisten noch innehalten), nachdem sie einmal hinabgeworfen wurden. So könne auch die Seele ihren Drang nicht mehr unterdrücken, wenn sie sich in Wut, erotische Liebe oder andere Affekte gestürzt hat. Das Beste sei, den allerersten Wutreiz sofort von sich zu weisen, sich schon den Keimen zu widersetzen, und sich alle Mühe zu geben, dass wir gar nicht erst in Wut geraten.

Man lebe unter ständiger Tyrannei, wenn man sich in die Knechtschaft irgendeines Affektes begibt, und ein gemäßigter Affekt sei nichts anderes als ein gemäßigtes Übel. Auch wenn der Vater geschlagen oder die Mutter vergewaltigt wird, hält Seneca die Wut nicht für hilfreich, denn ein tugendhafter Mensch könne seinen Pflichten mit klarem Geist nachkommen, ohne in Panik zu geraten. Um seiner Angehörigen willen wütend zu werden, sei charakteristisch für eine schwache Seele (und nicht für eine liebevolle und pflichtbewusste).[372] Fieber lindere auch manche Krankheitsbilder, aber daraus folge nicht, dass es nicht besser wäre, ganz davon frei zu sein.

Für die Stoiker setzt ein Affekt aufgrund eines (falschen) Urteils ein, also mit der Zustimmung der Vernunft. Im Fall der Wut heißt das, ein Unrecht erlitten zu haben, ist eine Sache, ein Verlangen nach Rache zu entwickeln, eine andere; beides müsse durch die Vernunft erst miteinander verbunden werden. Kurz: Wut entsteht nicht gegen unseren Willen. Bei einem Affekt, der einsetzt, anwächst oder eskaliert, gebe es eine erste Bewegung, eine Vorbereitung des Affekts, so etwas wie eine Drohgebärde, und eine zweite mit einer Willensentscheidung, etwa dass es richtig sei, dass ich mich räche, da ich verletzt wurde, so Seneca. Die dritte Bewegung habe schon keine Macht mehr über sich selbst, sie wolle Vergeltung üben, nicht falls das richtig sei, sondern unbedingt, und habe die Vernunft unter ihre Kontrolle gebracht.[373]

Der Weise werde auf Menschen, die sich falsch verhalten, nicht wütend, weil er weiß, dass niemand weise geboren wird, sondern es erst noch werden muss, und nur wenige diese Entwicklung bis zum Weisen vollenden. Diese Entwicklung sei ganz natürlich, und es werde doch sonst auch niemand (außer er ist geisteskrank) auf die Natur wütend. Der Weise begegne den Fehlern der anderen daher friedlich und fair; er sei kein Feind

372 Ebenda, 1, 12 (5).
373 Ebenda, 2, 4 (1).

derer, die sich falsch verhalten, sondern ihr Erzieher, sagt Seneca. Wenn er nach draußen geht, werde er denken, dass ihm heute wieder viele Säufer begegnen werden, viele, die ihren Sexualtrieb nicht im Griff haben, viele Undankbare, viele, die rasender Ehrgeiz vorwärts peitscht: „Auf all das wird er so wohlwollend hinabschauen wie ein Arzt auf seine Patienten."[374]

Laut Seneca gibt es keinen Grund, die Wut nicht völlig zu vernichten. Die Übel, unter denen wir leiden, seien heilbare Krankheiten. Wir seien für das Richtige geboren, und unsere eigene Natur helfe uns, wenn wir uns entschließen, unsere Störungen zu korrigieren. Der Weg zur Vollkommenheit sei nicht steil und auch nicht rau; man nähere sich ihr auf ebener Strecke: „Leicht ist der Weg zum guten Leben."[375] Das, was wir jetzt tun, sei doch viel schwerer! Was sei entspannter als Seelenruhe, was stehe mehr unter Druck als Wut? Die Störungen, die uns Probleme machen, müssten wir mit großem Aufwand pflegen. Wut habe nur Augen dafür, wie sie Schaden zufügen könne; die Vernunft rate zum geduldigen Hinnehmen, die Wut dagegen zur sofortigen Vergeltung. Anstatt etwas einfach zu akzeptieren, würden wir uns durch die Wut in ein größeres Übel hineinmanövrieren: „Der Weise sollte ausgeglichen sein und, wenn einmal eine Angelegenheit mehr Mut erfordert, nicht seine Wut einsetzen, sondern seine innere Kraft."[376]

Für Seneca gibt es zwei Wut-Therapie-Ansätze: gar nicht erst in Wut zu geraten und uns im Zustand der Wut nicht falsch zu verhalten. So sollten wir uns zum Beispiel nicht über Kleinigkeiten aufregen: der Sklave ist nicht geschickt genug, das Wasser zum Trinken zu warm, das Speisesofa zerwühlt, der Tisch nicht ordentlich gedeckt – wer sich über so etwas aufregt, sei wahnsinnig. Das beste Mittel gegen Wut sei Verzögerung. Seneca rät: „Verlange von ihr zunächst nur dies: Sie braucht nicht gleich zu verzeihen, aber urteilen soll sie."[377] Wuchtig sei ihr Drang am Anfang, aber wenn sie abwartet, werde sie sich legen. Und man sollte nicht versuchen, sie auf einmal im Ganzen zu beseitigen. Während sie Stück für Stück abgebaut wird, werde sie vollständig unter Kontrolle gebracht. So wie Muskeln krank seien, wenn sie sich gegen den Willen bewegen, sollten wir auch nur die Seelenbewegungen für die gesunden halten, die nach unserem freien Ermessen ablaufen und nicht willkürlich davonstürzen.

---

374 Ebenda, 2, 10 (7).
375 Ebenda, 2, 13 (1).
376 Ebenda, 2, 17 (2).
377 Ebenda, 2, 29 (9).

Seneca will die Wut eliminieren und vernichten oder doch wenigstens bremsen und ihren Drang eindämmen. Manchmal müsse man sie zurückpeitschen und rückwärtstreiben, manchmal müssten wir vor ihr weichen, bis das Wüten des Sturms sich gelegt hat, damit er nicht auch noch die Therapie mit sich reißt. Die übrigen Affekte gestatteten einen Aufschub und könnten langsamer behandelt werden; die erregte und sich selbst fortreißende Aggressivität dieses Affekts entwickle sich jedoch nicht graduell, sondern sei schon beim Entstehen voll gegeben. Nichts übe größeren Druck aus, stehe dabei so unter Schock, sei so hochmütig bei Erfolgen und so wahnsinnig rasend bei Enttäuschungen; nicht einmal ein Rückschlag könne sie der Sache überdrüssig werden lassen.[378] Von den übrigen Störungen würden immer nur einzelne Individuen erfasst, diese hier sei die einzige, die bisweilen eine ganze Gemeinschaft packt und sogar zu Kriegen führt.

Nicht wütend zu werden gelinge, wenn wir uns alle mit Wut verbundenen Störungen immer wieder bewusst machen, sagt Seneca. Wir müssten sie bei uns anklagen und verurteilen. Ihre Entrüstung rühre von einem übersteigerten Selbstwertgefühl her; möge sie auch mutig und erhaben erscheinen, in Wirklichkeit sei sie winzig und eng. Derjenige, der sich von einem anderen nicht respektiert glaubt, sei geringer als der andere. Dagegen sei die Seele weit und erhaben und eine, die ihren wahren Wert abschätzen kann, die ein Unrecht nicht vergelte, weil sie es gar nicht wahrnehme.[379]

Das Beste sei, schon dann, wenn man den ersten Anfang eines Übels verspürt, mit der Selbstheilung zu beginnen und zu diesem Zeitpunkt nicht einmal seinen Worten freien Lauf zu lassen, sondern seinen Drang zurückzuhalten. Es sei einfach, seine eigenen Affekte zu ertappen, wenn sie gerade im Entstehen sind. Wie vor einem Unwetter bestimmte Wetterzeichen auftreten, genauso gebe es auch gewisse Vorboten für Wut und andere Affekte. Dazu sollten wir herausfinden, was uns jeweils am meisten erregt: den einen treffen Schimpfworte, den anderen Beleidigungen; der hier möchte als kultiviert gelten, der dort will hochgebildet sein; der hier könne Arroganz nicht dulden, der dort Frechheit; der dort halte es für einen Eingriff in seine Rechte, wenn er um etwas gebeten wird, der hier für eine Beleidigung, um nichts gebeten zu werden: „Nicht alle sind an derselben Stelle zu treffen, und du musst daher wissen, was bei dir schwächlich ist. Denn dort muss deine Deckung besonders stabil sein.“[380]

378 Ebenda, 3, 1 (3-5).
379 Ebenda, 3, 5 (7).
380 Ebenda, 3, 10 (4).

Viele Vorfälle von (vermeintlichem) Unrecht sollten wir an uns vorüberziehen lassen. Das meiste werde von demjenigen, der von ihm nichts weiß, gar nicht erst erlitten: „Du möchtest nicht jähzornig sein? Dann sei nicht neugierig."[381] Wer sich erkundigt, was über ihn gesagt wurde, wer übles Gerede, auch wenn es im Geheimen stattgefunden hat, ans Licht zieht, der nehme sich selbst die Ruhe. Daher sollten wir manches erst einmal aufschieben, mit einem Lächeln darüber hinweg gehen oder einfach vergeben. Es komme auch nicht darauf an, wie das Unrecht zugefügt wurde, sondern wie man es ertragen hat. Warum sollte Selbstbeherrschung so schwierig sein?

Ein Großteil produziere sich selbst Anlässe zur Klage (durch einen unzutreffenden Verdacht, oder Unerhebliches werde zu einem schweren Vorfall stilisiert): „Oft kommt Wut zu uns, aber noch öfter kommen wir zu ihr."[382] Man solle sie nicht herbeizitieren, und wenn sie einem über den Weg läuft, solle man sie abblitzen lassen. Keiner gestehe sich zu, dass er das, worüber er wütend ist, auch schon einmal gemacht hat. Aufschub sei ein probates Mittel gegen die Wut: Manches von dem, was dich gerade noch Hals über Kopf losstürmen ließ, werde eine Stunde, nicht einmal ein ganzer Tag besänftigen, manches werde vollständig verschwinden. Sollte die Bitte um Fristverlängerung nichts geändert haben, dann werde offensichtlich, dass hier ein nüchternes Urteil (und nicht ein Wutanfall) vorliegt: „Immer wenn du bei etwas wissen willst, um was für eine Sache es sich handelt, dann übergib es der Zeit zur Prüfung. Was im Fluss ist, kann man nicht genau genug erkennen."[383]

Ringe mit dir selbst, rät Seneca. Wenn du entschlossen bist, die Wut zu besiegen und unter Kontrolle zu bringen, dann könne sie dir nichts mehr anhaben. Es sei das charakteristische Merkmal wahrer Größe, dass man es nicht spürt, wenn man von etwas getroffen wird. So werfe ein riesiges Tier nur träge einen Blick hinter sich auf die kläffenden Hunde: „Wer nicht wütend ist, bewahrt, von keinem Unrecht erschüttert, seinen Stand; wer wütend wird, wurde in Bewegung versetzt."[384] Ein Unrecht könne man eben gut ertragen wie die frechen Schläge von Kinderhänden, weil sie nicht zu wissen scheinen, was sie tun. Wir alle seien schlechte Menschen, und alles, was man bei einem anderen tadelt, werde jeder einzelne bei sich selbst

381 Ebenda, 3, 11 (1).
382 Ebenda, 3, 12 (1).
383 Ebenda, 3, 12 (4).
384 Ebenda, 3, 25 (3).

finden: „Selbst, wenn du nichts Böses getan hast: Es ist möglich, dass du es tust.“[385]

Zum Schluss berichtet Seneca von einer stoischen Übung, die er täglich abends vor dem Schlafen mache: „Wenn das Licht aus dem Raum getragen worden ist und meine Frau nichts mehr sagt – sie ist nämlich schon mit meiner Gewohnheit vertraut –, dann durchforste ich meinen gesamten Tag und gehe meine Taten und Worte noch einmal durch. Ich verhehle mir nichts und übergehe auch nichts. Warum sollte ich auch vor irgendeinem meiner Fehler Angst haben?“ Und dann sagt er zu sich selbst: „Sieh zu, dass du das nicht mehr tust. Dieses Mal verzeihe ich dir noch.“[386] – Eine weitere praktische stoische Übung besteht darin, in Gedanken schon vorwegzunehmen, dass es vieles gebe, das man werde erdulden müssen. Niemand wundere sich darüber, dass es im Winter kalt wird. Die Seele sei stark bei den Dingen, zu denen sie gut vorbereitet kommt. Zusammenfassend schreibt er: „Mäßigen wir unsere Wut nicht nur, sondern beseitigen wir sie vollständig!“[387]

Halten wir fest: Nach stoischer Auffassung gibt es Weise auf der einen und Toren oder Narren auf der anderen Seite. Dazwischen stehen die Philosophen, die nicht weise sind (und deshalb strenggenommen zu den Dummköpfen gehören), aber nach Weisheit streben mit Sokrates als Vorbild. Angestrebt wird ein gelingendes Leben (Eudaimonie), wie es ein Weiser führt, weil er frei ist von Affekten. Er lebt in Übereinstimmung mit sich und der Natur, und sei deshalb affektfrei, weil er keine falschen Wertsetzungen vornimmt. Dazu braucht er nur vernünftige Einsicht in die Dinge und bewertet Unbeeinflussbares nicht als gut oder schlecht. So gelangt der stoische Weise zur Unerschütterlichkeit oder Ataraxie.

Der stoische Weise werde sich an der Politik beteiligen (sofern nichts dagegen spricht), er werde dem Bösen zu wehren und zur Tugend anzuregen versuchen, überliefert Diogenes Laertius aus den Schriften von Zenon und Chrysipp.[388] Auch werde der Weise heiraten und Kinder haben, sich nicht mit schwankenden Meinungen befassen und nichts Falschem zustimmen. Er werde sich an den Kynikern orientieren, denn der Kynismus sei der Weg zur Tugend. Der Weise allein sei wirklich frei, alle anderen seien Sklaven, denn Freiheit bedeute, selbstständig zu handeln. Aber die Weisen

385 Ebenda, 3, 26 (5).
386 Ebenda, 3, 36 (3).
387 Ebenda, 3, 42 (1).
388 Diogenes Laertius, Leben und Meinungen berühmter Philosophen, VII 1, 121.

seien nicht nur frei, sondern Könige, wenn Königtum bedeutet, niemandem Rechenschaft schuldig zu sein. Sie seien sogar unfehlbar, denn sie seien nicht fähig, einen Fehler zu begehen. Anderen schadeten sie nicht, sie hätten kein Mitleid und würden sich nicht entschuldigen. Der Weise lebe nicht in Einsamkeit und sei für das tätige Leben geschaffen.[389]

Wenn kein Affekt mehr die Seelen- oder Gemütsruhe stört, kann ich den *Flow*, das gelingende, fließende Leben, die Eudaimonie, erreichen. Von den Stoikern lerne ich, den Affekten (möglichst) aus dem Weg zu gehen. Dazu muss ich genau beobachten, an welcher Stelle mein Verstand ein falsches Urteil fällt oder einem falschen Urteil zustimmt. Ich muss an meinen Affekten arbeiten: Bei manchem ist es für mich leichter zu sehen, woran es liegt, bei anderem schwerer. Beim Affekt der Wut kann ich beispielsweise bei mir gut sehen, wie ich zunächst die Verbindung herstelle zwischen einem angeblich erlittenen Unrecht, und meinem Wunsch, mich dafür zu rächen und den vermeintlichen Täter zu bestrafen. Jemand hat mir, so meine ich jedenfalls, ein kleines Stückchen meiner Zeit gestohlen, und das will ich ihm jetzt heimzahlen. An dieser Stelle stimmt meine Vernunft zu, mir das Bürschchen vorzuknöpfen, ihn anzubrüllen und fertigzumachen. Dann ist es zu spät: Ich flippe aus, der Affekt geht mit mir durch, und ich bin nicht mehr zu halten (auch nicht durch Dritte).

Jetzt, im Nachhinein, kann ich sehen, dass ich an der entscheidenden Stelle dem Impuls der Wut gar nicht hätte zustimmen dürfen, was ich aber getan habe. Außerdem hat mir dieser Wutanfall überhaupt nichts gebracht, der Bursche konnte nichts daraus lernen, meine Beziehung zu anderen wurde auf die Probe gestellt. Das ist meiner Ansicht nach etwas völlig anderes, als seine Gefühle und Emotionen (absichtlich) zu unterdrücken. Schwerer fällt mir diese Zustimmung bei Affekten wie Kummer und Sorgen (oder damit verbundener Existenzangst) zu sehen; also heißt es für mich, künftig genauer hinzusehen und stoische Übungen zu finden oder zu entwickeln. Tiefe Grundüberzeugungen wie „Geld ist wichtig“ oder „Das Lebensnotwendige ist nicht leicht zu beschaffen“ stehen der Apathie und Eudaimonie im Weg.

Kurz: Der stoische Weg ist ein vernünftiger Weg, ein Weg, der Vernunft und Einsicht fordert; dazu brauche ich Klarheit. Leiden ist dagegen Verwir-

389 Ebenda, VII 122/123; vgl. Michael Frede, A Free Will: Origins of the Notion in Ancient Thought, ed. by A. A. Long, Berkeley/Los Angeles/London 2011, S. 66-88.

rung: Ich leide immer dann, wenn ich verwirrt bin. Interessant könnte auch für mich sein, mich tiefer mit den stoischen Subtugenden auseinanderzusetzen wie beispielsweise die Zuversicht (Wissen, dass nichts Schreckliches geschieht), die Rechtschaffenheit (Wissen, das Gutes tut) und die Findigkeit (Wissen, das einen Ausweg findet). Das Ideal des stoischen Weisen anzustreben, ist der philosophische Weg, das philosophische Leben, das nicht weise ist, aber nach Weisheit strebt. Das Ideal der Weisheit wird vom Philosophen angestrebt, um letztlich ein glückliches, gelingendes Leben zu führen. Die Stoizismus ist somit nichts anderes, als sein Leben unter die Steuerung der Vernunft zu bringen. Das Gegenteil davon zu tun, kann nur dumm sein, und nur Dummköpfe handeln ihrer vernünftigen Einsicht zuwider.

Neun

Vom glücklichen Leben

Seneca

Die Stoa in Rom

Die Philosophie der Stoa war bereits im zweiten vorchristlichen Jahrhundert in Rom bekannt, und es gab wohl schon im ersten vorchristlichen Jahrhundert dort Stoiker, die diese Philosophie und Lebensform praktizierten. Dazu wird zum Beispiel Cato der Jüngere (95–46 v.u.Z.) gerechnet. Cicero (106–43 v.u.Z.), selbst kein Stoiker (sondern akademischer Skeptiker), gilt durch seine vergleichenden Dialoge als wichtige Quelle für die stoischen Lehren. Wie Cicero war auch Seneca zweisprachig, er las die griechischen Texte, schrieb seine eigenen aber auf Latein. Angeblich hat sich Seneca (um 4 v.u.Z.–65 u.Z.) schon als junger Mann für den Stoizismus interessiert, pubertäre Suizidgedanken habe die Philosophie vertrieben und ihn wieder aufgerichtet.[390] Jedenfalls waren Senecas Lehrer, Sotion und Attalos, in Rom lebende Stoiker.

Zu seinen Lebzeiten war Seneca einer der meistgelesenen Schriftsteller, aber man kritisierte ihn auch: Er würde Wasser predigen und selbst Wein trinken.[391] Sowohl in finanzieller Hinsicht (nach heutigen Verhältnissen wäre Seneca mehrfacher Milliardär) als auch in politischer (Seneca war der

---

390 Seneca, Briefe an Lucilius, 78. Brief, 2/3.

391 Vgl. Therese Fuhrer, Seneca: Von der Diskrepanz zwischen Ideal und Wirklichkeit, in: Michael Erler / Andreas Graeser (Hrsg.), Philosophen des Altertums: Vom Hellenismus bis zur Spätantike. Eine Einführung, Darmstadt 2000, S. 91-108; siehe dazu auch insgesamt Romm, Seneca und der Tyrann; sowie Manfred Fuhrmann, Seneca und Kaiser Nero: Eine Biografie, Berlin 1997, Frankfurt am Main 1999.

Lehrer Neros und in dessen politische Machenschaften bis zu seinem erzwungenen Tod verstrickt) gilt er als zwielichtige Gestalt, zumindest nicht als jemand, der nach den Regeln der Bedürfnislosigkeit der Stoiker gelebt hat. Seneca sah das anders und hat sich dagegen verteidigt; er sagte, dass er Luxus, Reichtum und politische Macht nicht brauche: Er besitze seinen Besitz, werde aber nicht von ihm besessen (wie das bei vielen anderen der Fall sei); und wenn er ihn verliere, verliere er nur seinen Besitz – und sonst nichts![392] Er sei kein Weiser und werde auch nie einer werden. Er wolle nicht den Besten gleich sein, sondern nur besser als die Schlechten; es genüge ihm, täglich etwas von seinen Fehlern abzulegen und sich immer wieder seine Verirrungen vorzuhalten.[393] Diese Vorwürfe habe man auch Platon, Epikur und Zenon gemacht; aber sie hätten nicht davon gesprochen, wie sie selbst leben, sondern wie man leben sollte.

Seneca behauptet sogar, dass vielen ihr Reichtum beim Philosophieren im Wege stehen würde und lobt die Armut als unbeschwert und unbekümmert: „Wenn die Kriegstrompete ertönt, weiß die Armut, dass man nicht nach ihr verlangt, wenn beim Brand nach Wasser gerufen wird, überlegt sie, wie sie davonkommen, nicht, was sie mitnehmen soll. Wenn eine Seereise anzutreten ist, wird in den Häfen kein Lärm laut, und nicht bringt das Gefolge eines einzigen Reisenden die Gestade in Aufruhr; nicht steht um ihn herum eine Sklavenschar, zu deren Ernährung man sich die Fruchtbarkeit überseeischer Gegenden wünschen muss."[394] Wenig koste der Hunger, viel die Verwöhntheit. Armut begnüge sich damit, die dringendsten Bedürfnisse zu befriedigen. Philosophisch leben könne man aber nicht ohne das Bemühen um (materielle) Anspruchslosigkeit. Anspruchslosigkeit jedoch sei freiwillige Armut.

Für die stoische Bewegung war der Tod Senecas sicher ein Verlust. Der Etrusker Musonius Rufus (ca. 30–101/102 u.Z.) trug die stoische Lehre weiter, zu dessen Hörern gehörte ein Sklave namens Epiktet (um 50–138). Als Freigelassener begann er, selbst zu lehren und hatte bald mehr Hörer als sein Lehrer. Seine (von anderen) mitgeschriebenen Vorträge und Lehrgespräche gehören bis heute zu den meistgelesenen Texten der Stoiker. Die auf Griechisch geschriebenen Texte las auch der junge Adelige Marc Aurel (121–180), der von 161 bis 180 römischer Kaiser war und dessen Gedanken und Reflexionen, die sogenannten *Selbstbetrachtungen*, als letz-

392 Seneca, De vita beata / Vom glücklichen Leben, 21-23.

393 Ebenda, 17.

394 Seneca, Briefe an Lucilius, 17. Brief, 3.

ter stoischer Text gelten. Insgesamt befassen sich die römischen Stoiker hauptsächlich mit Ethik (und weniger mit Physik und Logik).

Die stoische Gemütsruhe

Die meisten Leute, sagt Seneca, würden gar nicht so leben, wie sie wollen, sondern so wie sie es (von Geburt an) gewöhnt sind. Die Wirkung sei immer dieselbe: Unzufriedenheit mit sich selbst! Diese Unzufriedenheit komme aus dem Mangel an Selbstbeherrschung, aus halbherzigen und fehlgeleiteten Wünschen. Solche Leute lebten immer von der Hoffnung und seien stets wankelmütig und unbeständig. Die Erfüllung ihrer Wünsche suchten sie auf jedem Weg zu erreichen und hielten sich oft mit aller Gewalt auch an üble und abwegige Dinge. Und seien ihre Mühen ohne Erfolg gewesen, dann quäle sie die vergebliche Selbsterniedrigung. So komme es zur zaudernden Haltung eines Lebens, das sich zu wenig entfalten kann und zum Verkümmern eines unter vereitelten Wünschen erstarrenden Gemüts.

Das werde noch schlimmer, wenn solche Menschen im Verdruss über Misserfolge sich vom Leben und Treiben ganz in die Muße und zu einsamen Studien zurückziehen. Ein Mensch, der am öffentlichen Leben Freude hatte, der tätig und aktiv ist, könne das nicht ertragen, weil er in sich selbst zu wenig Ausgleich finde: „Wenn dann die Unterhaltung fehlt, die ein tätiges Leben für Rastlose mit sich brachte, ist einem solchen Menschen sein Haus und seine Einsamkeit in seinen vier Wänden unerträglich, und sich selbst überlassen, ist er sich selbst zur Last.“[395] So entstehe Überdruss und Unzufriedenheit einer ruhelosen Seele, die dann ihre freie Zeit und Muße nur missvergnügt und verdrießlich hinnehme. Daher komme der Gram und ein Dahinsiechen, die Schwankungen eines unbeständigen Gemüts, das bei jedem Hoffnungsschimmer in Hochstimmung, bei jedem Misslingen völlig niedergeschmettert sei: „Darum verwünschen sie ihre Muße und klagen, dass sie nichts zu tun haben, daher der bittere Neid, wenn andere emporkommen.“[396] Das unselige Nichtstun nähre nämlich die Missgunst; man wünsche, dass es mit allem abwärts geht, weil man sich selbst nicht mehr aufschwingen konnte. Am eigenen Glück verzweifelnd hadere man

---

395 Seneca, De tranquillitate animi / Von der Ruhe des Gemüts, zitiert nach ders., Glück und Schicksal, 2, 9.

396 Ebenda, 2, 10.

mit seinem Können, klage über den Zeitgeist, ziehe sich in einen Schmollwinkel zurück, leide an Erfolglosigkeit und gehe sich selbst auf die Nerven.

Die menschliche Psyche sei von Natur rührig und zur Tätigkeit geneigt; willkommen sei ihr jede Anregung und jeder Anlass, aus sich selbst herauszugehen; noch willkommener sei dies gerade den minderwertigen Naturen, die sich gerne in Vielgeschäftigkeit aufreiben: „Wie manche Geschwüre die Berührung und das Kratzen gern haben, wie die hässliche Krätze alles liebt, was reizt, sind solche Menschen, bei denen Begierden wie böse Geschwüre ausgebrochen sind, Geschäfte und Umtriebe ein Vergnügen."[397] So mache man Reisen dahin und dorthin, durchwandere die Meeresküsten und versuche es bald zur See, bald zu Land, unstet und niemals befriedigt von dem, was man gerade hat. Eine Reise um die andere werde unternommen, ein Schauspiel wechsele mit dem anderen, Seneca zitiert Lukrez: „So versucht jedermann vor sich selbst zu fliehen, gegen seinen Willen klebt er an sich selbst, wird sich so natürlich nicht los, und er hasst sich; ein Kranker ist, der den Grund seiner Beschwernis nicht kennt."[398] Doch man könne sich selbst nicht entfliehen! Nicht an den Orten liege der Fehler, darüber müssten wir uns klar sein, sondern in uns selbst.

Als Mittel gegen einen solchen Lebensüberdruss nennt Seneca zunächst, sich dem tätigen Leben zuzuwenden wie politischen Ämtern und bürgerlichen Pflichten, um seinen Mitmenschen nützlich zu sein. Aber bei dem unsinnigen Ehrgeiz der Menschen, bei so viel Verleumdung, die das Rechte ins Schlechte verkehrt, sei es eben doch besser, sich aus dem öffentlichen Leben zurückzuziehen: Ein großer Geist könne seine Wirksamkeit ja auch im Privatleben entfalten.[399] Wenn man sich mit philosophischen Fragen beschäftigt, was Gerechtigkeit und richtiges Handeln sei, was Geduld, was Tapferkeit, was Todesverachtung und was Frömmigkeit und Gotteserkenntnis, wenn man also seine Zeit, die man gewinnt, wenn man sich gesellschaftlichen Verpflichtungen entzieht, auf solche Studien verwendet, dann habe man kein Amt ausgeschlagen und sich keiner Pflicht entzogen. Wenn man sich zu wissenschaftlichen Studien zurückzieht, dann entgehe man allem Lebensüberdruss; dann sei man weder sich selbst zur Last noch für andere überflüssig. Für das Beste hält Seneca jedoch, Tätigkeit mit Muße abwechseln zu lassen.[400]

397 Ebenda, 2, 11.
398 Lukrez, Über die Natur der Dinge, Drittes Buch, 1068/69.
399 Seneca, De tranquillitate animi / Von der Ruhe des Gemüts, 3, 1/2.
400 Ebenda, 4, 8.

In erster Linie müssten wir uns um uns selbst kümmern, und dann erst um weitere Verpflichtungen und Menschen, mit denen wir zu tun haben. Vor allem sei es nötig, uns selbst richtig einzuschätzen, denn oft glauben wir, mehr leisten zu können, als wir in Wirklichkeit imstande seien. Ferner müsse man das abwägen, worauf man sich einlässt und seine Kräfte vergleichen mit dem, was man unternehmen will. Besonders wichtig sei es, unter den Menschen eine Auswahl zu treffen und sich zu fragen, ob sie es wert seien, dass wir ihnen einen Teil unserer Lebenszeit opfern. Nichts aber werde so sehr das Herz erfreuen wie innige Freundschaft: Einem Freund könnten wir gefahrlos ein Geheimnis anvertrauen, sein Wort lindere deinen Kummer, sein Rat fördere deine Pläne, seine Heiterkeit verscheuche deine Traurigkeit. Wir sollten Freunde wählen, die frei sind von Affekten, denn Laster schleichen sich unbemerkt ein und springen über: eigentlich dürften wir nur den wahrhaft Weisen zum Freund machen!

Die Vermögensverhältnisse jedoch hält er für die reichste Quelle menschlicher Misere. Vergleiche man alles, was uns sonst bedrängt, Todesfälle, Krankheiten, Ängste, Wünsche, Erdulden von Schmerzen und Mühen, mit den Übeln, die das Geld uns bereite, würden letztere überwiegen. Der Kummer, nichts zu haben, sei weit geringer als der, seinen Besitz zu verlieren (Armut biete umso weniger Anlass zu Verdruss, je weniger sie zu verlieren habe). Aber man sollte sich schämen, Reichtümer bewundernd anzugaffen: Die Götter würden auch alles geben und nichts für sich behalten. Wir sollten aber unseren Besitz beschränken, fordert Seneca: Nicht völlig arm sein, aber auch nicht sehr weit von der Armut entfernt sein, das sei die günstigste Vermögenslage![401]

Dieser maßvolle Zustand werde uns gefallen, wenn uns schon zuvor die Sparmaßnahmen gefallen haben, ohne die aller Reichtum nicht genüge, andernfalls aber sei nichts zu wenig, besonders da man sich leicht helfen könne, mithilfe der Genügsamkeit die Armut in Reichtum zu verwandeln: „Gewöhnen wir uns, allen Aufwand von uns fernzuhalten und auf den Nutzen der Dinge zu sehen, nicht auf ihren äußeren Glanz. Das Essen sei für den Hunger da, der Trank für den Durst, der Sinnenlust gebe man nach, soweit es sein muss.“[402] Das wolle er lernen, schreibt Seneca mit Blick auf Epikur, die Enthaltsamkeit zu steigern, den Luxus zu beschränken, den Ehrgeiz im Zaum zu halten, den Jähzorn zu dämpfen, Armut mit Gleichmut zu betrachten, die Einfachheit zu üben (auch wenn sich viele ihrer schä-

401 Ebenda, 8, 9.
402 Ebenda, 9,3.

men), die natürlichen Bedürfnisse mit Dingen zu befriedigen, die ohne viel Aufwand anzuschaffen seien, ungezügelte Hoffnungen und einen immer ins Zukünftige strebenden Geist gleichsam an die Kette zu legen und dafür zu sorgen, dass wir den Reichtum nicht dem Glück, sondern uns selbst verdanken.

Auch in schwierigen Lebenslagen werde man Erfreuliches und Vergnügliches zur Erholung finden, wenn man nur den Willen hat, sein Übel eher für leicht erträglich zu halten (anstatt sie zu Hassenswertem zu machen). Das bisher Gesagte gehe nur Unvollkommene, Mittelmäßige, Schwache an – nicht den stoischen Weisen. Der brauche nicht ängstlich Schritt vor Schritt zu setzen; er habe so viel Selbstvertrauen, dass er nie Bedenken trage, dem Schicksal entgegen zu treten, und nie vor ihm zurückweiche: „Er lebt, als wäre er sich selbst nur geliehen, und er ist bereit, sich ohne Murren wieder herzugeben, wenn er abgerufen wird."[403] Darum schätzt er sich nicht geringer ein, weil er weiß, dass er nicht sich selbst angehört und vielmehr mit allem so umgehe, wie ein gewissenhafter Mensch ihm anvertraute Güter verwahrt. Dahin zurückzukehren, woher man kam, was sei daran schwer? Schlecht lebe jeder, der nicht gut zu sterben wisse.

Der Weise bedenkt, dass der Tod ihm schon vor der Geburt bestimmt war, nach dieser Richtschnur leben und mit der gleichen Seelenstärke auch dahin kommen, dass die Zukunft ihm nichts Unerwartetes bringt: „Alles, was kommen kann, sieht er voraus, als würde es ihm wirklich zustoßen, und damit schwächt er die Wucht der Schicksalsschläge."[404] Was für diejenigen, die gefasst und vorbereitet sind, nicht unerwartet kommt, das erscheine denen schwer, die sich sicher fühlen und immer nur auf ihr Glück hoffen. – Eine der wichtigsten geistigen Übungen der Stoiker war die *praemeditatio malorum*, das „Vorwegnehmen von Leid und Unheil", um auf alles vorbereitet zu sein. Krankheit, Gefangenschaft, Einsturz, Brand – nichts von dem sei unvorhersehbar.[405] Typisch stoisch ist auch, sich nicht für Unnötiges (unnötigerweise) abzumühen, das heißt Unerreichbares zu begehren.

Für die Seelenruhe müsse auch das planlose Hin- und Herrennen der Menschen eingeschränkt werden. Planlos würden sie umherlaufen wie Ameisen: „Ein solches Leben führen die meisten Menschen, und mit Recht

---

403 Ebenda, 11, 3.

404 Ebenda, 11, 6.

405 Siehe auch Michel Foucault, Technologien des Selbst, in: ders., Schriften in vier Bänden: Dits et Ecrits, Bd. IV 1980-1988, Frankfurt am Main 2005, Nr. 356, S. 966-999, hier IV, S. 984-989.

könne es man wohl rastlose Untätigkeit nennen."[406] Manche würden rennen, als würde es brennen … Wenn sie dann nach Hause kommen, müde ohne alle Not, dann schwören sie, sie wüssten eigentlich selbst nicht, warum sie fortgegangen seien; am folgenden Tag aber würden sie doch wieder in derselben Weise umherirren. Es seien falsche Vorstellungen, denen sie wie Verrückte nachjagen.

Wir dürften uns auch nicht allzu starr an einmal getroffene Entscheidungen binden; nur davor müssten wir uns hüten, dass uns nicht der Wankelmut packt. Nichts ändern und nichts ertragen zu können – beides sei der Seelenruhe abträglich.[407] Auf jeden Fall müsse sich der Mensch von allen Äußerlichkeiten frei machen und Einkehr halten bei sich selbst, Selbstvertrauen, Freude an sich selbst haben, sein Eigenes wertschätzen, sich so weit wie möglich von Freunden zurückziehen, sich an sich selbst halten, Verluste nicht hoch anschlagen, auch Niedrigem eine gute Seite abgewinnen. Vielfach müsse man sich auf sich selbst beschränken, denn der Umgang mit anderes gearteten Menschen störe das innere Gleichgewicht, wecke Affekte und Leiden wieder auf und reiße psychische Wunden wieder auf, die noch nicht verheilt sind: „Dennoch sollte man beides verbinden und damit abwechseln, Alleinsein und Geselligkeit."[408] Die Einsamkeit werde in uns die Sehnsucht nach anderen Menschen wecken, die Geselligkeit aber die Sehnsucht nach uns selbst; eines werde ein Heilmittel für das andere sein. Die Abneigung gegen das Menschengewühl werde durch das Alleinsein geheilt werden, der Überdruss an der Einsamkeit vom Trubel der Menge.

Um diese stoische Gemütsruhe zu halten, empfiehlt Seneca Abwechslung: Man gönne dem Geist nach der Anspannung Erholung, dann bekomme man wieder frische Kraft. Auch der Schlaf sei zur Erholung nötig, doch rät er immer zu Maß und Mitte: „Es ist ein Unterschied, ob du die Zügel lockerst oder sie ganz nachlässt."[409] Man müsse auf sich Rücksicht nehmen und sich zuweilen Muße gönnen, die zur Nahrung und Stärkung des Geistes und der Seele diene, wie ein Spaziergang an der frischen Luft. Bisweilen dürfe es auch zu einem Rausch kommen, doch so, dass wir nur eintauchen, nicht dass er uns ertränkt. Der Wein vertreibe Kummer und Sorgen und lockere den Menschen ein wenig auf, und wie gegen manche Krankheit sei er auch gegen Schwermut gut; er befreie und erlöse die Seele

---

406 Seneca, De tranquillitate animi / Von der Ruhe des Gemüts, 12, 3.
407 Ebenda, 14, 1.
408 Ebenda, 17, 3.
409 Ebenda, 17, 6.

von der Knechtschaft der Sorgen; aber das Maßhalten sei nötig: zu oft dürfe es nicht geschehen, damit daraus keine üble Gewohnheit entsteht.

Das Leben ist (nicht) kurz

Für Seneca ist das Leben nicht zu kurz (oder zu lang), sondern es dauert so lang wie es eben dauert. Die meisten Menschen aber würden falsch mit ihrer Lebenszeit umgehen, weshalb es ihnen als kurz, zu kurz erscheint. Wir hätten kein kurzes Leben, sondern würden es selbst kurz machen. Das Leben sei nämlich lang genug, wenn man damit richtig umzugehen versteht. Wir hätten keinen Mangel an Lebenszeit, sondern würden damit verschwenderisch umgehen. Wenn man es richtig zu nutzen versteht, sei das Leben sogar lang!

Als Verschwendung von Lebenszeit nennt Seneca beispielsweise unersättliche Habgier, geschäftige Betriebsamkeit und überflüssige Plackerei, aber auch Suff und dämmerndes Nichtstun, Ehrgeiz, rastlose Begierden oder übertriebene Sorge.[410] Wir würden nicht auf uns selbst sehen und hören und wollten mit anderen zusammen sein, weil wir es mit uns selbst nicht aushalten würden. Unseren Besitz würden wir uns von niemandem wegnehmen lassen, in unser Leben aber ließen wir andere sich einmischen; niemand möchte sein Geld verteilen, doch unser Leben würden wir an andere verschenken. Wie viel Zeit haben uns andere gekostet: ein Klient, eine Geliebte, irgendwelche Mächtigen, Streit mit der eigenen Frau, Untergebene oder sinnloses Herumlaufen in der Stadt?

Wir würden so tun, als würden wir ewig leben; unsere Vergänglichkeit werde uns nie bewusst, wie aus dem Vollen, aus dem Überfluss, würden wir die Zeit verschwenden. Aber es sei zu spät, mit dem Leben beginnen zu wollen, wenn man es beenden muss. So wie wir unser Leben führen, auch wenn es über tausend Jahre lang wäre, werde es in Wahrheit auf eine winzige Spanne zusammenschrumpfen. Wir würden die Zeit davon laufen

410 Ein Zeitgenosse Senecas hatte (möglicherweise stoisch beeinflusst) seinen Mitmenschen in seiner sog. Bergpredigt die rhetorische Frage gestellt, ob jemand mit seiner Sorge sein Leben auch nur um eine kleine Zeitspanne verlängern könne, und deshalb aufgefordert, sich keine Sorgen mehr zu machen, denn der morgige Tag werde für sich selbst sorgen, und es sei genug, dass jeder Tag seine eigene Plage habe. (Matthäus 6, 25-34)

lassen, als ließe sie sich nach Belieben zurückholen. Besonders die, die nur etwas für Wein und Weib übrig haben, würden sich von den niedrigsten Trieben beherrschen lassen. Wer sich seinem Bauch und seiner Geilheit überlasse, der entehre und beschmutze sich und verschwende einfach seine Zeit. Nichts verstehe ein ständig Beschäftigter weniger als zu leben, nichts sei schwieriger zu erlernen.

Wenn man mit allem Möglichen beschäftigt ist, könne man nichts richtig machen: „Zu leben aber muss man das ganze Leben über lernen und – worüber du dich vielleicht noch mehr wundern wirst – das ganze Leben muss man sterben lernen.“[411] Von allem, was einen behindert, müsse man sich lossagen und sich bis zum Lebensende nur mit einem beschäftigen: zu wissen, wie man lebt. Die meisten jedoch würden aus dem Leben scheiden mit dem Eingeständnis, sie wüssten es noch nicht (geschweige denn, dass die anderen es wissen). Nur ein großer und über menschliche Irrtümer erhabener Mensch schaffe es, sich nichts von seiner Zeit nehmen zu lassen, und daher sei für ihn das Leben am längsten: Solange es dauert, stand es ihm voll und ganz zur Verfügung; nichts davon habe brach gelegen oder sei ungenutzt geblieben, nichts davon habe fremder Bestimmung unterlegen; er habe nichts so Wertvolles gefunden, dass er es gegen seine Zeit eingetauscht hätte, um die er sich sorgsam gekümmert hat. Deshalb habe ihm seine Zeit ausgereicht, während sie denen fehlt, die sich von ihr viel wegnehmen ließen.

Seneca wundert sich, wenn er sieht, wie manche die Zeit anderer beanspruchen und wie die sich allzu bereitwillig darauf einlassen. Beide Seiten würden nur auf das sehen, weswegen ihre Zeit beansprucht wird, auf die Zeit selbst achte keiner: „Mit der allerkostbarsten Sache der Welt geht man um wie mit einem Spielzeug.“[412] Das würde ihnen aber entgehen, weil diese Sache etwas Unkörperliches sei, weil man sie mit bloßem Auge nicht sehen könne – deshalb würde man sie so gering einschätzen. Gleichgültig gehe man mit ihr um, als hätte man sie umsonst. Für ihn gibt es kaum etwas Dümmeres, als die Einstellung mancher Leute (gerade von denen, die glauben, sie hätten die Klugheit gepachtet): Um besser leben zu können, würden sie ihr Leben auf Kosten des Lebens einrichten. Auf weite Sicht würden sie planen, dabei sei der größte Verlust für die Lebenszeit das Auf- und Hinausschieben. Das entziehe uns den nächsten Tag, das entreiße uns das Jetzt, während es uns Versprechungen für später mache. Das größte

411 Seneca, De brevitate vitae / Von der Kürze des Lebens, 7.
412 Ebenda, 8.

Hindernis im Leben sei die Erwartung, die uns an das Morgen bindet und das Heute verlieren lässt. Wir würden über das verfügen wollen, was in der Hand des Schicksals liegt; was wir aber selbst in der Hand haben, würden wir loslassen: „Alles, was noch kommt, liegt im Ungewissen: Jetzt sollst du leben!“[413]

Die Zeit entfliehe, weshalb man sie rasch nutzen müsse. Vor allem den Vielbeschäftigten würden die besten Tage davonlaufen. Immer noch kindisch sei ihr Gemüt, wenn sie das Greisenalter überfällt, in das sie unvorbereitet und ungerüstet geraten und ahnungslos hineinstolpern. Dass es täglich näher rückt, hatten sie gar nicht mitbekommen. Wie eine Unterhaltung oder Lektüre oder ein angespanntes Nachdenken die Reisenden täusche, und sie schon angekommen sind, bevor sie wussten, dass sie sich dem Ziel nähern, so sei es auch bei unserer Lebensreise. Sie laufe ununterbrochen und rasend schnell ab, und die allzu Beschäftigten würden es erst am Ende merken: Das Leben der Vielbeschäftigten sei kurz.

Das Leben gliedere sich in drei Zeiträume: was war, was ist, was sein wird. Davon sei der Zeitraum, in dem wir handeln können, tatsächlich kurz; was wir in der Zukunft tun werden, sei ungewiss, nur was wir getan haben, stehe fest. Das gehe den Geschäftigen verloren. Sie hätten nämlich kaum Zeit, um auf Vergangenes zurückzublicken. Gegenwärtig sei allein der (jetzige) Augenblick. Nur ein sorgenfreier Geist könne alle Phasen seiner Lebenszeit gedanklich durchlaufen, die Vielbeschäftigten aber seien nicht in der Lage, sich umzuwenden und zurückzublicken, dazu fehle ihnen die Zeit. Sehr kurz sei der gegenwärtige Moment, so kurz, dass er auf manche wie ein Nichts wirkt. Diese Gegenwart entziehe sich den Vielbeschäftigten, weil sie in so viele Dinge verzettelt seien. Die Kürze ihres Lebens drücke sich darin aus, dass sie begierig seien, möglichst lange zu leben: „Klapprige Männer betteln unter Gelübden um die Zugabe von ein paar Jährchen.“[414] Sie würden sich selbst vormachen, jünger zu sein, und wenn sie dann durch eine körperliche Schwäche an ihre Sterblichkeit gemahnt werden, würden sie vor Angst zittern, als würden sie aus der Mitte des Lebens herausgerissen. Doch wer sein Leben fern von aller Geschäftigkeit führt, wie sollte es für den nicht lang sein? Nichts davon werde an andere abgegeben, nichts hierhin oder dorthin verstreut, nichts dem Glück oder Zufall überlassen, nichts verkomme durch Nachlässigkeit, nichts gehe durch Verschenken verloren, nichts sei überflüssig. Mag es auch noch so

413 Ebenda, 9.
414 Ebenda, 11.

kurz sein, es reiche mehr als genug, und wenn der letzte Tag kommt, werde der Weise ohne zu zögern festen Schrittes in den Tod gehen.

Nur die allein würden in Muße (und nicht in müßiger Beschäftigung) leben, die ihre Zeit der Weisheit widmen: Sie allein würden leben. Wenn man sich der Philosophie zuwendet, bleibe kein Zeitalter verschlossen und man könne mit Sokrates diskutieren, mit Epikur Ruhe finden, mit den Stoikern die menschliche Natur überwinden und sie mit den Kynikern hinter uns lassen, während die anderen, wenn sie von einem Pflichtbesuch zum anderen rennen, sich selbst um ihre Ruhe brächten. Das Leben des Weisen jedoch erstrecke sich über einen weiten Raum, ihn würden nicht die gleichen Grenzen wie die anderen einschließen. Er sei frei von Zwängen: „Ist eine Zeit für ihn vergangen, hält er sie in der Erinnerung fest. Ist sie gegenwärtig, nutzt er sie. Wird sie kommen, nimmt er sie vorweg. Sein Leben wird dadurch lang, dass er alle Zeiten in eine einzige zusammenfasst.“[415]

Sehr kurz und sorgenreich sei dagegen die Lebenszeit derjenigen, die das Vergangene vergessen, das Gegenwärtige vernachlässigen und vor der Zukunft Angst haben. Wenn sie ans Ende gekommen sind, würden die Ärmsten zu spät erkennen, dass sie so lange beschäftigt waren, ohne doch wirklich etwas zu tun. Wenn ihnen die Beschäftigungen ausgegangen und sie ihrer Muße überlassen sind, dann würden sie sich verdrießlich fühlen und nicht wissen, was sie mit der Zeit anfangen sollen, um sie herumzubringen. Daher würden sie nach irgendeiner Beschäftigung verlangen und die andere Zeit sei ihnen lästig. Aber diese Leute würden die Zeit durch ihre eigene Schuld noch kürzer machen. Sie würden nämlich von einer Sache zur anderen flüchten, könnten es nicht bei einem einzigen Vergnügen aushalten und würden sogar dabei von Furcht in Unruhe versetzt. Sie könnten sich nicht an der Größe ihres Glücks erfreuen, vielmehr würde sie das einmal bevorstehende Ende in Schrecken versetzen.

Seneca warnt immer wieder davor, sich Hoffnungen zu machen und sich auf den Zufall zu verlassen, denn was der Zufall bringt, sei höchst unsicher und unbeständig. Nicht nur recht kurz, sondern recht elend müsse das Leben solcher Menschen sein, die sich mit größter Mühe das erwerben, was sie nur mit noch größerer Mühe in ihrem Besitz halten können. Unter Anstrengungen erreichten sie, was sie wollen, ängstlich hielten sie fest, was sie erreicht haben: „Inzwischen aber rechnen sie nicht mit der Zeit, die niemals wiederkehren wird.“[416] Neue Beschäftigungen würden an die

415 Ebenda, 15.
416 Ebenda, 17.

Stelle der früheren treten, eine Hoffnung wecke die andere, ein ehrgeiziges Bestreben löse das andere ab. Man wolle dem Übel kein Ende machen, nur das Objekt (der Begierde) ändere sich: Man wechselt von einem Amt, von einer Beschäftigung zur nächsten.

Deshalb empfiehlt Seneca, dass wir uns von der großen Masse trennen und uns in einen ruhigeren Hafen zurückziehen sollten. Demgegenüber würden sich all die Vielbeschäftigten in einer traurigen Lage befinden und sich mit ihren Geschäften herumplagen. Wenn wir wissen wollen, wie kurz unser eigenes Leben ist, dann sollten wir bedenken, welch kleiner Teil davon uns wirklich gehört! Bis an ihr Lebensende würden die Menschen Ämter anstreben, Prozesse führen und nach Tätigkeiten verlangen, ohne zur Ruhe zu kommen. Während einer dem anderen die Ruhe stört, bleibe ihr Leben insgesamt ohne Gewinn, ohne Freude, ohne irgendein geistiges Wachstum: „Keiner stellt sich den Tod vor Augen, jeder richtet seine Hoffnung auf eine ferne Zukunft."[417] – Das Leben ist nicht zu kurz, wenn man richtig damit umzugehen weiß.

Briefe an Lucilius: Senecas »Ethik«

Nach seinem Rückzug aus der Politik schrieb Seneca (ab 62 nach unserer Zeitrechnung) bis zu seinem Tod einhundertvierundzwanzig Briefe über Ethik und Moral an einen gewissen Lucilius. Diese Briefe wurden in zwanzig Bücher eingeteilt und gelten als sein *opus magnum*. Er beginnt mit dem Thema »Lebenszeit« und ermahnt seinen Adressaten, er solle sich überzeugen und selbst überprüfen, dass es auch so sei, wie er schreibt. Ein großer Teil des Lebens entgleite den Menschen, wenn sie Schlechtes tun, der größte, wenn sie nichts tun, und das ganze Leben, wenn sie Nebensächliches tun. Wir würden uns nicht klar machen, dass wir täglich sterben. Während das Leben aufgeschoben wird, eile es vorbei.[418] Das hätten auch schon unsere Vorfahren gewusst: zu spät sei die Sparsamkeit am Boden des Fasses, ganz unten bleibe nämlich nicht nur sehr wenig, sondern auch das Schlechteste zurück.

Seelische Gelassenheit bedeute, innehalten zu können und bei sich selbst zu verharren. So solle man auch nicht zu viele Bücher lesen, sondern

417 Ebenda, 20.
418 Seneca, Briefe an Lucilius, 1. Brief, 2.

die richtigen. Und es komme auch nicht darauf an, wie viele, sondern wie gute Bücher wir besitzen: Eine festumrissene Lektüre sei nützlich, eine abwechslungsreiche unterhaltend.[419] Seneca tadelt beide Gruppen von Menschen: die, die immer ruhelos sind, und die, die immer ruhen. Die Betriebsamkeit, die am Trubel ihr Vergnügen findet, sei keine echte Tätigkeit, sondern ein ständiges Hin und Her eines aufgeregten Gemüts; und auch das sei keine wirkliche Ruhe oder Muße, die jede Bewegung für eine Belästigung hält, sondern Faulheit und Trägheit.[420] Beides müsse man miteinander verbinden: Sowohl der Ruhende müsse handeln, als auch der Handelnde ruhen. Schon in *De vita beata* hatte Seneca gesagt, dass unser Leben zerrinne, solange wir pausenlos umherirren, bald hierhin, bald dorthin und dem lärmenden Geschrei der anderen folgen. Man müsse sich davor hüten, wie das liebe Vieh dem Vorangehenden hinterherzutrotten: Es sei schädlich, sich Vorangehenden einfach anzuschließen und sich auf das Urteil anderer zu verlassen, anstatt selber nachzudenken: „Die Menge, die zäh an ihrem Übel festhält, steht der Vernunft entgegen.“[421]

Schärfer formuliert er in den *Briefen an Lucilius* über die Wahl des richtigen Urlaubsortes: Es müsste ein nicht nur dem Körper, sondern auch der Moral zuträglicher Ort sein; ebenso wenig wie unter Folterknechten möchte er inmitten von Kneipen leben: „Betrunkene zu sehen, wie sie Strände entlangirren, ausgelassene Zechgelage auf Segeljachten, die von Musikklängen dröhnenden Seen und andere Dinge, die sich eine geradezu enthemmte Schwelgerei nicht nur zu Schulden kommen lässt, sondern auch öffentlich zur Schau stellt, wozu soll das gut sein?“[422] Wir müssten darauf hinarbeiten, dass wir dem Reiz des Lasters möglichst weit entfliehen; der Geist müsse abgehärtet und von den Verlockungen der Lüste ferngehalten werden. Der Geist dürfe nicht erschlaffen: Wenn ich der Lust nachgebe, müsse ich auch dem Schmerz nachgeben, der Mühsal, der Armut. Freiheit aber sei das Ziel unserer Bemühungen, keiner Sache sklavisch Untertan zu sein, keinem Zwang, keinen Zufällen, sich vom Geschick nicht unterkriegen zu lassen.

Wir sollten uns keine Hindernisse in den Weg legen, sondern zufrieden sein mit den Aufgaben, auf die wir uns eingelassen haben oder besser: auf die wir hereingefallen sind. Es gebe keinen Anlass, noch höher hinaus zu

419 Ebenda, 45. Brief, 1.
420 Ebenda, 3. Brief, 5.
421 Seneca, De vita beata / Vom glücklichen Leben, 1.
422 Seneca, Briefe an Lucilius, 51. Brief, 4.

streben. Wenn wir gewöhnlich sagen: „Ich konnte nicht anders“, versteht Seneca das als: „Ich wollte nicht anders“. Niemand sei gezwungen, hinter Erfolg herzulaufen. Aus stoischer Sicht werde ein rechtschaffener Mensch nichts Unwürdiges tun oder leiden müssen; er werde sich aber auch nicht mit verächtlicher oder erniedrigender Plackerei aufreiben, und er werde nicht geschäftig sein nur um des Geschäfts willen. Es sei leicht, den Beschäftigungen zu entgehen, wenn man den Lohn für die Beschäftigungen gering achtet (das sei es, was uns zögern lässt und aufhält). Auch auf die Frage, wie viel man mit sich herumschleppen und mit wie viel Geld man sich ein ruhiges Privatleben einrichten soll, hat Seneca eine Antwort parat: „niemand rettet sich schwimmend mit seinem Gepäck“.[423]

Glücklich sei nicht derjenige, den die Leute so nennen, der das große Geld gemacht hat, sondern der, der all sein Gut im Geist besitzt, der aufrecht und hoch gestimmt ist, der keinen sieht, mit dem er tauschen möchte, der den Menschen nur danach bewertet, wodurch er ein Mensch ist, der die Natur zur Lehrmeisterin hat, sich nach ihren Gesetzen richtet und so lebt, wie sie es vorgeschrieben hat.[424] Wahre Freude sei eine ernste Sache: Man könne sich nicht mit vergnüglicher Miene über den Tod hinwegsetzen, der Armut sein Haus öffnen, Affekte zügeln, sich im Ertragen von Schmerzen üben. Wer sich das durch den Kopf gehen lässt, empfinde eine große, doch weniger zum Genuss einladende Freude. Diese Freude werde nie zur Neige gehen, wenn man einmal ihre Quelle gefunden hat. Das, woran sich die Volksmenge ergötzt, verursache nur ein seichtes und oberflächliches Vergnügen. Jeder Freude aber, die von außen kommt, mangele es an fester Grundlage. Die Freude hingegen, von der er rede, sei beständig und so, dass sie mehr aus dem Inneren kommt.[425]

Auf seinem Landsitz vor der Stadt beklagte Seneca sich über die Kosten für das vom Einsturz bedrohte Gebäude. Der Verwalter sagte ihm, es sei nicht die Schuld seiner Nachlässigkeit, er unternehme alles, aber das Landhaus sei alt. Dieses Landhaus sei unter seinen Händen gewachsen, sagt Seneca, er habe es gebaut; was solle aus ihm werden, wenn die Steine, die so alt sind wie er selbst, schon so morsch seien? Empört über seinen Verwalter, ergreift er die nächstbeste Gelegenheit, seinen Unwillen zu äußern. Man lasse offensichtlich die Platanen verkommen: Kein Laub hätten sie, wie knotig und verdorrt die Zweige seien und wie verkümmert und

423 Ebenda, 22. Brief, 12.
424 Ebenda, 45. Brief, 9.
425 Ebenda, 23. Brief, 4/5.

ungepflegt die Stämme! Der Verwalter schwört, er unternehme alles, doch seien sie ziemlich alt. Seneca verrät es dem Verwalter nicht, aber seinem Leser: Er selbst hatte sie gepflanzt, er hatte ihr erstes Blatt gesehen. Zur Haustür gewandt fährt er fort, wer dieser altersschwache Mensch da sei, den man an den Eingang gesetzt habe; welche fremde Leiche habe er da aufgelesen? Doch jener fragt, ob er ihn denn nicht erkenne, er sei Felicio, dem Seneca oft Tonfigürchen zum Spielen mitgebracht habe, als er klein war, der Sohn des (damaligen) Verwalters, sein kleiner Liebling. – Der Alte müsse verrückt geworden sein, wenn er sich für ein Bübchen, seinen Liebling, halte, denkt Seneca. Doch er gibt zu: „Durchaus möglich: Die Zähne fallen ihm gerade aus."[426] Seinem Landsitz vor der Stadt verdanke er, dass er sich seines Alters bewusst wurde. Er will es annehmen und lieben; es sei voller Freude, wenn man es zu schätzen weiß. Am besten schmecke das Obst, wenn es kurz vor dem verfaulen ist.

Übe dich täglich darin, mit Gleichmut das Leben verlassen zu können, rät er Lucilius. Die meisten würden zwischen Todesangst und Lebensqualen elend hin und her taumeln, wollten nicht leben und wüssten nicht zu sterben: „Mach Dir also das Leben dadurch angenehm, dass Du alle Besorgnis darum ablegst."[427] Kein Gut nütze seinem Besitzer, wenn er nicht auf seinen Verlust vorbereitet sei; nichts lasse sich aber leichter verlieren als das, was nach dem Verlust nicht mehr vermisst werden kann. Auf Hoffnung folge die Angst, und beides sei das Merkmal eines abhängigen, in Erwartung der Zukunft beunruhigten Gemüts, was daran liege, dass wir uns nicht auf die Gegenwart einstellen würden, sondern die Gedanken in weite Ferne vorauseilen lassen (wieso sich die Voraussicht zum Nachteil gewandelt habe): „Wilde Tiere fliehen die Gefahren, die sie sehen; wenn sie ihnen entkommen sind, sind sie sorglos. Wir zermartern uns mit dem Künftigen."[428]

Wir sollten nicht vor der Zeit unglücklich sein, sagt Seneca, da jene Dinge, die, als stünden sie drohend bevor, einen mit Entsetzen erfüllen, vielleicht niemals eintreffen werden, gewiss aber noch nicht eingetroffen sind: „Manches also quält uns mehr, als es sollte, obwohl es uns überhaupt nicht quälen sollte, manches quält uns früher, als es sollte, manches quält uns, obwohl es uns überhaupt nicht quälen sollte; wir vermehren entweder

426 Ebenda, 12. Brief, 1-3.
427 Ebenda, 4. Brief, 6.
428 Ebenda, 5. Brief, 8/9.

den Schmerz, nehmen ihn vorweg oder bilden ihn uns ein."[429] Daher sollen wir dem Schmerz nicht entgegenlaufen und das Leiden vergrößern, indem wir es uns einbilden und vorwegnehmen. Stattdessen sollten wir zunächst prüfen, ob es sichere Beweisgründe gebe für ein zukünftiges Unglück, denn meist würden wir unter Vermutungen leiden. Und keine Ängste seien so verderblich wie panische. Auch wenn es wahrscheinlich sei, dass irgendein Unglück geschehen werde, sei es doch deswegen noch nicht Wirklichkeit.

Auf die Frage, ob wir plötzlich dem Tod anheimfallen oder Schritt für Schritt auf ihn zugehen, meint Seneca, dass wir täglich sterben, täglich werde uns ein Teil des Lebens genommen, sogar dann, wenn wir noch wachsen, nehme das Leben ab. Erst hätten wir die Kindheit verloren, dann das Knabenalter, dann die Jugend. Die Zeit, die bis zum gestrigen Tag verstrichen sei, sei unwiederbringlich dahin; selbst diesen Tag, den wir gerade verbringen, teilen wir mit dem Tod.[430] Das aber leiste die Philosophie, dass man angesichts des Todes heiter und in jeder beliebigen Verfassung des Körpers mutig und fröhlich sei und nicht schlapp mache, obwohl die Kräfte schwinden: „Ein fähiger Steuermann fährt auch mit einem zerrissenen Segel und bringt ohne Takelage dennoch das Wrack auf Kurs."[431]

Die Vorstellung vom Schicksal findet sich schon in der alten Stoa. Einerseits ist alles vom Schicksal bestimmt, andererseits gibt es Freiheit, was Chrysipp und Zenon mit diesem Beispiel verdeutlichen:

> „Wenn ein Hund, der an einen Wagen festgebunden ist, mitlaufen will, dann wird er einerseits gezogen und andererseits läuft er mit. Er handelt also freiwillig unter Zwang. Will er aber nicht mitlaufen, ist er unausweichlich dem Zwang ausgeliefert. Dasselbe gilt wohl auch für Menschen. Denn auch wenn sie nicht wollen, werden sie unausweichlich dazu gezwungen, sich dem Schicksal zu fügen."[432]

Der Mensch sei ans Schicksal gebunden wie der Hund an den Wagen. Wenn der Wagen losfährt und der Hund sich sträubt, wird er mitgerissen. Klüger sei es, mitzulaufen. Ähnlich fragt Seneca, was für eine sittliche Vollkommenheit es denn sei, hinauszugehen, wenn man hinausgeworfen werde? Dennoch sei da sittliche Vollkommenheit: Ich werde zwar hinausgeworfen, gehe aber so, als ob ich freiwillig hinausginge. Daher werde der

---

429 Ebenda, 13. Brief, 5.
430 Ebenda, 24. Brief, 20.
431 Ebenda, 30. Brief, 3.
432 Stoa und Stoiker, 506 (= SVF II 975).

Weise niemals hinausgeworfen, weil hinausgeworfen zu werden bedeutet, gegen seinen Willen vertrieben zu werden: „Nichts tut der Weise gegen seinen Willen; er entgeht der Notwendigkeit, weil er will, wozu sie ihn [sonst] zwingen wird.“[433]

Genau das macht laut Seneca die sittliche Vollkommenheit des stoischen Weisen aus, weil nichts sittlich gut sei, was man nur mit Widerwillen, was man nur unter Zwang macht; jedes sittliche Gute sei freiwillig. Es könne nicht sittlich gut sein, was nicht frei ist, denn wer sich fürchte, sei nicht souverän. Das sittlich Gute sei insgesamt unbesorgt, sei ruhig: Wenn es etwas zurückweist, wenn es laut klagt, wenn es etwas für ein Übel hält, habe es Verwirrung in sich aufgenommen und befinde sich in großem Zwiespalt; hier rufe nämlich das Ideal des Richtigen, dort halte es der Verdacht auf ein Übel zurück: „Deshalb soll, wer etwas sittlich gut machen will, alles, was sich hindernd in den Weg stellt, auch wenn er es für unangenehm hält, nicht für schlecht halten, er soll es wollen, soll es gerne tun. Jedes sittlich Gute ist nicht befohlen und nicht erzwungen, rein und mit nichts Schlechtem vermischt.“[434] Für Seneca beruht daher das glückliche Leben ausschließlich auf dem Besitz der vollkommenen Vernunft. Sie allein lasse sich nämlich nicht entmutigen. Derjenige, behauptet er, ist glücklich, den nichts kleinkriegt. Glückliches Leben heißt für ihn Sorgenfreiheit und dauerhafte Gemütsruhe.[435]

Wenn man *apatheia* (Affektfreiheit) im Lateinischen mit *impatientia* (Empfindungslosigkeit) übersetzen wolle, sagt Seneca, werde man das Gegenteil von dem bezeichnen, was die Stoiker damit meinen. Man werde annehmen, der stoische Weise könne kein Leid ertragen oder habe keine Empfindungen. Der stoische Weise überwinde zwar jedes Missgeschick, empfinde es aber, da er natürlich nicht gefühl- oder emotionslos ist. Er genüge sich zwar selbst, habe aber trotzdem Freunde und Nachbarn. Wenn ihm eine Krankheit oder ein Feind eine Hand abhaue, wenn ihm ein Unfall ein oder beide Augen ausgeschlagen habe, dann werde ihn, was ihm übriggeblieben, zufrieden stellen, und er werde trotz seines verkrüppelten Körpers ebenso heiter sein, wie er es mit unversehrtem war. In diesem Sinne genüge der Weise sich selbst, nicht dass er ohne Freunde sein will, sondern dass er es könne: Auch den Verlust eines Freundes ertrage er

433 Seneca, Briefe an Lucilius, 54. Brief, 7.
434 Ebenda, 66. Brief, 17.
435 Ebenda, 92. Brief, 3.

mit Gelassenheit.[436] Sich selbst genüge der Weise, um glücklich zu leben (nicht, um überhaupt zu leben). Das höchste Gut, glücklich zu leben, suche nicht Hilfsmittel von draußen, im eigenen Haus werde es gepflegt, es beruhe ganz auf sich selbst. Auch im Gefängnis oder an einer öden Küste gestrandet ziehe er sich in sein Inneres zurück. Der Weise sehe nichts als einen Wert an, was entrissen werden könnte.

Ohne Philosophie sei der Geist krank, meint Seneca.[437] Niemand könne glücklich leben, ja nicht einmal erträglich, ohne die Philosophie – ein glückliches Leben könne man nur durch vollkommene Weisheit erlangen, ein erträgliches auch schon durch die anfängliche Bemühung um sie: „Prüfe Dich, erforsche Dich auf mannigfache Art und beobachte Dich; schau vor allem darauf, ob Du nur in der Philosophie oder im Leben selbst Fortschritte gemacht hast."[438] Die Philosophie beruhe nicht auf Worten, sondern auf Taten. Die Philosophie lehre zu handeln, nicht zu reden, und sie verlange, dass jeder nach seinem eigenen Grundsatz lebt, dass das Leben nicht zur Rede in Widerspruch steht (oder gar zu sich selbst).[439] Ohne Philosophie könne niemand ohne Furcht und sorgenfrei leben. Folglich müssen wir philosophieren.

Seneca fordert dazu auf, die Grundschule der Philosophie zu verlassen, die bloße Sprachphilosophie betreibt und große Probleme in Silben zerlegt, und stattdessen selber zu philosophieren: So werde man den großen Philosophen ähnlich (anstatt den Philosophielehrern, die darauf aus seien, dass die Philosophie eher schwierig erscheint).[440] Die ungeheure Fülle philosophischer Sentenzen würde nicht tröpfchenweise herausfallen, sondern dahinströmen wie ein Fluss. Er zweifelt nicht, dass sie den noch Ungebildeten und von außen Zuhörenden viel bringen, für jemanden aber, der einen gewissen Fortschritt gemacht hat, sei es geradezu beschämend, nach Floskeln zu haschen, sich auf wohlbekannte und wenige Sprüche zu stützen und auf das Gedächtnis angewiesen zu sein – auf sich selbst sollte er sich nun verlassen! Selbst formulieren soll er dies (und nicht nur festhalten). Beschämend sei es für jemanden, der das Greisenalter vor sich sieht, seine Weisheit aus dem Notizbuch zu beziehen. Zenon sagt dies, was sagst du dazu? Kleanthes sagt jenes, und was sagst du dazu? Wie lange wol-

436 Ebenda, 9. Brief, 2-5.
437 Ebenda, 15. Brief, 1.
438 Ebenda, 16. Brief, 2.
439 Ebenda, 20. Brief, 2.
440 Ebenda, 71. Brief, 6.

len wir uns noch unter dem Diktat der anderen bewegen? „Übernimm das Kommando und sag etwas, was von der Nachwelt überliefert werde, bring auch von dem Deinigen etwas vor!“[441]

Seneca plädiert für ein lebenslanges Lernen und hält es für töricht und dumm, nicht zu lernen, weil man lange nicht gelernt hat: Man müsse so lange lernen, solange man etwas nicht weiß – also solange man lebt. Auch ein alter Mensch (sofern er nicht die Weisheit erlangt hat) müsse noch lernen und üben. Während die Theater und Unterhaltungsstätten (oder heute Fußballstadien) voll seien, kommen zu einem Philosophiekurs, wo man lernen kann, ein moralischer und tugendhafter Mensch zu werden, nur die allerwenigsten. Während Geld, Ehre und Ehrenamt, Gunst und Würde von allein kommen können, werde die sittliche Vollkommenheit einem nicht einfach zufallen. Und das einzige und höchste Gut sei ja die sittliche bzw. moralische Vollkommenheit, weil nur sie allein zur Glückseligkeit, zur Eudaimonie führt. Da das, was den Menschen auszeichnet, seine Vernunft ist, führt die fehlerfreie und vollkommene Entwicklung der Vernunft zum Ziel ihrer natürlichen Bestimmung: „Diese vollkommene Vernunft nennt man sittliche Vollkommenheit und, was dasselbe ist, das sittlich Gute.“[442] Allein die Vernunft (zur Vollkommenheit entwickelt) mache den Menschen völlig glücklich und sei das einzige wirkliche Gut.

Was immer aufgrund des Zustandes der Welt zu erdulden sei, nehme man guten Mutes auf sich und ertrage das Los des Sterblichen, ohne sich verwirren zu lassen durch etwas, das zu vermeiden nicht in unserer Macht steht. Das wahre Glück bestehe in der Tugend. Wir sollten nichts für ein Gut oder Übel halten, was nicht Folge der Tugend bzw. des Lasters sei, sondern unerschütterlich bleiben gegen das Böse, schreibt Seneca. Aus stoischer Sicht sollten wir die Dinge, wie sie sind, genau zur Kenntnis nehmen, sie nicht aber zusätzlich noch beurteilen, wie dies sei gut oder jenes sei schlecht, wunderbar oder furchtbar. Das einzige, was gut (bzw. böse) sei, seien die Tugenden (bzw. die Laster). Dann werde man zu nichts gezwungen, nichts entbehren, frei sein, sicher, unverletzlich, ungeschädigt, Gott ähnlich; nichts werde man vergeblich unternehmen, in nichts gehindert sein: „Alles wird dir nach Wunsch gehen, nichts Widriges dir begegnen, nichts unerwartet, nichts gegen deinen Willen.“[443]

441 Ebenda, 33. Brief, 7.
442 Ebenda, 76. Brief, 10.
443 Seneca, De vita beata / Vom glücklichen Leben, 16.

Von Seneca kann ich lernen, Muße und Aktivität abwechseln zu lassen. Dass ich mich in der Muße mit Philosophie befasse, ist ohnehin klar, was bereits spürbare Erleichterung bringt. Weiterhin sollte ich Geld und materielle Verhältnisse nicht überschätzen und nicht so wichtig nehmen und mir klar machen, dass ich mir das, was ich wirklich brauche, auch werde besorgen können (sagt ja auch schon Epikur). Auf Zeitverschwendung und sinnloses Tun sollte ich weitgehend verzichten und mich auf das konzentrieren, was wirklich wichtig ist. Andere Menschen (bis auf wenige) und hektische Betriebsamkeit in jeglicher Hinsicht werde ich weiterhin meiden. Auch meinen eigenen Tod täglich zu bedenken, halte ich für eine wichtige stoische Übung: mit meinem Tod verschwindet (hoffentlich) auch meine »Seele« und damit jegliches Leiden; mein eigenes Sterben wird meine letzte bewusste Erfahrung sein. (Sollte ich doch wider Erwarten im Reich des Hades aufwachen, sehe ich dann weiter.) Deutlich wird mir auch, dass ich zwar mit allem rechnen und auf alles gefasst sein muss, aber ein zukünftiges Unglück ist keines! Schlimmer sind die Sorgen, die ich mir um meine Zukunft mache. Durch vernünftige Überlegungen und Philosophieren kann ich Kummer und Sorgen mildern und abklingen lassen. Die Unerschütterlichkeit des stoischen Weisen könnte mir da ein Vorbild sein.

Die Unerschütterlichkeit des Weisen

Zwischen den Stoikern und den übrigen Leuten, die sich um Weisheit bemühen, liege ein großer Unterschied, schreibt Seneca. Die übrigen Philosophen würden sanft und einschmeichelnd vorgehen. Die Stoiker beschreiten einen anderen Weg und scheren sich nicht darum, dass denen, die ihn betreten, dieser Weg nicht angenehm erscheint, sondern darum, dass er uns befreit und zum Gipfel führt. Dem Einwand, der Weg, auf den wir gerufen werden, sei steil und holperig, entgegnet er, dass man auf ebenem Weg nicht in die Höhe komme. Dabei sei er nicht einmal so steil, wie manche meinen. Nur der erste Teil habe Steine und Felsen und sehe unwegsam aus, so wie das meiste dem fernen Betrachter gewöhnlich schroff und unzugänglich erscheine, da die Entfernung das Auge trübe und täusche; komme man jedoch näher heran, dann öffne sich allmählich das, was die Augen irrtümlich zu einem zusammengezogen hatten, und es verwandele sich das, was aus der Entfernung steil und abschüssig aussah, in einen (nur) sanften Höhenunterschied.[444]

Kein Weiser könne Ungerechtigkeit, könne Beleidigungen erfahren. Er werde weder Unrecht noch Schmähungen erleiden, sondern alles mit Gleichmut ertragen, denn er hat Geduld. Er sei keinem Unrecht ausgeliefert, denn es sei egal, wie viele Geschosse auf ihn geworfen werden, weil keines in ihn eindringen könne. Angriffe gegen ihn gingen ins Leere, weit unterhalb der Weisheit stehend, wie ein Pfeil oder Wurfgeschoss, das, in die Höhe geschleudert, zwar das Sichtfeld verlasse, aber dennoch unterhalb des Himmel kehrtmache.[445] Die Weisheit zeige sich nämlich, wenn sie herausgefordert wird, durch Gelassenheit in höherem Maße ihre Kraft.

Unrecht sei darauf aus, jemandem Böses anzutun. Für Böses jedoch habe die Weisheit keinen Platz. Und wo Tugend ist, könne das Böse nicht eintreten und Unrecht den Weisen nicht erreichen: Der Weise könne nichts verlieren. Alles habe er in sich geborgen, und er vertraue auf seine Tugend, die keine Zufallsgüter brauche und daher weder zu- noch abnehmen könne. Denn was zur Vollkommenheit gebracht worden ist, habe für Zuwachs keinen Platz. Die Tugend sei frei und unerschütterlich und gegenüber Schicksalsschlägen so unangreifbar, dass sie nicht einmal ins Wanken gebracht, geschweige denn besiegt werden könne. Daher werde der Weise nichts verlieren, was er als Verlust empfinden würde; das einzige, was er besitzt, sei die Tugend, aus der er niemals vertrieben werden könne; alles übrige habe er nur bis auf Widerruf in Gebrauch: „Wen aber kümmert der Verlust von etwas, das ihm nicht gehört?“[446] Unrecht könne nichts von dem, was dem Weisen gehört, verletzen, denn solange seine Tugend unbeschadet sei, könne dem Weisen kein Unrecht erwachsen.

Da Schlechtigkeit nicht stärker als die Tugend sei, könne der Weise nicht verletzt werden. Unrecht gegen Gute würden nur Schlechte wagen; unter Guten herrsche Frieden: „Wenn nun der Schwächere verletzt werden kann, der Schlechte aber schwächer als der Gute ist und Unrecht die Guten nur von Ungleichartigen fürchten müssen, dann trifft den Weisen

444 Seneca, Über die Unerschütterlichkeit des Weisen, übersetzt von Gernot Krapinger, Ditzingen 2022, 1; vgl. Seneca, Die Unerschütterlichkeit des Weisen, in: ders., Schriften zur Ethik: Die kleinen Dialoge, hrsg. und übersetzt von Gerhard Fink, Düsseldorf 2008, S. 46-95.

445 Ebenda, 3/4.

446 Ebenda, 5.

kein Unrecht."[447] Seneca überhöht den Weisen sogar ins Göttliche: Man könne ihm weder schaden noch nützen, da Göttliches weder sich danach sehne, unterstützt zu werden, noch verletzt werden könne, der Weise aber in nächster Nähe zu den Göttern stehe, von seiner Sterblichkeit abgesehen Gott ähnlich, wohin er strebe und vordringen wolle, ans Erhabene, Geordnete, Unerschütterliche, gleichmäßig und harmonisch Dahinfließende, Sichere, Gütige; nichts Irdisches werde er begehren, nichts beklagen.[448] Der Weise erdulde alles wie die Kälte des Winters und die Launen des Wetters, wie Hitze, Krankheiten und was einen sonst noch durch Zufall treffen kann.

Niemand nehme Unrecht ungerührt hin, sondern jeder rege sich auf; frei von Aufregung sei aber der stoische Weise, der in friedlicher Gelassenheit und frei von jeglichen Irrtümern sich selbst beherrsche. Denn wenn einen Unrecht trifft, so bewege und bedränge es uns: „Der Weise ist aber frei von Zorn, den schon der Anschein des Unrechts entfacht, und er wäre nicht frei von Zorn, wenn er nicht auch frei wäre von Unrecht, von dem er weiß, dass es ihm nicht widerfahren kann."[449] Daher sei er so frohen Mutes, so guter Laune und von beständiger Freude getragen; von Dingen oder Menschen ausgelöste Widerwärtigkeiten würden ihn so wenig beklommen machen, dass selbst Unrecht ihm nütze, das er zur Selbsterfahrung und Charakterübung gebrauche.

Während manch einer beleidigt ist, weil er nicht gegrüßt oder empfangen wurde, weil jemand sich über ihn in aller Öffentlichkeit lustig gemacht hat, habe der stoische Weise für solcherlei Bemerkungen keine Zeit und lasse sich durch so etwas nicht in Unruhe versetzen. Derjenige, der von einer Beleidigung getroffen wird, lasse sowohl Verstand als auch Selbstvertrauen vermissen, sagt Seneca. Zweifellos fühle sich die beleidigte Leberwurst verachtet, und dieser Stich gehe einher mit der Kleinmütigkeit einer sich erniedrigenden verzagten Seele: „Der Weise lässt sich von keinem herabsetzen; er weiß um seine Größe und macht sich bewusst, dass sich solches ihm gegenüber keiner erlauben könne, und all diese seelischen – ich möchte nicht sagen: Schmerzen, sondern: Verdrießlichkeiten – besiegt er nicht, nein, er bemerkt sie nicht mal."[450]

Anders würden die Dinge liegen, die den Weisen zwar treffen, aber nicht zur Strecke bringen wie körperlicher Schmerz und Hinfälligkeit,

---

447 Ebenda, 7.

448 Ebenda, 8.

449 Ebenda, 9.

450 Ebenda, 10.

Verlust von Freunden und Kindern oder das Unglück des Krieges in der eigenen Heimat: Das gehe auch dem Weisen nahe, denn der sei ja nicht hart wie Stein oder Eisen. Einige Schläge müsse er hinnehmen; aber er nehme sie hin, überwinde sie und heile die Wunden. Die meisten Beleidigungen gingen von arroganten und unverschämten Personen aus, wogegen der Weise über etwas verfüge, womit er die Aufgeblasenheit zurückweisen könne – Seelengröße: „Denn auch Kinder schlagen den Eltern ins Gesicht und ein kleiner Sprössling zerzaust die Frisur der Mutter und zieht sie an den Haaren, besabbert sie oder entblößt vor den Augen der Ihren das, was bedeckt werden sollte, und spart nicht mit schmutzigen Ausdrücken, aber nichts davon nennen wir Beleidigung. Warum? Weil der, der solches tut, nicht verachten kann."[451]

Eben die Haltung, die wir gegenüber Kindern haben, die habe der Weise all denjenigen gegenüber, die auch nach ihrer Jugend, schon mit ergrautem Haupt, ihr kindisches Benehmen nicht abgelegt haben. Mit ihren geistigen Mängeln und Verirrungen würden sie sich von Kindern nur durch Größe und Gestalt ihres Körpers unterscheiden, sonst aber seien sie nicht weniger orientierungslos und unbeständig, versessen auf wahllose Vergnügungen, furchtsam und friedlich nur aus Angst, nicht aus Überlegung. Denn man könne wohl nicht sagen, dass deswegen zwischen ihnen und Kindern ein Unterschied bestehe, weil Letztere auf Würfel, Nüsse und kleine Münzen versessen seien, Erstere aber auf Gold, Silber und ganze Städte, weil Kinder untereinander im Spiel in die Rolle von Beamten schlüpfen und Amtstracht, Rutenbündel und Gerichtsverhandlungen nachmachen, jene aber dasselbe Spiel auf dem Marsfeld, dem Forum und in der Kurie betreiben, oder weil die Kinder an den Stränden Sandburgen bauen, jene aber, so als würden sie Großes vollbringen, damit beschäftigt sind, sich im Hausbau mit Steinen, Wänden und Dächern abzumühen: „Knaben irren also ebenso wie die im vorgerückten Alter, Letztere aber auf andere Weise und in hohem Maße."[452] Nicht zu Unrecht nehme daher der Weise Beleidigungen als Scherze auf. Wir seien schließlich auch nicht auf (gezähmte) Tiere zornig, wenn sie sich sträuben. Und kein Arzt zürne einem Kranken.

Der Weise habe gegenüber allen Menschen die Einstellung, die ein Arzt gegenüber seinen Patienten hat: Er halte es nicht für mit seiner Würde unvereinbar, deren Schamteile zu untersuchen, wenn dort Heilung nottut. Jeder Weise sei sich bewusst, dass alle, die in Toga und Purpur daherstol-

451 Ebenda, 11.
452 Ebenda, 12.

zieren, bloß gesund geschminkt und in Wirklichkeit krank seien. Die Beleidigungen keines Einzigen werde ihn daher aus der Ruhe bringen; denn mögen sie sich auch alle untereinander unterscheiden, der Weise halte sie alle für gleich, weil sie sich in ihrer Dummheit gleichen. Denn würde er einmal so tief sinken, sich von Unrecht und Beleidigungen aufregen zu lassen, werde er nie mehr sicher sein können; Sicherheit aber sei das eigentliche Gut des Weisen. „'Aber wenn man dem Weisen einen Faustschlag verpasst, was wird er tun?' Dasselbe, was Cato tat, als man ihm ins Gesicht schlug: Er geriet nicht in Zorn, schlug nicht zurück, er ließ den Vorfall nicht einmal nur ungeahndet, sondern erklärte ihn für ungeschehen; großherziger also war er darin, etwas nicht zur Kenntnis zu nehmen, als darin, zu verzeihen."[453] Der Weise habe nicht dieselbe Auffassung, was gut und böse ist, wie die Masse. Er kümmere sich nicht darum, was nach dem Urteil der Leute schändlich und unglücklich ist, er bewege sich nicht auf Pfaden des Volkes, sondern wie die Gestirne die der Welt entgegengesetzte Bahn einschlagen, so schreite der Weise gegen die Richtung der Meinung aller.

Frei sein heiße nicht, nichts zu erdulden, sondern frei sein heiße, sich über Ungerechtigkeiten hinwegzusetzen und aus sich einen (erwachsenen) Menschen zu machen, der Freude nur aus sich selbst gewinnt, alles Äußere von sich fernzuhalten, um nicht ein unruhiges Leben führen zu müssen, voll Furcht vor jedem Gelächter, jedem Gerücht. Ein anderes Mittel würde der Weise und derjenige, der sich dem Streben nach Weisheit verschrieben hat, anwenden: „Alles trifft diejenigen weniger, die darauf gefasst sind."[454]

Kurz: Der stoische Weise handelt (als Ideal) immer vernünftig und tugendhaft und lebt in Übereinstimmung mit der Natur. Er hat keine Affekte und ist somit frei und autark. Damit hat er die Eudaimonie, die Glückseligkeit, als gesuchtes Ziel erreicht. Laut Seneca wird das Leben schon dadurch erträglich, dass man als Philosoph sich um Weisheit und ein glückliches Leben bemüht, ohne bereits vollkommene Weisheit erreicht zu haben.[455] Die sprichwörtlich gewordene Unerschütterlichkeit des stoischen Weisen beruht darauf, dass er nicht versucht, das zu beeinflussen, was er nicht beeinflussen kann, wie Epiktet gleich zeigen wird. Andere Menschen sind für den Weisen wie kleine Kinder, denen man nicht böse sein kann (wohl aber sie erziehen).

---

453 Ebenda, 14.
454 Ebenda, 19.
455 Seneca, Briefe an Lucilius, 16. Brief, 1.

Das höchste Gut, das Ziel und der Zweck des Lebens, ist nach stoischer Auffassung die Tugend, die moralische oder sittliche Vollkommenheit – dann könne man nichts erleiden. Denn einzig das sei gut, was sittlich vollkommen ist. Nur diese Tugendhaftigkeit führe zur Eudaimonie, oder wie Seneca negativ formuliert: „Wenn man nicht glücklich ist, kann man nicht im Besitz des höchsten Guts sein.“[456] Das einzige Gut ist demnach die sittliche Vollkommenheit, die zur Klarheit und wahren Urteilskraft führt und so Habgier, Ehrgeiz und Todesfurcht besiegt. Der stoische Weise lebt im Einklang mit der Natur; weder erhebt ihn Zufälliges, noch schlägt es ihn nieder; laut Seneca verachtet er die Sinneslust; dank seiner Vernunft wünscht er nichts und fürchtet nichts; er urteilt richtig und ist mit dem Gegebenen, wie es auch immer sei, zufrieden und kann sich mit seinen Lebensumständen anfreunden.

Der Stoiker versucht, alle Schicksalsschläge (oder was da noch kommen mag) zu antizipieren. Der Schlag eines Übels, das man im voraus bedacht hat, treffe sanft, sagt Seneca. Nur für Törichte und Glücksgläubige, die hoffen, der Zufall werde ihnen helfen, komme jede Form solcher Ereignisse unerwartet. Wenn man sich aber daran gewöhnt oder es gedanklich vorweggenommen hat und so darauf vorbereitet ist, könne man künftige Übel leicht ertragen: „Der Weise weiß, dass ihm noch alles bevorsteht; was auch immer geschehen ist, er sagt: ‘ich wusste es.’“[457] Er hofft nicht, dass alles gut werden wird, sondern bleibt realistisch und sieht mit offenen Augen mögliche Übel kommen. Er ist weder Pessimist noch Optimist, sondern Realist. Ihn treffe nichts unerwartet, sagen die Stoiker, weil er mit allem (Möglichen) rechne. Deshalb könne ihn nichts aus der Fassung bringen.

Überhaupt lasse sich die stoische Ansicht – in den Worten Schopenhauers – auch so ausdrücken: Unser Leiden entspringe dem Missverhältnis zwischen unseren Wünschen und dem Weltlauf. Daher müsse eines von beiden geändert und angepasst werden. Da nun der Lauf der Dinge nicht in unserer Macht steht, müssten wir unser Wollen und Wünschen dem Lauf der Dinge gemäß einrichten. Der Zweck der stoischen Ethik sei kein anderer als ein möglichst schmerzloses und möglichst glückliches Leben. Sie hätte keine metaphysische Tendenz, keinen transzendenten Zweck, sondern einen völlig immanenten: die Unerschütterlichkeit und ungetrübte Glückseligkeit des Weisen, den nichts wirklich anfechten kann. Das Ziel des Stoizismus, die Ataraxie, bestehe in einer Abhärtung und Unempfindlichkeit gegen die

456 Ebenda, 71. Brief, 18.
457 Ebenda, 76. Brief, 35.

Streiche des Lebens, die Leerheit der Genüsse und die Unbeständigkeit des Glücks. Die Geistesgröße und Würde liege darin, dass man schweigend und gelassen das Unvermeidliche erträgt. Man könne demnach den Stoizismus auch als eine geistige Diätetik auffassen, der gemäß man, wie man den Leib gegen Einflüsse des Windes und des Wetters, gegen Ungemach und Anstrengung abhärtet, auch sein Gemüt abzuhärten habe gegen Unglück, Gefahr, Verlust, Ungerechtigkeit, Tücke, Verrat, Hochmut und Narrheit der Menschen.[458] Die praktische Vernunft und ihre Anwendung habe ihre größte Vollendung in der stoischen Ethik und dem Ideal des stoischen Weisen erhalten, welches den höchsten Gipfel darstelle, zu dem der Mensch durch den bloßen Gebrauch seiner Vernunft gelangen kann (und wo dann sein Unterschied zum Tier am deutlichsten hervortrete).[459]

458 Schopenhauer, Die Welt als Wille und Vorstellung II, S. 183/184; siehe dazu auch ders., Die Welt als Wille und Vorstellung I, Zürich 1988, § 16, S. 132-142.

459 Arthur Schopenhauer, Vorlesung über Die gesamte Philosophie oder die Lehre vom Wesen der Welt und dem menschlichen Geiste, 1. Teil: Theorie des gesamten Vorstellens, Denkens und Erkennens, hrsg. von Daniel Schubbe, Hamburg 2022, S. 405.

Zehn

Die stoische Lebensweise

Epiktet

Nicht meine Angelegenheit

Epiktet beginnt sein *Handbuch der Moral* (bzw. sein Schüler Arrian, der den Text aufgeschrieben und zusammengestellt hat) mit *dem* stoischen Unterschied schlechthin: „Das eine steht in unserer Macht, das andere nicht.“[460] Das eine kann ich beeinflussen, steuern und lenken, das andere nicht; das eine ist mein Einflussbereich, das andere nicht. Diese beiden Bereiche muss ich sauber auseinanderhalten. In meiner Macht stehe mein Begreifen und Auffassen, mein Handeln-Wollen, mein Begehren und Meiden, also alles, was von mir ausgeht und was ich zu verantworten habe. Nicht in meiner Macht stehe mein Körper, mein Besitz, mein gesellschaftliches Ansehen und was andere über mich denken, meine gesellschaftliche Stellung, also alles, was nicht von mir ausgeht und ich deshalb nicht zu verantworten habe.

Was in meiner Macht steht, sei von Natur aus frei und könne nicht gehindert oder gehemmt werden; das, was nicht in meiner Macht steht, sei unfrei (determiniert und festgelegt), könne gehindert oder gehemmt werden und stehe unter fremdem Einfluss. Epiktet warnt eindringlich davor, beides zu verwechseln: Denk daran, wenn du das, was nicht in deiner Macht steht, für beeinflussbar hältst, dann wirst du dir selbst im Weg stehen, dich beklagen, dich aufregen, anderen Vorwürfe machen und die

460 Epiktet, Handbuch der Moral, 1, S. 9; vgl. auch Epiktet, Handbüchlein der Moral, übersetzt und herausgegeben von Kurt Steinmann, Stuttgart 1992, 2014.

Schuld geben; hältst du aber nur das für beeinflussbar, was auch in deiner Macht steht, dann wird dich nichts und niemand aufhalten, du brauchst niemandem Vorwürfe zu machen oder die Schuld zu geben, wirst nichts gegen deinen Willen tun, nichts und niemand wird dir entgegenstehen, niemand wird dir schaden, und du wirst keinen Schaden erleiden. Wenn du nach großen Dingen strebst wie Macht und Reichtum, wirst du vielleicht scheitern, auf jeden Fall aber das verfehlen, woraus Freiheit und Glück (*eudaimonia*) hervorgehen. Stattdessen solltest du prüfen, ob das, was du anstrebst und erreichen willst, wirklich in deiner Macht steht oder nicht; und wenn es etwas ist, was nicht in deiner Macht steht, sollst du dir sofort sagen: „Es geht mich nichts an!“[461]

Der stoische Weise will nur das beeinflussen, was er auch beeinflussen kann, was in seinem Einflussbereich liegt. Er weiß, dass er außerhalb dieses Bereichs nichts erreichen oder ändern kann. Er richtet seine Wünsche und sein Begehren nur auf diesen Bereich und nimmt das, was nicht in seiner Macht steht, als gegeben hin. Deshalb steht er sich selbst nicht im Weg, muss sich nicht beklagen oder aufregen, anderen Vorwürfe machen oder die Schuld geben und nichts gegen seinen Willen tun. Mit dieser einfachen und praktischen Unterscheidung hat er den Schlüssel zur Weisheit und Glückseligkeit in der Hand: Er handelt ausschließlich in seinem Verantwortungsbereich. Alles andere geht ihn nichts an und ist nicht seine Angelegenheit.

Begehren ziele darauf ab, das zu bekommen, was man begehrt, und Ablehnung ziele darauf ab, das zu vermeiden, was man ablehnt; man sei unglücklich, wenn man sein Begehren nicht befriedigen könne oder wenn einem das zuteil wird, was man vermeiden möchte, gibt Epiktet zu bedenken. Wenn ich nur dem auszuweichen versuche, was in meiner Macht steht, dann würde mir auch nichts zustoßen, was ich ablehne oder meide. Wenn ich aber Krankheit, Alter oder Armut zu entgehen versuche, dann werde ich unglücklich sein. Ich sollte mich also in acht nehmen vor allen Dingen, die nicht in meiner Macht stehen, und nur den Dingen gegenüber nachgeben, die in meiner Macht stehen. Mit dem Begehren sollte ich vorerst ganz aufhören, denn wenn ich etwas begehre, was nicht in meiner Macht steht, dann werde ich zwangsläufig unglücklich.[462] Und natürlich sollte ich nicht verlangen, dass alles, was geschieht, so geschieht, wie ich es will,

461 Ebenda, 1, S. 11.
462 Ebenda, 2, S. 13.

sondern wünschen, dass alles so geschieht, wie es geschieht – dann werde ich glücklich sein.[463]

Bei allem, was ich gern habe, soll ich daran denken, was es eigentlich ist: Bei einem unbedeutenden Ding wie zum Beispiel einem einfachen Topf, an dem ich hänge, soll ich mich nicht aufregen, wenn er zerbricht. Wenn ich mein Kind oder meine Frau küsse, soll ich mir klar machen, das ist ein Mensch. Dann werde ich meine Fassung nicht verlieren, wenn er stirbt.[464] So soll ich von einer Sache nicht sagen, dass ich sie verloren hätte, sondern zurückgegeben habe: „Dein Kind ist gestorben? Nein, du hast es zurückgegeben. Deine Frau ist gestorben? Nein, du hast sie zurückgegeben."[465] Wenn ich will, dass meine Kinder, meine Frau oder Freunde ewig leben, wäre ich ein Narr, denn ich würde verlangen, dass das, was nicht in meiner Macht steht, in meiner Macht steht, und dass das, was nicht mir gehört, mir gehört. Deshalb soll ich mich darin üben, was mir möglich ist und was nicht. Denn wer frei sein will, der dürfe weder erstreben noch meiden, was in der Macht eines anderen steht (und so zum Sklaven werden).[466]

Wenn ich moralische Fortschritte machen will, müsse ich Gedanken abwerfen wie „Wenn ich mich nicht um mein Vermögen kümmere, werde ich nichts zu essen haben", denn es sei besser zu verhungern, aber ohne Sorgen und Angst gelebt zu haben, als im Überfluss, aber in ständiger Aufregung: „Beginne mit den kleinen Dingen: Wird dir ein Tropfen Öl vergossen oder ein bisschen Wein gestohlen, so sage dir: ‘Das ist der Preis für Gleichmut und innere Ruhe. Umsonst bekommt man nichts.’"[467] Wenn ich Fortschritte machen will, soll ich es einfach aushalten, wenn ich (von anderen) wegen äußerer Dinge für töricht und einfältig gehalten werde, und auch nicht den Wunsch haben, den Anschein zu erwecken, etwas zu verstehen, und wenn andere es von mir glauben, soll ich mir selbst misstrauen. Es sei nicht leicht, seiner moralischen Entscheidung, durch die man sich in Übereinstimmung mit der (menschlichen) Natur befindet, treu zu bleiben und zugleich die äußeren Dinge zu berücksichtigen.

Denn nicht die Dinge selbst seien beunruhigend, sondern meine Urteile und Meinungen über sie. So sei zum Beispiel der Tod nichts Furchtbares, sondern nur die Meinung, er sei furchtbar. Wenn ich also in Schwierig-

---

463 Ebenda, 8, S. 17.
464 Ebenda, 3, S. 13.
465 Ebenda, 11, S. 19.
466 Ebenda, 14, S. 23.
467 Ebenda, 12, S. 21.

keiten gerate, beunruhigt oder betrübt werde, soll ich niemals anderen die Schuld geben, sondern nur mir selbst, das heißt meinen (falschen) Meinungen und Urteilen. Ein Ungebildeter werfe seinen Mitmenschen vor, dass es ihm schlecht geht; ein Anfänger in der Philosophie mache sich selbst Vorwürfe; der Weise und wirklich Gebildete schiebe weder die Schuld auf andere noch auf sich selbst.[468]

Im Leben soll ich mich verhalten wie bei einem Gastmahl: Wenn etwas herumgereicht wird und ich an die Reihe komme, könne ich mir durchaus etwas nehmen, aber wenn es noch nicht bei mir angekommen ist, soll ich mein Verlangen nicht darauf richten, sondern warten, bis es zu mir kommt. Genauso sei es mit dem Wunsch nach Kindern, einer Frau, nach einer angesehenen Stellung, nach Reichtum.[469] Wenn ich jemanden jammern und klagen höre, weil sein Kind weit weg ist oder weil er sein Vermögen verloren hat, soll ich darauf achten, mich nicht von der Vorstellung hinreißen zu lassen, er sei aufgrund dieser äußeren Dinge tatsächlich im Unglück, sondern mir klar machen, dass denjenigen nicht das betrübt, was passiert ist, sondern seine Meinung darüber.[470] Selbstverständlich dürfe ich ihn trösten; ich soll mich aber davor hüten, mit ihm zu klagen und zu jammern.

Ich könnte unbesiegbar sein, sagt Epiktet, wenn ich mich auf keinen Kampf einlasse, in dem der Sieg nicht von mir abhängt. Von Leuten, die hochgeehrt, mächtig und erfolgreich sind, soll ich mich nicht blenden lassen und denken, sie seien glücklich. Denn wenn das wahre Wesen des Guten zu dem gehört, was in meiner Macht steht, dann sei weder Neid noch Eifersucht am Platz. Um frei zu sein, gebe es nur einen Weg: alles zu verachten, was nicht in meiner Macht steht.[471] Und nicht derjenige verletzt mich, der mich beschimpft oder schlägt, sondern meine Meinung, dass diese Leute mich verletzen, sei es: „Wenn dich also jemand reizt, dann wisse, dass es deine eigene Auffassung ist, die dich gereizt hat. Deshalb versuche vor allem, dich von deinem ersten Eindruck nicht hinreißen zu lassen. Denn wenn du dir Zeit zum Nachdenken nimmst, dann wirst du die Dinge leichter in den Griff bekommen."[472]

468 Ebenda, 5, S. 15.
469 Ebenda, 15, S. 25.
470 Ebenda, 16, S. 25.
471 Ebenda, 19, S. 27.
472 Ebenda, 20, S. 29.

Selbstprüfung und Selbstwandlung

Epiktet rät mir auch dringend dazu, jegliche Konsequenzen meines Tuns und Handelns im Voraus zu bedenken. Bei jeder Tat soll ich die Voraussetzungen und Folgen prüfen, sonst werde ich mit Begeisterung an etwas herangehen, sobald es aber Schwierigkeiten gibt, schmählich aufgeben. Als Beispiel nennt er meinen Wunsch, in Olympia zu siegen. Das sei eine schöne Sache, aber erst soll ich die Folgen bedenken: Ich müsste mich einer strengen Disziplin unterwerfen, eine Diät einhalten, dürfte keinen Kuchen mehr essen und keinen Wein mehr trinken, wenn ich Lust dazu hätte; müsste nach einem genauen Plan trainieren und mich Trainer und Arzt ausliefern. Es könnte auch passieren, dass ich mir die Hand verrenke, den Fuß verstauche und viel Staub schlucken müsse, und am Ende könnte ich vielleicht dennoch eine Niederlage erleiden. Aber wenn ich alles bedacht habe, könne ich an den Spielen teilnehmen.[473]

Ich soll endlich meiner Persönlichkeit einen standfesten Charakter geben, an dem ich festhalten will, wenn ich mit mir allein oder mit anderen zusammen bin: „Schweige meistens oder sprich nur das Notwendige und das nur mit wenigen Worten. Selten aber und nur, wenn die Umstände dich zu Reden veranlassen, rede, aber nicht über die üblichen Themen, über Kämpfe in der Arena, über Pferderennen, Athleten, Essen und Trinken, die Allerweltsthemen. Vor allem sprich nicht über andere Leute, weder tadelnd noch lobend oder sie vergleichend. Wenn du es schaffst, so lenke das gemeinsame Gespräch durch deinen Beitrag auf einen wertvollen Gegenstand. Bist du aber allein unter Freunden, so schweige lieber.“[474]

Epiktet fordert mich auf, nicht zu oft zu lachen, nicht über zu viele Dinge und nicht ungehemmt. Einen Eid soll ich ganz ablehnen (falls das geht). Auch Einladungen bei Andersgesinnten und philosophisch Ungebildeten und Ahnungslosen soll ich ablehnen. Sollte es doch einmal unumgänglich sein, soll ich aufpassen, nicht das Benehmen solcher Leute anzunehmen, denn hat man einen verkommenen Freund, so werde man, wenn man engen Umgang mit ihm pflegt, ebenso verkommen, auch wenn man selbst unverdorben sei. Körperliche Bedürfnisse wie Essen, Trinken, Kleidung, Wohnung und Bedienung soll ich nur so weit befriedigen, wie es unbedingt notwendig ist. Alles, was äußeren Glanz verleiht oder dem Luxus dient,

473 Ebenda, 29, S. 39.
474 Ebenda, 33, S. 49.

soll ich ganz vermeiden. Auf Sex und Geschlechtsverkehr soll ich möglichst verzichten (und wenn überhaupt ihn nur im Rahmen des Erlaubten ausüben). Die sich dem Geschlechtsgenuss hingeben, soll ich aber nicht tadeln oder gar beschimpfen. Und ich soll nicht überall herumerzählen, dass ich möglichst enthaltsam lebe. Wenn mich sexuelle Lust oder ein anderer Trieb überkommt, soll ich aufpassen, mich nicht überwältigen zu lassen und die Sache nicht gleich an mich heranlassen.[475]

Wenn mir zu Ohren kommt, dass jemand schlecht über mich redet, dann soll ich mich nicht rechtfertigen, sondern antworten, dass derjenige wohl meine anderen Fehler nicht kennt, sonst würde er nicht nur diese hier erwähnen. Wenn also jemand schlecht über mich redet, soll ich vielmehr daran denken, dass er dies macht, weil er glaubt, es machen zu müssen. Es sei ja nicht möglich, dass er macht, was ich für richtig halte, sondern was er für richtig hält. Daraus folge auch, dass er den Schaden hat, wenn er die Dinge falsch sieht, denn er ist es ja, der sich irrt.[476] Ich soll ganz darauf verzichten, zu schreien, über jemanden zu lachen oder mich zu sehr aufzuregen. Zu öffentlichen Veranstaltungen brauche ich nicht mehr zu gehen, auch nicht zu Lesungen und Vorträgen (jedenfalls nicht ohne innere Bereitschaft). Wenn ich mit anderen Menschen zusammen bin, soll ich es vermeiden, zu ausführlich und zu ausgiebig von meinen eigenen Problemen zu sprechen. Auch wenn es mir Spaß macht, von meinen Abenteuern zu erzählen, bedeute dies nicht, dass auch die anderen das gern hören, was ich überstanden habe. Auch soll ich darauf verzichten, Witze zu reißen. Wenn ich erkannt habe, dass ich etwas Bestimmtes tun müsse, und es dann auch tue, dann soll ich mich nicht schämen, dabei gesehen zu werden, auch wenn die Mehrheit darüber schlecht denkt. Nur wenn es Unrecht ist, soll ich es natürlich sein lassen.[477]

Es sei ein Zeichen geistiger Armut, sich zu ausgiebig mit körperlichen Dingen zu beschäftigen, zum Beispiel zu viel Sport zu treiben, zu viel zu essen, zu viel zu trinken, zu oft zur Toilette zu gehen oder zu viel Sex zu haben. Stattdessen soll ich diese Dinge nur nebenbei tun und mich um die Entfaltung meiner geistigen Anlagen kümmern.[478] Wenn sich jemand eilig wäscht, soll ich nicht sagen, er wasche sich schlecht, sondern er wasche sich eilig. Wenn jemand viel Wein trinkt, soll ich nicht sagen, das sei

---

475 Ebenda, 34, S. 53/55.

476 Ebenda, 42, S. 59.

477 Ebenda, 35, S. 55.

478 Ebenda, 41, S. 59.

schlecht, sondern er trinke viel Wein. „Denn bevor du dir deine Meinung bilden kannst – woher weißt du denn, ob er schlecht handelt?“, fragt Epiktet.[479] Wenn ich meinen Körper an ein einfaches Leben gewöhnt habe, soll ich nicht damit prahlen. Wenn ich nur Wasser trinke, soll ich nicht bei jeder Gelegenheit sagen, dass ich nur Wasser trinke. Wenn ich mich abhärten will, soll ich das für mich machen, nicht vor den anderen. Meinen Vorsätzen soll ich treu bleiben wie gewöhnlichen Gesetzen. Was man auch über mich sagt: Ich solle mich nicht darum kümmern, denn das sei nicht meine Sache.[480]

Der Zustand und Charakter eines Durchschnittsmenschen sei es, dass er niemals Nutzen oder Schaden von sich selbst erwartet, sondern immer nur von äußeren Umständen; Zustand und Charakter eines Philosophen sei es, allen Nutzen und Schaden von sich selbst zu erwarten. Kennzeichen eines Menschen auf dem richtigen Weg sei es, dass er niemanden rügt, lobt, tadelt, Vorwürfe macht, nicht von sich selbst spricht, als ob er etwas sei oder etwas wüsste. Wenn er durch irgendetwas behindert oder gestört wird, mache er sich selbst Vorwürfe; wenn ihn jemand lobt, lache er im Stillen über den, der ihn lobt. Und wenn ihn jemand tadelt, verteidige er sich nicht. Seine Ablehnung gelte allen widernatürlichen Dingen (die in unserer Macht stehen), und jegliches Verlangen habe er überwunden. Allem gegenüber übe er größte Zurückhaltung. Es mache ihm nichts aus, wenn er als einfältig und töricht gilt. „Mit einem Wort: Wie ein Feind, der ihm ständig auflauert, beobachtet er sich selbst voll Argwohn.“[481]

Dann fragt Epiktet, wie lange ich noch damit warten will, mich zu dem höchsten moralischen Ziel zu bekennen und auf keinen Fall gegen die Vernunft zu handeln, die die richtige Unterscheidung ermöglicht? Ich habe die philosophischen Lehren empfangen, die ich anerkennen muss und die ich anerkannt habe. Auf welchen Lehrer warte ich jetzt noch, um ihm die Aufgabe anzuvertrauen, meine moralische Besserung herbeizuführen? Ich sei kein Kind mehr, sondern ein erwachsener Mann. Wenn ich jetzt nachlässig und leichtsinnig sei, immer nur einen Vorsatz nach dem anderen fasse und es von einem Tag auf den anderen schiebe, an mir arbeiten zu wollen, dann werde ich, ohne es zu merken, keine Fortschritte machen, sondern als Durchschnittsmensch weiter dahinleben, bis ich sterbe. Ich soll mich endlich entschließen, wie ein erwachsener Mensch zu leben, der auf seinem

479 Ebenda, 45, S. 63.
480 Ebenda, 50, S. 67.
481 Ebenda, 48, S. 67.

Weg vorankommt. Auch wenn mir etwas Beschwerliches oder Angenehmes, Ruhmvolles oder Ruhmloses begegnet, soll ich daran denken, dass es jetzt zu kämpfen gilt und dass die Olympischen Spiele begonnen haben und es nicht mehr möglich ist, etwas aufzuschieben, und dass es von einem einzigen Tag und einer einzigen Tat abhängt, ob der Fortschritt bestehen bleibt oder zusammenbricht.[482]

Das Ergebnis der Philosophie sei, „dass man sein Wollen in Übereinstimmung mit den tatsächlichen Ereignissen bringt, so dass nichts von dem, was geschieht, gegen unseren Willen geschieht und dass wir von dem, was nicht geschieht, auch nicht wollen, dass es geschieht."[483] So werde man nie in seinem Begehren enttäuscht und nie in das geraten, was man zu vermeiden sucht, sondern ohne Schmerz, Kummer und Sorgen, Furcht und Beunruhigung sein Leben zusammen mit seinen Mitmenschen führen und seine Beziehungen pflegen. Wie wird man nun zum Philosophen und wie ist diese Arbeit zu verwirklichen? – Jedenfalls nicht, indem man Philosophielehrer wird, sagt Epiktet, denn die hätten lediglich die philosophischen Lehrsätze in sich aufgenommen und würden sie gleich wieder von sich geben wie Leute mit einem empfindlichen Magen die aufgenommenen Speisen: „Verdaue sie zuerst, dann brauchst du dich nicht zu übergeben."[484] Wenn ich die philosophischen Lehrsätze nicht verdaut hätte, würden sie in mir nur zu Erbrochenem oder etwas, das unrein und unverdaulich ist. Erst nachdem man sie verdaut hat, würden sich Änderungen zeigen. So gehe es auch nicht um die Auslegung der Schriften oder um eine Begriffsanalyse:

> „Und dafür sollen dann junge Leute ihr Vaterland und ihre Eltern verlassen, damit sie hören, wie du leere Phrasen auslegst? Sollten sie nicht besser als Menschen nach Hause zurückkehren, die gelernt haben, duldsam zu sein, mitzuhelfen, ohne Affekte, mit einer ruhigen Seele, ausgestattet mit einem solchen Proviant für den Lebensweg, der sie, wenn sie sich damit auf den Weg machen, in die Lage versetzt, die Wechselfälle des Lebens gut und mit Bravour zu meistern?"[485]

Wie könnte man anderen etwas mitteilen, das man selbst nicht besitzt? Ein Baumeister würde schließlich auch nicht sagen: „Hört auf mich, wenn ich

482 Ebenda, 51, S. 69.

483 Epiktet, Handbüchlein der Moral: Auswahl aus den Unterredungen, Fragmente, S. 91 (= Unterredungen, II 18).

484 Ebenda, S. 106 (= Unterredungen III, 21).

485 Ebenda, S. 107.

über Baukunst doziere!", sondern er mache sich an den Bau eines Hauses, führe ihn aus und zeige dadurch, dass er über die entsprechende Kunstfertigkeit verfügt.

Freiheit: Wie ein an einen Wagen gebundener Hund

Alles gehorcht diesem Kosmos, sagt Epiktet: die Erde, das Meer, die Sonne, die anderen Gestirne, Pflanzen und Tiere, unser Körper in Krankheit und Gesundheit, in Jugend und Alter und bei allen anderen Veränderungen, die er durchmacht. Daher sei es auch vernünftig, dass wir mit dem, was in unserer Macht steht, unserer Willensentscheidung, nicht dem Kosmos widerstreben, denn das Universum sei gewaltiger und stärker als wir, und ihm zu widerstreben sei unvernünftig und führe zu nichts als vergeblichem Bemühen, Schmerzen und Kummer.[486] Bleiben wir bei dem alten stoischen Bild, dass der Mensch dem Universum ausgeliefert sei wie ein Hund, der an einen Wagen gebunden ist: Natürlich kann der Hund sich weigern, mitzulaufen und woanders hingehen wollen, wenn der Wagen losfährt – das wäre nur eben nicht besonders klug! Er würde mitgerissen werden und sich Schmerzen und Kummer zuziehen, wofür er auch noch verantwortlich wäre. Die Stoiker gehen durchaus von Freiheit (im Sinne von Willensfreiheit) aus.

In unserer Macht stehe der Gebrauch unserer Eindrücke und Vorstellungen. Denn wenn diese Möglichkeit richtig genutzt wird, bedeute dies Freiheit, Glück, Heiterkeit, Würde, aber auch Recht, Gesetz, Selbstbeherrschung und Tugend. Daher sei es notwendig, das, was in unserer Macht steht und was nicht, sauber zu unterscheiden, und in Übereinstimmung damit zu handeln, das heißt uns um die Dinge zu kümmern, die in unserer Macht stehen, und die Dinge, die nicht in unserer Macht stehen, dem Kosmos zu überlassen und freudig zu übergeben, egal ob er nun unsere Kinder, unsere Heimat, unseren Körper oder sonst etwas fordert. „Ich muss sterben: Muss ich deshalb auch jammern? Ich soll gefesselt werden: Muss ich deshalb auch klagen? Ich muss ins Exil gehen: Hindert mich jemand daran,

486 Epiktet, Lehrgespräche (Diatriben) III, zitiert nach Epiktet, Teles, Musonius: Ausgewählte Schriften, S. 75.

dabei zu lachen, fröhlich und glücklich zu sein?“[487] So zu denken, müssten die Philosophierenden täglich üben und trainieren:

> „Ich muss einmal sterben. Wenn schon jetzt, dann sterbe ich eben. Wenn aber erst ein wenig später, dann frühstücke ich erst einmal, da es jetzt Zeit zum Frühstücken ist. Danach werde ich bereit sein, zu sterben. Wie? Wie es sich für einen Mann gehört, der fremdes Eigentum zurückgibt.“[488]

So war, ist und werde die Natur des Kosmos sein. Diesen Naturgesetzen seien nicht nur der Mensch und die übrigen Lebewesen unterworfen, sondern auch das Göttliche und die vier Elemente. Wer dazu bereit sei, seine Aufmerksamkeit auf diese Naturvorgänge zu richten und sich selbst dazu bringt, das Notwendige freiwillig zu akzeptieren, der werde ein ganz und gar vernünftiges und harmonisches Leben haben.

Die Vorstellungen und Sinneseindrücke, durch die der Geist des Menschen bei der ersten Begegnung mit einem äußeren Vorgang in Berührung kommt, unterliegen nicht seinem Willen und seiner Kontrolle, sagt Epiktet: „Sie drängen sich gleichsam mit Gewalt in das Bewusstsein des Menschen.“[489] Die Zustimmung aber, mit der diese Vorstellungen und Sinneseindrücke angenommen werden, sei freiwillig und beruhe auf einer bewussten Entscheidung. Deshalb werde auch der Philosoph, wenn irgendein furchtbares Geräusch vom Himmel kommt, ein Gebäude einstürzt, sich eine plötzliche Gefahr ankündigt oder Ähnliches passiert, zwangsläufig einen Augenblick lang beunruhigt, beklommen und blass, aber nicht weil er etwas Schlimmes erwartet, sondern weil bestimmte heftige und unerwartete Bewegungen der Tätigkeit des Geistes und der Vernunft zuvorkommen. Doch nach kurzer Zeit versage der Philosoph den Vorstellungen von scheinbar schrecklichen Vorgängen seine Zustimmung, weise sie entschieden zurück und sehe keinen Grund zur Furcht: „Und das – so heißt es – sei der Unterschied zwischen einem Toren und einem Philosophen: der Tor glaubt, dass die Dinge, die auf ihn einstürmten, tatsächlich so schrecklich und schlimm seien, wie es ihm auf den ersten Blick erschien, und er gibt den Vorstellungen, die er von den Dingen gewonnen hat, seine ausdrückliche Zustimmung, als ob sie mit Recht zu fürchten seien.“[490] Der Philosoph

487 Ebenda, 1, 1, S. 95.
488 Ebenda, 1, 1, S. 97.
489 Ebenda, 9, S. 79.
490 Ebenda, 10, S. 81.

aber verweigere seine Zustimmung, bewahre seine Haltung und die Stärke seiner Überzeugung, weil diese Erscheinungen keinesfalls zu fürchten seien, sondern unter falscher Maske unbegründete Angst verbreiten.

Unser Leben vergleicht Epiktet mit dem Treiben auf dem Jahrmarkt: die Schafe und Rinder werden zum Verkauf herbeigetrieben; die meisten Menschen seien teils mit Kaufen, teils mit Verkaufen beschäftigt; nur einige wenige kommen her, um sich den Jahrmarkt anzusehen und zu erfahren, wie und warum sich alles so abspielt, wer die Leute sind, die den Markt abhalten und warum sie es tun. So sei es auch auf dem Jahrmarkt des Lebens: Die einen kümmern sich wie das Vieh um nichts weiter als um das Futter. Selten seien diejenigen Jahrmarktsbesucher, die nur Lust am Schauen haben; die möchten den Jahrmarkt erforschen, bevor sie ihn verlassen. Die Menge lacht über sie, wie die Zuschauer auf dem richtigen Jahrmarkt von den Kaufleuten ausgelacht werden. Ja, die Tiere würden, wenn sie menschlichen Verstand hätten, alle auslachen, die etwas anderes bewundern als ihr Futter.[491]

Jede Veranlagung und jede Fähigkeit werde durch die ihr entsprechende Tätigkeit erhalten und gefördert: die Fähigkeit zu gehen durch Gehen, die zu laufen durch Laufen. Wenn man zehn Tage im Bett gelegen hat, bekomme man weiche Knie. Wenn man etwas tun will, soll man eine Gewohnheit daraus machen (und wenn man etwas nicht tun will, soll man sich daran gewöhnen, stattdessen etwas anderes zu tun). Das gelte auch für seelische Vorgänge: Wenn ich in Zorn gerate, soll ich erkennen, dass mir nicht nur dieses Übel widerfahren ist, sondern dass ich auch die Neigung dazu vergrößert und gleichsam meinem Feuer Nahrung gegeben habe. Eigenschaften und Fähigkeiten würden sich zwangsläufig durch entsprechende Handlungen entwickeln, wenn sie vorher nicht vorhanden waren, oder sich steigern und verstärkt werden. Auf diese Weise entstünden die sittlichen Krankheiten, wie Philosophen sagen. Wenn ich nur einmal Verlangen nach Geld habe, sagt Epiktet, dann würde das Verlangen auch wieder aufhören und das Prinzip in mir wieder seine ursprüngliche Form erhalten, sobald die Vernunft wirksam werde und mich zur Erkenntnis des Übels veranlasse. Wenn ich aber nichts zur Heilung unternehme, dann würde das leitende Prinzip nicht in seine ursprüngliche Stellung zurückkehren, sondern sobald es erneut von einer entsprechenden Vorstellung gereizt worden ist, werde es noch schneller als vorher entflammt. Und wenn dies dauernd geschieht, dann würde es im Laufe der Zeit abstumpfen, und diese Krankheit ver-

491 Epiktet, Lehrgespräche (Diatriben), 2, 14, S. 107.

stärke die Geldgier. Wenn ich also nicht jähzornig sein will, dann soll ich meine Veranlagung nicht nähren und ihr nichts geben, was sie verstärken könnte. Ähnlich soll ich auch verfahren, wenn ich ein schönes Mädchen sehe und mit ihr ins Bett gehen möchte. Ich soll mir das weitere nicht ausmalen, dass sie bei mir sei, sich auszieht und zu mir legt, sondern mich zurückhalten und der Versuchung widerstehen.[492]

Auf einen Punkt müsse ich besonders achten, sagt Epiktet, wie ich es vermeiden kann, zu einem meiner früheren Bekannten oder Freunde irgendwann einmal wieder so enge Beziehungen aufzunehmen, dass ich auf dasselbe Niveau wie dieser zurücksinke. Andernfalls werde ich mich ruinieren. Und ich soll nicht denken, dass ich ihm weltfremd erscheine, sondern daran denken, dass nichts umsonst zu bekommen sei und dass es ausgeschlossen sei, derselbe zu bleiben wie früher, wenn man nicht mehr dasselbe tut wie früher. Früher, als ich ohne zu zögern den wertlosen Dingen nachgelaufen bin, sei ich meinen Freunden ein angenehmer Zeitgenosse gewesen. Aber ich könne mich nicht auf zwei entgegengesetzten Bereichen hervortun, sondern ich werde, wenn ich mich in einem hervortue, unweigerlich im anderen versagen. Wenn ich nicht mehr mit meinen alten Saufkumpanen trinke, könne ich auch nicht mehr so beliebt sein wie früher. Ich soll mich also entscheiden, ob ich ein munterer Zecher und bei ihnen beliebt sein will oder ob ich nicht mehr trinken und mich unbeliebt machen will: „Wähle also auch hier, was du willst."[493]

Wenn die Menschen krank sind und der Arzt ihnen nichts verschreibt, würden sie sich ärgern und glauben, er habe sie aufgegeben. Epiktet fragt, warum man nicht gegenüber der Philosophie dieselbe Einstellung habe, wenn einem ein Philosoph nichts sagt: „Warum meint man nicht, er habe keine Hoffnung mehr, dass man noch zur Vernunft kommen könne, wenn er einem nichts Brauchbares sagt?"[494] Wer sich in guter körperlicher Verfassung befindet, könne Hitze und Kälte ertragen. So könnten auch diejenigen, die seelisch gesund sind, Zorn, Schmerz, übermäßige Freude und die übrigen Affekte beherrschen.

Epiktet vergleicht die stoische Ruhe, den inneren Frieden, mit dem äußeren, den ein Kaiser (oder das politische System) verbürgt: es gebe keine Kriege, keine Kämpfe, keine nennenswerten Raubüberfälle und Piratenangriffe mehr; man könne vielmehr zu jeder Zeit gefahrlos reisen. Aber

492 Ebenda, 2, 18, S. 157.
493 Ebenda, 4, 2, S. 99.
494 Ebenda, 19, S. 85.

Schutz vor Fieber, Schiffbruch, Feuersbrunst, Erdbeben oder Blitzschlag könne er nicht gewährleisten, schon gar nicht vor Kummer und Sorgen, Neid und den Affekten. Dagegen verspreche die Lehre der Philosophie, auch vor diesen Ereignissen Schutz zu gewähren: Indem wir uns an die Philosophie halten, werden wir unbehelligt bleiben, nicht in Zorn oder Wut geraten, keinem Zwang ausgesetzt sein, ungehindert leben und ohne Leiden und Affekte frei von allem Unglück unser Leben verbringen. Wenn ein Mensch diesen Frieden gefunden hat, der ihm (nicht vom Kaiser, sondern von Gott) durch die Vernunft vermittelt sei, dann habe er alles, was er braucht. Ihm könne kein Übel mehr widerfahren, für ihn existiert kein Räuber, für ihn gibt es kein Erdbeben. Alles sei erfüllt von Frieden, überall sei Stille. Kein Weg, keine Stadt, kein Begleiter, Nachbar oder Mitmensch könne ihm mehr schaden.[495]

Epiktet sagt sogar, er selbst sei noch nie gehindert worden, wenn er etwas wollte, oder gezwungen worden, wenn er es nicht wollte. Er habe sein Streben Zeus (Gott) untergeordnet: Wenn Gott will, dass er Fieber hat, dann wolle er es auch. Wenn Gott will, dass er etwas erstrebt, dann wolle er es auch. Wenn Gott will, dass er etwas erreicht, dann wolle er es auch; und wenn Gott es nicht will, wolle er es auch nicht. Er sei also bereit, zu sterben oder sich foltern zu lassen: „Wer kann mich dann noch an etwas hindern oder zu etwas zwingen gegen das, was mir als richtig erscheint?“[496] Die stoische Methode bestehe einfach darin, dass man das, was Gott will, selbst auch will und was Gott nicht will, selbst auch nicht will. Zeus habe keinen Bedarf an einem Zuschauer, der nur herummeckert. Er brauche solche, die mitfeiern und mittanzen, damit sie dann umso lauter applaudieren, begeistert sind und das Fest preisen.[497]

Der ungehinderte Mensch sei frei, denn er wolle nur das, was auch verfügbar sei. Derjenige aber, den man hindern, zwingen, einschränken oder gegen seinen Willen in etwas hineinstürzen kann, sei ein Sklave. Nicht gehindert werden könne derjenige, der nichts von den „fremden Dingen“ erstrebt – das sei alles, bei dem es nicht in unserer Macht steht, ob wir es haben oder nicht. Folglich sei unser Körper etwas Fremdes, der Besitz sei etwas Fremdes. Wenn man an eines dieser Dinge sein Herz hängt, so als sei es etwas Eigenes, werde man die Strafe erleiden, die der bekomme, der

495 Ebenda, 13, 1-19, S. 113.

496 Epiktet, Handbüchlein der Moral: Auswahl aus den Unterredungen, Fragmente, S. 62 (= Unterredungen, IV 1, 89).

497 Ebenda, S. 65.

fremdes Eigentum erstrebt. Dies sei der Weg, der zur Freiheit führt, die einzige Befreiung aus der Sklaverei.[498]

Askese: Die stoischen Übungen

Die stoische Philosophie besteht nicht nur aus theoretischen Diskursen, sondern auch aus konkreten, praktischen Übungen, etwa die Wirklichkeit so zu nehmen, wie sie ist, ohne ein eigenes Urteil hinzuzufügen und dies beständig zu prüfen. So wird die Philosophie zur Praxis (der Selbstprüfung).[499] Musonius Rufus, der Lehrer Epiktets, forderte seine Schüler zur Übung, zur Askese, wie folgt auf: Die Tugend sei nicht immer nur ein theoretisches Wissen, sondern auch eine praktische Verwirklichung wie Heilkunst oder Musik. Ärzte und Musiker müssten nicht nur die Grundsätze ihrer Kunst im Kopf haben, sondern auch danach handeln. Genauso müsse auch derjenige, der ein tugendhafter Mensch werden will, nicht nur Sätze auswendig wissen, die die Menschen zur Tugend hinführen, sondern er müsse sich auch diesen Sätzen gemäß mit heißem Bemühen und zähem Eifer üben. Man könne nicht eine ernste sittliche Persönlichkeit werden, wenn man zwar weiß, dass man sich von den Lüsten und Affekten nicht hinreißen lassen darf, aber völlig ungeübt sei, wie man das nun macht und ihnen widerstrebt. Denn dem Lernen der Sätze, die zur Tugend gehören, müsste auf jeden Fall auch ihre Übung folgen, wenn wir von den Lehrsätzen irgendeinen Nutzen haben wollen. Und es müsse der, der ein wirklicher Jünger der Philosophie werden will, sich deshalb um so mehr üben als einer, der die Heilkunst oder eine andere vergleichbare Kunst erwerben will, weil die Philosophie etwas Größeres und schwieriger zu erwerben sei als jede andere Fähigkeit. An die anderen Künste und Wissenschaften würden diejenigen herangehen, die sich ausbilden wollen, ohne in ihren Seelen schon verdorben zu sein und ohne das Gegenteil von dem gelernt zu haben, was sie lernen sollen. Die aber, die sich der stoischen Philosophie widmen, seien in ihrer Denkweise schon aufs stärkste verdorben und von Schlechtigkeit erfüllt, und wenn sie nun in dieser Geistesverfassung darangehen,

498 Ebenda, S. 68.

499 Vgl. Hadot, Wege zur Weisheit, S. 161-165; sowie John Sellars, Stoische geistige Übungen, in: Gerhard Ernst (Hrsg.), Philosophie als Lebenskunst, S. 109-126.

die wahrhaften Tugenden zu erwerben, so würden sie auch aus diesem Grund einer weitaus größeren Übung bedürfen.[500]

Der Übende müsse sich sowohl um seine Seele als auch um seinen Körper kümmern (aber mehr um die Seele). Eine Übung besteht beispielsweise darin, dass wir uns abhärten und an Kälte und Hitze, Hunger und Durst, einfache Kost und ein hartes Lager gewöhnen sowie an die Enthaltung von Genüssen und das Ertragen von schweren Anstrengungen. Die Seele lerne so, dass die Scheingüter keine wirklichen Güter und die scheinbaren Übel in Wahrheit keine Übel sind, und so gewöhne sie sich daran, die wirklichen Güter zu erkennen (und von den nicht-wirklichen zu unterscheiden) und könne üben, vor keinem der scheinbaren Übel Angst zu haben, nach keinem der scheinbaren Güter zu trachten und die wirklichen Übel mit jeder Faser zu verabscheuen, den wirklichen Gütern aber mit allen Kräften nachzujagen. Der Übende müsse danach trachten, nicht an der Lust seine Freude zu haben, vor der Mühsal nicht zurückzuschrecken, nicht am Leben zu hängen und keine Angst vor dem Tod zu haben.

Unsere Übungen dürften wir aber nicht auf unnatürliche und unvernünftige Aufgaben und Situationen beziehen, sagt Epiktet, denn dann würden wir, die wir behaupten, Philosophen zu sein, uns in nichts von Marktschreiern unterscheiden. Nicht alles, was schwierig und gefährlich ist (wie beispielsweise zu üben, auf einem Seil spazieren zu gehen), sei zur Übung geeignet, sondern nur das, was auch beim Streben nach dem Ziel unserer Anstrengung zum Erfolg führt. Das Ziel unserer Anstrengung sei, dass wir beim Begehren und Ablehnen ohne Behinderung sind. Das bedeute, weder das, was man begehrt, zu verfehlen, noch dem zu verfallen, was man ablehnt – und darauf müsse unsere Übung abzielen! Denn da es nicht möglich sei, ohne intensives und ausdauerndes Training sicherzustellen, dass mein Begehren auch sein Ziel erreicht und meine Ablehnung erfolgreich ist, soll ich mir Folgendes klar machen: „Wenn du deine Übung abirren lässt auf Ziele, die außerhalb deiner sittlichen Entscheidung liegen, dann wirst du bei deinem Begehren so wenig Erfolg haben wie bei deiner Ablehnung."[501]

Da die Gewohnheit einen mächtigen Einfluss ausübe, wenn wir uns darauf eingestellt haben, unser Begehren und unsere Ablehnung nur auf diese äußeren Dinge zu richten, müsse man dieser Gewohnheit mit einer entgegengesetzten Gewohnheit begegnen, und wo die weithin unzuver-

500 Musonius, Lehrgespräche (Diatriben), zitiert nach Epiktet, Teles, Musonius: Ausgewählte Schriften, 6, S. 427 ff.

501 Epiktet, Lehrgespräche (Diatriben), 3, 12, S. 331.

lässige Natur unserer sinnlichen Eindrücke wirksam sei, dort müssten wir unser Training dagegensetzen. Wenn meine Neigung einseitig auf die Lust gerichtet ist, dann soll ich mich auf die andere Seite des Bootes begeben und zwar noch über das erforderliche Maß hinaus, um mich darin zu üben. Wenn ich dazu neige, Anstrengungen zu vermeiden, soll ich meine Sinneseindrücke besonders hart herannehmen und üben, um meine Ablehnung gegenüber jeder Scheu von Anstrengung abzubauen. Ein Meister der Übung, ein Asket, sagt Epiktet, sei der, der ständig übt, seinem Verlangen nicht nachzugeben und seine Ablehnung nur auf die Dinge zu richten, die im Bereich seiner Möglichkeiten liegen, und der sich besonders in Situationen übt, die schwer zu meistern sind. Entsprechend müsse der eine mehr auf diesem Gebiet üben, der andere mehr auf jenem Gebiet. Und vielleicht besteht die Grundübung einfach darin, sich seine philosophischen Prinzipien ins Gedächtnis zu rufen.

Vor allem in drei Bereichen müsse man sich üben, wenn man moralisch gut werden will. Der erste betreffe das Begehren und Vermeiden, damit wir bekommen, was wir begehren (und nicht das bekommen, was wir vermeiden). Der zweite Bereich betreffe unsere Entscheidung, etwas zu tun und etwas zu lassen (und damit den Bereich der pflichtmäßigen Handlungen). Man sollte sich darin üben, dass man aus guten Gründen und nie gedankenlos handelt. Der dritte Bereich habe zu tun mit der Verhütung von Irrtum und unbegründeten Urteilen, überhaupt mit der Zustimmung. Von diesen drei Bereichen sei der der Affekte der wichtigste und dringlichste. Denn der Affekt entstehe nur daher, dass wir entweder etwas nicht bekommen, das wir begehren, oder wir in etwas geraten, das wir ablehnen. Daher würden Unruhe, Zerrüttung, Unglück, Leid, Wehklagen, Neid, Eifersucht kommen und alles, was die Menschen unfähig mache, auf die Vernunft (*logos*) zu hören.[502] Nach Epiktet entstehen die Affekte durch falsche Zustimmung und vor allem dadurch, dass ich etwas begehre (oder versuche zu vermeiden), das aber nicht in meiner Macht liegt und von mir nicht beeinflussbar ist. Wenn ich also etwas begehre und erreichen möchte, das jedoch nicht in meiner Macht steht, entstehe daraus ein Affekt, weil ich das Begehrte verfehlen kann (wie zum Beispiel der Wunsch, nicht krank zu werden und nicht zu sterben).

Die Unterscheidung zwischen dem, was in meiner Macht liegt und sich von mir beeinflussen und verändern lässt und dem, was außerhalb meiner Macht liegt, ist theoretisch einfach, aber praktisch nicht leicht umzusetzen.

502 Epiktet, Gespräche, Fragmente, Handbuch, S. 152 (= Fragmente, III 2).

Das mag an unserer Gewohnheit liegen, den nicht-beeinflussbaren Bereich doch beeinflussen zu wollen. Ziel des stoischen Weges sei, nur das zu wollen, was ich auch beeinflussen kann (und alles andere so zu akzeptieren, wie es ist) – das verhindere Affekte und führe zu Ruhe und Gelassenheit. Unglücklich und leiden wird man laut Epiktet nur dadurch, dass man etwas will, das man nicht erreichen kann. Die Übung besteht daher darin zu erkennen, wenn man sein Wünschen und Wollen mal wieder auf den nicht-beeinflussbaren Bereich richtet, und dies dann (vernunftgesteuert) zu korrigieren. Das ist nicht nur eine theoretische Einsicht, sondern bedarf der stetigen Einübung und Verinnerlichung. Die logische Konsequenz hat Epiktet daraus gezogen: Sage dir, dass der Bereich außerhalb deines Einflussbereiches dich nichts angeht; das ist nicht deine Angelegenheit!

Dieses Denken, das Naturnotwendige zu akzeptieren, muss täglich eingeübt werden. Der philosophische Weg besteht darin, meinen Willen in Übereinstimmung mit der Natur, den Naturgesetzen, dem Weltgeschehen, dem Universum, dem Kosmos (oder wie immer man es nennen will) zu bringen – und ich laufe aus Einsicht besser freiwillig mit! Epiktet hat recht: Wenn ich jetzt sterben muss, dann sterbe ich jetzt; wenn nicht, werde ich erstmal in Ruhe frühstücken. So kann ich von den Stoikern lernen, heiter und gelassen den Dingen entgegenzusehen, die da kommen mögen, und bis dahin mein Leben glücklich zu leben. Damit die Philosophie nicht nur eine schnöde Theorie ist, sondern ihre Erkenntnisse im Leben angewendet werden, haben vor allem die Stoiker (und die Epikureer) spezielle Übungen entwickelt, die einem helfen sollen, das philosophische Gedankengut auch zu praktizieren und zu leben, um eben das höchste Gut, die Glückseligkeit, dauerhaft zu erreichen. Diese geistigen Übungen werden bei Marc Aurel weiter vertieft.

Elf

Selbstbetrachtungen

Marc Aurel

Allein die Philosophie kann noch helfen

Der römische Kaiser Marcus Aurelius beginnt in seinen sogenannten *Selbstbetrachtungen*, schriftliche Aufzeichnungen an ihn selbst (die wohl nicht zur Veröffentlichung bestimmt waren), mit einer Übung: Morgens früh sage zu dir, ich werde heute mit einem beschränkten, undankbaren, unverschämten, falschen, neidischen, egoistischen Kerl zusammentreffen. Diese Eigenschaften hätten die Menschen, weil sie nicht wüssten, was gut und böse ist. Marc Aurel jedoch schreibt, dass er das Wesen des Guten und des Bösen erkannt habe: des Guten, dass es schön sei, des Bösen, dass es hässlich sei. Die Menschen hält er für gleich, nicht nur weil sie aus demselben Fleisch und Blut seien, sondern weil ihr Geist an denselben göttlichen Gaben teilhabe. Deshalb könne ihm kein Mensch Böses zufügen, niemand könne ihn in Hässliches verstricken oder ihm feind sein.[503] Wir seien ja zur Zusammenarbeit geschaffen; gegeneinander zu arbeiten, sei wider die Natur (und unwillig sein und sich abwenden sei ein Arbeiten gegeneinander). Mit dieser kleinen Meditation will er sich auf den Tag vorbereiten und auf stoische Weise vorwegnehmen, was ihm passieren kann oder sogar wahrscheinlich passieren wird.

Indem er seine *Ermahnungen* an sich selbst niederschreibt, praktiziere Marc Aurel bereits stoische geistige Übungen, sagt Pierre Hadot, denn er bediene sich einer Technik, eines Verfahrens des Schreibens, um einen Einfluss auf sich selbst auszuüben, sich durch Meditation über die Dog-

503 Marc Aurel, Selbstbetrachtungen, Zweites Buch, 1.

men und Lebensregeln des Stoizismus zu ermahnen und zu erinnern. Die Übungen seien schriftliche, täglich neu aufgenommene und immer wieder neu aufzunehmende Übungen (die daher zahlreiche thematische Wiederholungen aufweisen), sei doch der wahre Philosoph derjenige, der sich dessen bewusst ist, dass er die Weisheit noch nicht erreicht hat.[504] Dass das Schreiben eine praktische Art und Weise ist, sich auf Selbstprüfung und Selbstverwandlung einzulassen, hat auch Epiktet gesagt, und sogar behauptet, Sokrates selbst habe dies getan (was der gängigen Ansicht widerspricht, Sokrates habe nie etwas niedergeschrieben).[505] Und auch das Denken der antiken, hellenistischen Philosophen zu exzerpieren, zusammenzufassen und aufzuschreiben, was ich hier mache, ist bereits eine stoische geistige Übung, mir dieses Gedankengut anzueignen und darüber nachzudenken und zu meditieren – und natürlich auch das Lesen dieses Textes!

Oft fordert sich Marc Aurel auf (oder ermahnt sich selbst), sich etwas klar und bewusst zu machen oder anders zu denken. Er versucht, frei von Affekten gerecht zu handeln, und will alles, was er macht, so machen, als

504 Hadot, Die innere Burg, S. 83/84.
505 Vgl. Sellars, Stoische geistige Übungen, S. 109.

wäre es die letzte Tat seines Lebens.[506] Man soll alles so tun, sagen und denken, sagt er sich, als bestünde die Möglichkeit, jetzt gleich aus dem Leben zu scheiden. Von Äußerlichkeiten und Zufällen will er sich nicht ablenken lassen und aufhören, planlos umherzuirren. Nichts sei erbärmlicher als ein Mensch, der ständig im Kreis läuft, der die Vorgänge in der Seele seiner Mitmenschen durch Vermutungen zu erkunden sucht, der aber nicht bemerkt, dass es genügt, bei seinem eigenen Innenleben zu verbleiben und ihm zu dienen. Ihm zu dienen bedeute, dass man seinen Geist frei hält von Affekten, von Unbesonnenheit und Unzufriedenheit.

Selbst wenn man dreitausend Jahre leben würde, verliere niemand ein anderes Leben als das, welches er jetzt gerade lebt: „Es läuft also das längste Leben auf dasselbe hinaus wie das kürzeste."[507] Die Gegenwart sei für alle gleich (ebenso die Vergangenheit), und was wir verlieren, scheine so nur ganz wenig zu sein. Niemand könne Vergangenes oder Zukünftiges verlieren (was man nicht hat, kann man nicht verlieren). Deshalb würde der, der am längsten lebt, dasselbe verlieren wie der, der sehr jung stirbt, denn nur das Gegenwärtige werde ihm geraubt, weil er nur das hat.

Die Dauer des Menschenlebens sei nur ein Punkt, das Sein aber in dauerndem Fluss, die Wahrnehmung trüb, das Gefüge des ganzen Leibes schnell verwesend, die Seele unstet, das Schicksal unergründlich, der gute Ruf ein eitles Geschwätz: „Kurz, alles Körperliche ein Fluss, alles Seelische Schall und Rauch, das Leben aber ein Kampf und ein Aufenthalt eines Fremden, der Nachruhm Vergessenheit. Was kann da noch helfen? Einzig und allein die Philosophie."[508] Sie helfe dadurch, dass man den Geist vor Misshandlungen und Schaden bewahrt, Lust und Leid besiegt, weder planlos handelt, noch mit Lug und Heuchelei (und zwar unabhängig davon, was andere machen), dass man das, was einem widerfährt und zuteil wird, hinnimmt, den Tod mit heiterem Gemüt erwartet, als wäre er nichts anderes als eine Auflösung der Elemente, aus denen jedes Lebewesen besteht. Wenn es aber für die Elemente selbst nichts Schlimmes ist, dass sich jedes einzelne von ihnen unablässig in ein anderes verwandelt, warum sollte man dann die Umwandlung aller schräg ansehen?

Marc Aurel hat an sich selbst geschrieben; ich wende das Ganze nun und tue so, als würde er an mich schreiben und mich ermahnen (ähnlich wie bei Epiktet): Ich soll nicht nur bedenken, dass das Leben mit jedem

---

506 Marc Aurel, Selbstbetrachtungen, Zweites Buch, 5.

507 Ebenda, Zweites Buch, 14.

508 Ebenda, Zweites Buch, 17.

Tag aufgebraucht wird und ein ständig kleinerer Teil von ihm zurückbleibt, sondern mir auch bewusst machen, dass es, selbst wenn ich länger leben sollte, doch ungewiss sei, ob meine Denkkraft künftig die gleiche bleiben wird. Denn wenn jemand anfängt, dummes Zeug daher zu reden, werde doch seine Fähigkeit zu atmen, zu essen, sich etwas vorzustellen und anzustreben (und was es noch so gibt) nicht nachlassen. Die Fähigkeit aber, über sich selbst zu verfügen, erlösche vor der Zeit. Ich soll mich also beeilen, nicht nur weil ich täglich dem Tod näher komme, sondern auch weil die Fähigkeit, die Dinge zu verstehen und zu begreifen, ebenfalls schon vor der Zeit aufhört.

Das, was die Naturvorgänge begleitet, habe doch etwas Reizvolles und Anziehendes: „So bekommen zum Beispiel einige Teile des Brotes beim Backen Risse, und diese Zwischenräume, die gewissermaßen im Widerspruch zum Vorhaben des Brotbackens stehen, fallen irgendwie ins Auge und erhöhen eigenartigerweise die Lust auf den Verzehr. Auch die Feigen platzen, wenn sie ganz reif sind. Und bei den voll ausgereiften Oliven verleiht der Zustand unmittelbar vor der Fäulnis der Frucht eine eigentümliche Schönheit.“[509] Wenn also jemand ein Gefühl und ein tiefes Verständnis für das Geschehen des Weltganzen hat, dann gebe es kaum etwas von solchen Begleiterscheinungen, das ihm nicht irgendwie in einer angenehmen Beziehung erscheinen werde. Er werde in der Lage sein, die Reife und Blüte einer alten Frau und eines alten Mannes und den Liebreiz von Kindern mit keuschen Augen zu sehen. Vieles dieser Art leuchte nicht jedem ein, sondern einzig und allein dem, der mit der Natur wirklich vertraut ist.

Ich soll nicht den Rest meines Lebens mit Gedanken über andere vergeuden, wenn ich darüber nachdenke, was dieser oder jener tut, warum er es tut, was er sagt, denkt, ausheckt, denn das bewirke nur, dass ich von der Beobachtung der eigenen Vernunft abgelenkt werde. Planlose Vorstellungen soll ich meiden, besonders das Unnütze und Bösartige. Ich soll mich stattdessen daran gewöhnen, nur solche Vorstellungen zu haben, die ich ohne zu erröten mitteilen kann, wenn ich gefragt würde, woran ich gerade denke.[510] Anstatt das Glück in den Seelen anderer zu suchen, sollte ich lieber Rücksicht auf mich selbst nehmen. Denn wenn man sich nicht um das kümmert, was in den Seelen anderer vorgeht, werde man kaum unglücklich. Wenn man sich aber nicht um die eigenen psychischen Vorgän-

509 Ebenda, Drittes Buch, 2.
510 Ebenda, Drittes Buch, 4.

ge kümmert, werde man zwangsläufig unglücklich.[511] „Ziehe dich in dich selbst zurück.“[512] Die leitende Vernunft sei von Natur aus mit sich selbst zufrieden, wenn sie gerecht handelt und eben dadurch inneren Frieden hat.

Und Marc Aurel gibt (mir) ganz konkrete Tipps: „Tue nichts gegen deinen Willen, nichts ohne Rücksicht auf das Gemeinwohl, nichts ohne vorherige Prüfung, nichts, wogegen du noch innere Bedenken hast. Deine Gedanken sollen sich nicht mit gezierten Worten schmücken. Rede nicht viel und misch dich nicht in alles ein.“[513] Ich soll die Dinge nicht so auffassen, wie der sie beurteilt, der mich beleidigen will (oder wie er es möchte, dass ich sie beurteile), sondern ich soll sie so sehen, wie sie wirklich sind.[514] Wenn ich nur willens bin, den rechten Weg zu gehen und danach mein Meinen und Handeln ausrichte, könne ich glücklich sein.[515] Ich soll auch niemals etwas für nützlich für mich halten, was mich einmal zwingen könnte, die Treue zu brechen, die Ehrfurcht zu verlieren, jemanden zu hassen, Argwohn zu hegen oder etwas zu begehren, das durch Mauern und Vorhänge verborgen werden müsste.[516] Auch soll ich meine Urteilsfähigkeit in Ehren halten, denn an ihr liege es, das in meiner Vernunft keine Meinung entsteht, die nicht der Natur entspricht. Ich soll daher alles von mir weisen und mich nur an diese wenigen Punkte halten; zugleich soll ich daran denken, dass jeder nur einen winzigen Moment lebt, nämlich den, der gerade gegenwärtig ist. (Die übrige Zeit sei entweder schon gelebt oder liege im Ungewissen.) Wie die Ärzte stets ihre Instrumente und Messer für plötzlich notwendige Behandlungen zur Hand haben, soll ich diese Lehrsätze bereit halten, um alles zu verstehen.[517] Ich soll auch nicht mehr planlos umherirren, weil ich dann nicht mehr dazu komme, diese Aufzeichnungen zu lesen.

Wenn mir jemand etwas angetan hat, soll ich mir sofort überlegen, was er sich dabei gedacht haben könnte. Denn wenn ich das erkannt habe, werde ich eher Mitgefühl mit ihm haben und mich nicht wundern oder wütend werden. Da ich auch dasselbe oder etwas Ähnliches für gut halte, müsse ich ihm daher verzeihen. Wenn ich aber nicht mehr solche Ansichten über Gut und Böse habe, werde mein Wohlwollen gegenüber dem, der mir (an-

511 Ebenda, Zweites Buch, 8.
512 Ebenda, Viertes Buch, 28.
513 Ebenda, Drittes Buch, 5.
514 Ebenda, Viertes Buch, 11.
515 Ebenda, Fünftes Buch, 34.
516 Ebenda, Drittes Buch, 7.
517 Ebenda, Drittes Buch, 13.

geblich) etwas angetan hat, umso leichter sein.[518] Wenn ich mich freuen will, soll ich an die Vorzüge meiner Mitmenschen denken, etwa bei dem einen an seine Tatkraft, bei dem anderen an seine Bescheidenheit, bei dem nächsten an seine Freigebigkeit, bei einem anderen wieder an etwas anderes. Denn nichts mache so viel Freude wie die Tugenden, die wir bei unseren Mitmenschen bemerken können. Deshalb müsse man sie sich stets vergegenwärtigen.[519]

Über mein Verhältnis zu anderen Menschen soll ich mir klar werden und dass wir füreinander geschaffen seien. Wie sie sich benehmen und welche Gründe sie dafür haben mögen, werde ich oft nicht wissen können. Deshalb dürfe ich nicht unwillig werden, wenn sie (aus meiner Sicht) etwas Unvernünftiges tun. Denn ich kenne ihre Gründe nicht und weiß daher auch nicht, ob sie überhaupt einen Fehler begehen. Denn nicht ihre Taten belasten mich, sondern meine Meinung davon. Vielmehr müsse ich sehen, dass ich auch Fehler mache. Wenn ich mich ärgere und ungehalten bin, soll ich mir klar machen, dass das Leben nur von kurzer Dauer ist und wir alle bald tot daliegen.[520] Ebenso wie ich mich davor hüten müsse, anderen Menschen zu zürnen, müsse ich mich auch davor in Acht nehmen, ihnen zu schmeicheln, denn beides sei der Gemeinschaft nicht zuträglich und führe nur zum Schaden. Im Zorn soll ich mir stets gegenwärtig sein, dass nicht das Zürnen mannhaft und stark ist, sondern Milde und Sanftmut. Wie der Kummer so sei auch der Zorn ein Zeichen eines schwachen Menschen.

Die Dinge berühren die Psyche nicht

Die Menschen würden sich Plätze suchen, an die sie sich zurückziehen können, auf dem Land, an der Küste des Meeres oder in den Bergen. Das findet Marc Aurel in höchstem Maße albern, wo es doch möglich sei, sich, wann immer man will, in sich selbst zurückzuziehen. Denn an keinem ruhigeren Ort könne sich der Mensch zurückziehen als in die eigene Seele, besonders wenn er innere Harmonie in sich habe. Ich soll mir immer wieder einen solchen Rückzug gönnen und mich selbst erneuern (was aber kurz oder grundlegend sein soll), um Unzufriedenheit wegzuspülen, damit

518 Ebenda, Siebtes Buch, 26.
519 Ebenda, Sechstes Buch, 48.
520 Ebenda, Elftes Buch, 18.

ich mich wieder den Dingen zuwenden kann, denen ich mich zuwenden muss.[521] Wenn ich morgens widerwillig aufwache, soll mein erster Gedanke sein: „Ich wache auf, um die Arbeit eines Menschen zu verrichten."[522] Da sollte ich keine schlechte Laune haben, wenn ich das tue, weswegen und wozu ich zur Welt gekommen bin (denn ich bin ja nicht da, um im Bett zu liegen und mich zu wärmen). Ich soll die Pflanzen ansehen, die Vögel, die Ameisen, die Spinnen, die die ihnen zugedachte Aufgabe verrichten; da könne ich mich nicht weigern, meine Arbeit zu tun.

Aber: „Tue nur Weniges", sagt der Weise, „wenn du guten Mutes sein willst." Es sei besser, nur das Notwendige zu tun und nur das, was die Vernunft gebietet, denn das bringt guten Mut, nicht nur, weil man das Richtige tut, sondern auch, weil man nur wenig tut. Das meiste von dem, was wir sagen und tun, soll ich unterlassen, weil es schlicht unnötig sei, denn dann werde ich mehr Muße und inneren Frieden haben. Deshalb soll ich mich immer fragen, ob das wirklich notwendig sei. Ich müsse aber nicht nur die unnötigen Handlungen vermeiden, sondern auch solche Vorstellungen, so werden auch keine überflüssigen Handlungen folgen.[523]

Bei Delikatessen sollte man sich vorstellen, dass es nur ein totes Tier ist, das auf dem Teller liegt, bei einem Purpurgewand, dass es nur Schafswolle ist, die mit Schneckenblut eingefärbt wurde, und beim Geschlechtsverkehr, dass es nur das Reiben des Gliedes und die Absonderung von Schleim mit gewissen Zuckungen ist. Marc Aurel will den Sachen auf den Grund gehen und sie durchdringen, so dass er sehen kann, worum es sich dabei eigentlich handelt: Durch dieses Objektivieren kann er die Sachen nüchterner betrachten (ohne dass sein subjektiver Standpunkt entfallen würde). So müsse man es im ganzen Leben machen, meint er; wo einem die Dinge allzu vertrauenswürdig vorkommen, müsse man sie entblößen, ihre Nichtigkeit durchschauen und ihnen den Anschein, mit dem sie sich brüsten, rauben: „Denn die Aufgeblasenheit ist eine gewaltige Betrügerin, und gerade dann, wenn du glaubst, du hättest es mit ernsthaften Dingen zu tun, dann wirst du am meisten betrogen."[524]

Ich soll mich nicht ablenken lassen und mich nicht erregen, sondern frei sein und wie ein Mensch, ein sterbliches Wesen, die Dinge betrachten. Dazu soll ich mir erstens klarmachen, dass die Dinge die Seele nicht

---

521 Ebenda, Viertes Buch, 3.
522 Ebenda, Fünftes Buch, 1.
523 Ebenda, Viertes Buch, 24.
524 Ebenda, Sechstes Buch, 13.

berühren, sondern außerhalb stehen, die Belästigungen aber ausschließlich dadurch zustande kommen, wie wir die Dinge in unserem Inneren aufnehmen, und zweitens, dass sich alles, was ich sehe, sogleich verwandeln und nicht mehr da sein wird. Wiederholt formuliert er: „Die Dinge an sich berühren die Seele in keiner Weise; sie haben keinen Zugang zur Seele und können sie auch nicht beeinflussen oder bewegen."[525] Einzig und allein sie selbst beeinflusse sich, nicht die äußeren Dinge, und nur nach ihrem eigenen Urteil bewerte sie die Dinge für sich. Es sei möglich, sich keine Meinung zu bilden und seine Psyche nicht zu belasten, denn es liege nicht in der Natur der Dinge, unsere Urteile hervorzubringen.[526] Die Dinge stünden nämlich ganz für sich draußen vor der Tür, ohne etwas über sich zu wissen und Auskunft geben zu können.[527] Nur die Vernunft könne Auskunft über sich geben: „Besitzt du Vernunft? Ja. Warum gebrauchst du sie also nicht? Denn wenn sie das ihre tut, was willst du dann noch?"[528]

Die Vorstellung von meinem ganzen Leben soll mich nicht verwirren: „Stell dir nicht gleichzeitig vor, welche und wie viele schwere Dinge aller Wahrscheinlichkeit nach auf dich zukommen werden, sondern frage dich bei jedem, wenn es da ist: was ist an dieser Sache unerträglich und nicht auszuhalten? Du wirst dich ja schämen, etwas zuzugeben."[529] Ich soll mich immer wieder daran erinnern, dass mich weder Zukünftiges noch das Vergangene belastet, sondern stets nur das Gegenwärtige. Dieses aber verliere an Bedeutung, wenn ich es allein für sich betrachte und mein Denken zurückweise, wenn es nicht imstande ist, diese nackten Tatsachen auszuhalten.

Wenn derjenige ein Fremdling im Kosmos ist, der die Dinge, die in ihm sind, nicht begreift, dann sei auch der ein Fremdling, der die Vorgänge in sich nicht erkennt; ein Flüchtling, wer sich der politischen Vernunft entzieht; ein Blinder, wer das Auge der Vernunft verschließt; ein Bettler, wer einen anderen braucht und nicht alles Lebensnotwendige aus sich selbst heraus hat. Ein Abszess des Kosmos sei, wer sich von der Vernunft der gemeinsamen Natur absondert und trennt, dadurch dass er sich mit dem, was geschieht, nicht zufrieden gibt.[530] Warum soll ich mich aus der Ruhe brin-

525 Ebenda, Fünftes Buch, 19.
526 Ebenda, Sechstes Buch, 52.
527 Ebenda, Neuntes Buch, 15.
528 Ebenda, Viertes Buch, 13.
529 Ebenda, Achtes Buch, 36.
530 Ebenda, Viertes Buch, 29.

gen lassen, wenn das, was außerhalb meines Denkens liegt, mein Denken überhaupt nicht berührt?[531] Ich soll zu mir nicht mehr sagen, als das, was meine ursprünglichsten Vorstellungen vermelden: „Ich sehe, dass das Kind krank ist. Ich sehe es; aber dass es in Gefahr ist, sehe ich nicht."[532] So soll ich immer bei den ersten Vorstellungen bleiben und aus meinem Inneren selbst nichts hinzufügen.

Ich soll der Klippe gleich sein, an der sich unaufhörlich die Wogen brechen, sie aber stehe fest und rings um sie beruhige sich das tosende Wasser, und nicht zu mir sagen: „Ich Unglücklicher, dass mir das widerfahren musste", sondern: „Ich Glücklicher, dass ich, wiewohl mir das widerfahren ist, unbekümmert bleibe, ungebrochen vom gegenwärtigen Unglück und ohne Furcht vor der Zukunft." Denn solches könnte jedem widerfahren, aber nicht jeder wäre unbekümmert geblieben. Hindert mich etwa dieses Ereignis daran, gerecht, großherzig, beherrscht, besonnen, zurückhaltend, wahrhaftig, bescheiden und unabhängig zu sein und all die Eigenschaften zu haben, in deren Zusammentreffen die Eigentümlichkeit der Natur als Menschen besteht? Bei allem, was mir Leid bereitet, soll ich mich an folgenden Grundsatz halten: „Das ist kein Unglück, im Gegenteil, es mit Anstand zu ertragen, ist ein Glück."[533]

Wer um seinen Nachruhm fürchtet, würde nicht daran denken, dass jeder von denen, die sich an ihn erinnern, selbst bald sterben wird, und auch alle Nachfolger, bis endlich jede Erinnerung an ihn gänzlich erlischt. Selbst wenn ich annehme, die Menschen, die sich an mich erinnern, seien unsterblich: Was hätte ich davon?[534] Die Zeit, wo ich alles vergessen habe, sei nahe, nahe auch die Zeit, wo mich alle vergessen haben.[535] Der Ruhmsüchtige beanspruche fremde Leistungen als etwas Gutes für sich, der Vergnügungssüchtige seinen eigenen Genuss, wer aber Verstand besitzt, sein eigenes Tun.[536] Zur Unterdrückung eitler Ruhmsucht führe auch, dass ich nicht mein ganzes Leben (oder wenigstens das von Jugend an) als Philosoph habe zubringen können, sondern vielen anderen wie mir selbst als Mensch erschienen bin, der der Philosophie fernsteht. Der Makel hafte an mir, dass es nicht mehr leicht für mich sei, den Ruhm eines Philosophen zu

531 Ebenda, Siebtes Buch, 2.
532 Ebenda, Achtes Buch, 49.
533 Ebenda, Viertes Buch, 49.
534 Ebenda, Viertes Buch, 19.
535 Ebenda, Siebtes Buch, 21.
536 Ebenda, Sechstes Buch, 51.

erwerben. Aber auch andere Lebensvorhaben stünden mir im Weg. Wenn ich also wirklich gesehen habe, worin die Hauptsache liegt, dann soll ich den Gedanken daran, wie ich einmal dastehen werde, fahren lassen und mich damit begnügen, den Rest meines Lebens so zu verbringen, wie meine Natur es will. Daher soll ich überlegen, was sie will, und nichts anderes soll mich davon abbringen. Denn ich habe ja erfahren, wo ich überall umhergeirrt bin und doch niemals das gute Leben gefunden habe.[537]

Die innere Festung

Wenn sich Materie verändert und neu zusammensetzt, kann das laut Marc Aurel nichts Böses und nichts Gutes sein.[538] Alles, was durch Verwandlung entsteht, soll ich unaufhörlich betrachten und mich an den Gedanken gewöhnen, dass die Natur nichts so sehr liebt, wie das Seiende zu verwandeln und daraus Neues zu schaffen.[539] Wenn ich Angst vor Veränderung habe, soll ich mir klarmachen, dass nichts ohne Veränderung geschieht: „Kannst du selbst (warm) baden, wenn sich das Holz nicht verändert? Kannst du dich ernähren, wenn sich die Speisen nicht verändern? Kann sonst etwas Nützliches vollbracht werden ohne Veränderung? Siehst du denn nicht, dass deine eigene Veränderung mit dem vergleichbar ist und gleich notwendig ist für die Natur des Weltganzen?“[540] Und Verlust sei auch nichts anderes als Veränderung.[541]

Das eine eile ins Dasein, das andere aus dem Dasein; und von dem, was im Werden begriffen ist, sei ein Teil schon wieder verschwunden: „Eine unaufhörliche Flut von Veränderungen erneuert den Kosmos, wie der nie versiegende Strom der Zeit die grenzenlose Ewigkeit stets erneuert.“[542] Man könne nichts finden, was man da von den Dingen, die in diesem Strom vorübertreiben, hoch schätzen sollte. Das wäre gerade so, wie wenn sich jemand zu einem von den vorüberfliegenden Sperlingen hingezogen fühlt, der aber seinen Augen schon wieder entschwunden ist. Das Seiende und Werdende ziehe schnell vorbei und entschwinde, denn das Sein sei wie

537 Ebenda, Achtes Buch, 1.
538 Ebenda, Viertes Buch, 42.
539 Ebenda, Viertes Buch, 36.
540 Ebenda, Siebtes Buch, 18.
541 Ebenda, Neuntes Buch, 35.
542 Ebenda, Sechstes Buch, 15.

ein Fluss in dauernder Strömung, alles unterliege einem ständigen Wechsel und nichts habe Bestand. Wenn man daran denkt, wäre man ein Narr, sich unter solchen Umständen aufzublasen und zu jammern, als ob einem etwas dauerhaft zur Last falle.[543] Bald schon werde ich nur noch Asche oder ein Skelett sein und nur noch ein Name oder nicht einmal mehr das. Was im Leben hoch geschätzt wird, sei nichtig, morsch und bedeutungslos wie junge Hunde, die sich gegenseitig beißen, oder zankende Kinder, die lachen und gleich danach weinen. Was hält uns hier noch fest, fragt Marc Aurel, wenn die wahrnehmbaren Dinge in ständigem Wandel begriffen und nicht von Dauer sind, unsere Sinne schwach und leicht zu täuschen?[544]

Sich immer wieder den eigenen Tod zu vergegenwärtigen, führe zu Affektfreiheit und einem vernünftigen Leben und Handeln.[545] Den Tod soll ich nicht verachten, sondern Gefallen an ihm finden, da er auch zu den Dingen gehört, die die Natur will. Denn heranwachsen und altern, zeugen, schwanger werden, gebären und all die anderen Vorgänge der Natur, die die Jahreszeiten des Lebens so mit sich bringen, seien genauso wie das Sterben. Also entspreche es einem verständigen Menschen, dass er den Tod erwartet als eines von den Dingen, die die Natur hervorbringt.[546] Kurz sei die Zeit, die noch verbleibt, und ich soll so leben, als würde ich mich auf einer Reise befinden.[547]

Epiktet hat zu bedenken gegeben, dass Begehren auch darauf abziele zu bekommen, was man begehrt und umgekehrt Ablehnung darauf abziele, das zu vermeiden, was man ablehnt. Wenn ich nun nicht das erlange, was ich begehre, oder das nicht vermeiden kann, was ich ablehne, werde ich unglücklich. Es sei daher aus stoischer Sicht klug, nur das vermeiden zu wollen, was ich auch vermeiden kann und nur das erreichen zu wollen, was ich auch erreichen kann. Mich nur um das zu kümmern, was in meiner Macht steht, und das, was nicht in meiner Macht steht, zu akzeptieren, ist laut Marc Aurel insofern einfach, als dass irgendeine Äußerlichkeit, die mich kränkt, nicht die Sache selbst ist, sondern mein Urteil über sie. Und es liegt an mir, solche Urteile zu vermeiden. Ich könne meine Meinung doch

543 Ebenda, Fünftes Buch, 23.

544 Ebenda, Fünftes Buch, 33.

545 Vgl. Maximilian Forschner, Marc Aurel und Epikur: Über stoische und epikureische *meditatio mortis*, in: Gerhard Ernst (Hrsg.), Philosophie als Lebenskunst, S. 91-108.

546 Marc Aurel, Selbstbetrachtungen, Neuntes Buch, 3.

547 Ebenda, Zehntes Buch, 15.

jederzeit ändern (oder sollte vielleicht gar keine haben). Meine Meinung, das etwas anders sein sollte, als es ist – im Unterschied zu der Sache selbst – steht durchaus in meiner Macht![548] Ich brauche bloß meine Meinung darüber zu ändern, dass etwas anders sein sollte, als es ist, und ich werde nicht unglücklich oder betrübt sein. Nicht die Dinge selbst würden uns beunruhigen, sagt Epiktet, sondern unsere Urteile und Meinungen über sie.

Die Fähigkeit, das Leben am besten zu verbringen, liege in der Seele, wenn einem die gleichgültigen Dinge gleichgültig sind. Das werde der Fall sein, wenn man daran denkt, dass keines von den gleichgültigen Dingen uns eine Meinung über sich aufnötigt, sondern dass wir es sind, die die Urteile über sie erzeugen.[549] Die leitende Vernunft sei unbezwingbar, wenn sie in sich selbst versammelt, mit sich selbst zufrieden ist, indem sie nichts tut, was sie nicht will, sagt Marc Aurel. Die von den Affekten freie Vernunft sei eine feste Burg, denn der Mensch habe keine stärkere Festung, zu der er Zuflucht nehmen könne: „Wer das nicht sieht, ist ein Tor. Wer es aber sieht und nicht dort seine Zuflucht nimmt, verpasst sein Glück."[550]

Glücklich sein kann man nicht in der Zukunft, sondern nur in der Gegenwart (das vergangene Glück ist bloß eine Erinnerung). Umgekehrt ist aber auch vergangenes Leid vorbei und künftiges ungewiss und noch nicht da. So schreibt Seneca: „Also muss zweierlei eingeschränkt werden, sowohl die Furcht vor zukünftiger als auch die Erinnerung an vergangene Unannehmlichkeiten: letzteres betrifft mich nicht mehr, ersteres noch nicht."[551] Der Weise freue sich am Gegenwärtigen und hänge nicht vom Künftigen ab.[552] Marc Aurel notiert, es genüge, die jeweilige, gegenwärtige Annahme über die Wirklichkeit klar zu erfassen und alles, was geschieht, wohlwollend aufzunehmen.[553] Alles, was ich auf Umwegen zu erlangen wünsche, könne ich schon jetzt haben, indem ich das Vergangene zurücklasse, das Zukünftige der Vorsehung anheimstelle und mich allein auf das Gegenwärtige ausrichte.[554] Für die Stoiker sei das Glück in jedem Augen-

548 Ebenda, Achtes Buch, 47.
549 Ebenda, Elftes Buch, 16.
550 Ebenda, Achtes Buch, 48.
551 Seneca, Briefe an Lucilius, 78. Brief, 14.
552 Seneca, De beneficiis / Über die Wohltaten, Philosophische Schriften, Bd. 5, VII, II 4.
553 Marc Aurel, Selbstbetrachtungen, Elftes Buch, 6.
554 Ebenda, Zwölftes Buch, 1.

blick da: Wie die Lust des epikureischen Weisen sei auch das Glück des stoischen Weisen in jedem Moment vollkommen.[555]

Für die Epikureer wie für die Stoiker gelte, dass man niemals glücklich werden kann, wenn es nicht jetzt ist. Das Ganze sei dringend, der Tod stehe unmittelbar bevor, und die Vergangenheit und Zukunft können nichts zum Glück beitragen. Wie leicht sei es, jede lästige Vorstellung von sich zu weisen, wenn sie uns nichts angeht, und sofort wieder völlig beruhigt zu sein, sagt Marc Aurel.[556] Nur die Gegenwart liege in unserer Macht, weshalb ich alles von mir werfen und zugleich daran denken soll, „dass jeder nur diesen winzigen Moment lebt, der gerade gegenwärtig ist".[557] Die übrige Zeit sei entweder schon gelebt und vorbei oder im Ungewissen: Jeder lebt nur in der Gegenwart und verliere diese mit dem Tod.[558] Es gibt nur die Gegenwart: nur in der Gegenwart kann ich handeln und bin frei; nur in diesem winzigen Umschlagspunkt zwischen Vergangenheit und Zukunft existiere ich.[559]

Da sich alles permanent verändert, verloren geht, zerfällt oder stirbt, kann ich von Marc Aurel lernen, in meiner Vernunft diese innere Festung zu finden. Da das Äußere sich (meistens) nicht in meinem Einflussbereich befindet und sich meiner Macht entzieht, scheint mir dies der einzige Weg zu stoischer Ruhe, Gelassenheit und damit Glückseligkeit zu sein. Auf diesem Weg muss ich mich immer wieder an die philosophischen (ob nun stoischen, epikureischen, kynischen oder skeptischen) Prinzipien erinnern, um alte Gewohnheiten abzulegen. Das Wiederlesen dieser Notizen könnte dazu eine gute Übung sein, aber auch mit Gleichgesinnten darüber zu sprechen. Dabei wäre es gut, ganz bei mir zu bleiben (und nicht allzu viel über andere nachzudenken). Und die tägliche Meditation über diese philosophischen Erkenntnisse könnte hilfreich sein, um mir klar zu machen, dass mich die äußeren Dinge gar nicht berühren können. Auf Ruhm und Anerkennung will ich ganz verzichten, denn was andere über mich denken, steht ohnehin nicht in meiner Macht. Auf der Suche nach dem guten Leben darf ich nicht (mehr) umherirren, denn die Zeit, die mir noch bleibt, ist sehr kurz.

---

555 Hadot, Philosophie als Lebensform, S. 114.
556 Marc Aurel, Selbstbetrachtungen, Fünftes Buch, 2.
557 Ebenda, Drittes Buch, 10.
558 Ebenda, Zwölftes Buch, 26.
559 Vgl. Hadot, Die innere Burg, S. 190.

Zwölf

Auf der Suche nach Lebensweisheit

Das philosophische Leben

Die philosophische Praxis

Der Philosoph ist nicht weise, sondern strebt nach Weisheit (*sophia*), hatten wir gesagt. Deshalb heißt es seit Platon, der Weise philosophiert nicht (ebenso wenig wie die Götter), aber auch nicht die völlig Unwissenden. Nur die, die ihre Unwissenheit erkannt haben, können „Weisheitsfreunde", Philosophen, genannt werden: „Eines ist, wer nach Weisheit strebt, ein anderes, wer sie schon erreicht hat", sagt Seneca.[560] Philosophie ist eine Lebensform und daher eine gelebte Übung; Philosoph ist jemand, der sich in Weisheit übt.[561] Der stoische Weise ist ein Ideal und Vorbild, den es (vermutlich) *in persona* nie gegeben hat. Philosoph zu sein, ist daher auch kein »Zustand«, der einmal und für immer erreicht werden könnte, sondern das Ziel eines fortwährenden Bemühens, das der steten Übung bedarf. Die Stoiker stellen sich den Weisen als jemanden vor, der in vollkommener Übereinstimmung mit der Natur lebt und sich durch vernünftige Einsicht vollständig von seinen Affekten befreit hat und deshalb apathisch ist. Apathie bedeutet (nicht Teilnahmslosigkeit oder Gleichgültigkeit wie in der modernen Medizin, sondern) wörtlich Affektlosigkeit. Die Affekte stehen dem glückseligen Leben im Weg, d. h. diese Apathie oder Leidensfreiheit führt zur Eudaimonie, dem glücklichen, gelingenden, blühenden, wohlfließenden Leben.

560 Seneca, De vita beata / Vom glücklichen Leben, 24.
561 Hadot, Wege zur Weisheit, S. 256.

Die geistigen Übungen sollen dazu beitragen, sich nicht nur theoretisch mit Philosophie zu beschäftigen, sondern sollen in der Praxis zur Glückseligkeit führen.[562] Es gibt daher, wie wir gesehen haben, neben dem philosophischen Diskurs (dem theoretischen Philosophieunterricht) eine philosophische Lebensweise, die gelebte Praxis der Tugenden, die der Lebensweise der gewöhnlichen Menschen entgegensteht: In erster Linie geht es darum, besser zu werden und sich zu verbessern. In diesem Sinn ist Philosophie eine alte Form der Selbstoptimierung. Alle Schulen hätten die Gefahr angeprangert, sagt Pierre Hadot, in die sich der Philosoph begibt, wenn er glaubt, seine philosophische Theorie könne sich selbst genügen und müsse nicht mit dem philosophischen Leben übereinstimmen. Diejenigen, die eine scheinbar philosophische Theorie entwickeln, ohne zu versuchen, ihr Leben mit der Theorie in Beziehung zu setzen, und bei denen die Theorie sich nicht aus ihrer Erfahrung und ihrem Leben ergibt, würden seit Sokrates' Zeiten abwertend von den Philosophen »Sophisten« genannt.[563] Ein Sophist sei jemand, der weise erscheinen will, ohne es zu sein – die Sophistik sei nämlich keine wirkliche, sondern scheinbare Weisheit, sagt der Platonschüler Aristoteles, und der Sophist sei jemand, der mit scheinbarer, nicht mit wirklicher Weisheit Geschäfte macht.[564]

Wenn man als Philosoph leben will, muss man die Philosophie, das Streben nach Weisheit, auch praktizieren. Wie die Stoiker ihre Philosophie gelebt haben, wissen wir nicht genau, da viele Zeugnisse über die in dieser Schule praktizierten geistigen Übungen verloren gegangen sind. Sicher ist aber aus späteren Schriften, dass die Teile der stoischen Philosophie (Ethik, Physik, Logik) nicht nur aus theoretischen Diskursen bestanden, sondern

---

562 Paul Rabbow (1867–1956), der als erster diese Übungen der griechisch-römischen Philosophie zusammengestellt hat, spricht von „methodischer Seelenleitung", von der „Technik der Exerzitien und psychoasketischen Akten", „Praktiken der Selbstdisziplinierung" oder „Technologie der sittlichen Lebensbehandlung". Treibende Kraft in diesem Methodismus sei die Stoa gewesen (und weniger Epikur). In dieser Praxis der Seelenleitung werde die Lehre der antiken Philosophien zu einem tiefgreifenden Leben, Wollen und Tun; Paul Rabbow, Seelenführung: Methodik der Exerzitien in der Antike, München 1954, S. 15/16.

563 Hadot, Wege zur Weisheit, S. 203.

564 Aristoteles, Organon VI: Sophistische Widerlegungen, in: ders., Philosophische Schriften in sechs Bänden, Bd. 2, übersetzt von Eugen Rolfes, Hamburg 1995, 164a.

konkrete Übungsgegenstände darstellen.[565] So ist die Logik nicht nur abstrakte Theorie und theoretische Argumentation (die sich auf Syllogismen beschränkt), sondern eine Überprüfung des Denkens und Sprechens, als tägliche Praxis auf das alltägliche Leben angewandte Logik. Da die Affekte grundsätzlich auf einer falschen Meinung, einem falschen Urteil beruhen, muss man immer wieder erneut überprüfen, ob sich nicht eine falsche Meinung oder ein falsches Urteil in das Denken eingeschlichen hat.

Marc Aurel ermahnt sich, seine Urteilsfähigkeit in Ehren zu halten und darauf zu achten, dass in der herrschenden Vernunft keine Meinung entsteht, die nicht der Natur entspricht, also muss man vorsichtig sein beim Zustimmen. Man müsse sich immer einen Begriff oder ein Bild von dem Gegenstand machen, der in unserer Vorstellung vorkommt, so dass man ihn seinem Wesen entsprechend ganz unverhüllt und in allen Einzelheiten sieht.[566] Die Übungen sollen daher helfen, die Wirklichkeit so zu nehmen, wie sie ist, ohne ein eigenes Urteil hinzuzufügen. Wenn etwa das ganze Unglück der Menschen daher rührt, dass sie versuchen, etwas zu erlangen und zu behalten, auch auf die Gefahr hin, es nicht zu bekommen oder wieder zu verlieren, oder sie versuchen, etwas zu vermeiden, was unvermeidbar ist, dann habe die Philosophie die Aufgabe, den Menschen zu erziehen, nur das erreichen zu wollen, was er auch erlangen kann und nur das zu vermeiden suchen, das er auch vermeiden kann.[567] Denn nur was von unserer Willensfreiheit abhängt, steht in unserer Macht. Unmöglichem nachzujagen, sei Wahnsinn, sagt Marc Aurel.[568] Auch die stoische Physik ist keine abstrakte Theorie, sondern ein Gegenstand geistiger Übung, etwa sich selbst als Teil des Ganzen zu erkennen und zu sehen, wie sich alles verändert und wandelt. Marc Aurel empfiehlt, sich ein Verfahren anzueignen, um zu betrachten, wie sich alles wandelt und sich darin unablässig zu üben.[569]

Fast alle antiken Philosophenschulen würden Askese oder Übungen der Selbstbeherrschung kennen (*askêsis* bedeutet „Übung"), so Hadot weiter, etwa eine platonische Askese, auf sinnliche Vergnügungen zu verzichten und eine bestimmte Ernährungsweise zu praktizieren; eine kynische Askese, die auch Stoiker machen, sich abzuhärten und unabhängig zu werden, auf Luxus und Komfort zu verzichten und sich im Ertragen von Hunger,

565 Hadot, Wege zur Weisheit, S. 161.
566 Marc Aurel, Selbstbetrachtungen, Drittes Buch, 11.
567 Hadot, Philosophie als Lebensform, S. 15.
568 Marc Aurel, Selbstbetrachtungen, Fünftes Buch, 17.
569 Ebenda, Zehntes Buch, 11.

Kälte und Beleidigungen zu üben; eine pyrrhonische Askese, alles gleichgültig anzusehen; und eine epikureische Askese, die Begierden einzuschränken, um zur reinen Lust zu gelangen. Die Askese der Stoiker bestehe darin, ihr Urteil über die Dinge zu berichtigen, um zu erkennen, und nicht an den gleichgültigen Dingen, den *Adiaphora*, zu hängen, um von Begierden, Verlangen und Begehrlichkeiten loszukommen.[570]

Jede Angewohnheit und jede Fähigkeit werde durch das entsprechende Tun erhalten und gefördert, sagt Epiktet: Wer lesen will, müsse lesen; wer schreiben will, müsse schreiben. Wenn man zehn Tage im Bett liegt, falle einem das Laufen schwer. Wenn man eine Fähigkeit erlangen will, müsse man sie ausführen. Aristoteles hatte gesagt, dass man Kithara spielen lernt, indem man Kithara spielt. Eine ethische Tugend eigne man sich an, indem man sie ausübt. Und wenn man nicht will, dass etwas zur Gewohnheit wird, sollte man es nicht tun, sagt Epiktet. So sei das auch bei den psychischen Eigenschaften: Wenn man wütend wird, verstärke man diese Angewohnheit und gieße damit Öl ins Feuer. Wenn man sich zum Sex verführen lässt, verstärke man zugleich seine Unbeherrschtheit. Auf diese Weise entstehen auch die psychischen Krankheiten, wie die Philosophen sagen: Wenn man das Verlangen nach Geld ergreift und es nicht mit der Vernunft bremst, lasse sich die Psyche beim nächsten Mal schneller reizen. Wie man nach einem Fieberanfall auch nicht gleich wieder gesund sei, so sei es auch mit den Affekten: es bleiben psychische Spuren und Narben zurück, die, wenn sie nicht verheilen, erneut aufreißen und zu offenen Wunden werden können. Wenn man nicht jähzornig sein will, dürfe man nicht zornig oder wütend werden. Stattdessen sollte man die Tage zählen, an denen man es geschafft hat, nicht wütend zu sein. Wenn man es gewohnt war, täglich wütend zu werden, sei es eine Leistung, erst einen, dann drei, vier Tage nicht wütend zu werden. Wenn man dann zwei, drei Monate nicht wütend war, sei man auf dem richtigen Weg, den Affekt der Wut auszurotten.[571] Für diese stoischen Übungen braucht man den rechten Entschluss und die richtige Einstellung (und man dürfe sich nicht von irgendwelchen Vorstellungen überrumpeln lassen), um Selbstherrschaft, Freiheit, ein gelingendes Leben und Ataraxie zu erreichen.

570 Hadot, Wege zur Weisheit, S. 221.

571 Epiktet, Gespräche, Fragmente, Handbuch, II 18, S. 188/119; vgl. Epiktet, Handbüchlein der Moral: Auswahl aus den Unterredungen, Fragmente, S. 94/95.

Die Antizipation künftigen Übels

Wenn mein Leiden aus dem Missverhältnis zwischen meinem Wollen und der Wirklichkeit, der Welt, entsteht, dann müsse eines von beiden geändert werden, wie Schopenhauer ironisch formuliert hat. Vielleicht haben wir die Tendenz, zunächst die Wirklichkeit verändern zu wollen. Aber die Welt, das Universum, ist eine große, zu große Sache. Deshalb wäre es wohl vernünftiger, unser Wollen und Wünschen dem Lauf der Welt anzupassen, um der Ataraxie und Eudaimonie näherzukommen (und besser mitzulaufen wie der an den Wagen gebundene Hund).

Eine geistige Übung besteht darin, mit allem zu rechnen und auf alles gefasst zu sein: es nehme dem Unglück die Gewalt, wenn wir es uns vergegenwärtigen (und nicht in eine ferne Zukunft verschieben), schreibt Seneca.[572] Ich sollte also besser mit allem Möglichen rechnen (anstatt blind zu hoffen: „es wird schon werden"). So könnte ich meinen Job, meine Partnerin, mein Kind verlieren; ein Krieg, eine Pandemie, eine Naturkatastrophe könnte ausbrechen. Das heißt aber nicht, dass ich mich mit dieser stoischen Übung permanent in heller Aufregung befinde, sondern ich sollte mit der (realen) Möglichkeit rechnen, dann bin ich weniger überrascht, wenn es tatsächlich passiert. Wenn ich dagegen diese Möglichkeiten verdränge und beiseite schiebe, führt das vielmehr zu innerer Unruhe und Schlafstörungen, so meine Erfahrung. Um die Unerschütterlichkeit und Gelassenheit des Weisen zu erreichen, muss ich mir aller Möglichkeiten bewusst sein. Natürlich ist nach solch einem Ereignis mein Leben nicht zu Ende, und es wird sich eine Lösung für das Problem finden. Aber ich werde älter, krank werden und bald sterben.

Diese geistige Praktik der Stoiker heißt *praemeditatio* (*malorum*), das geistige Vorwegnehmen (eines Übels), bei der es darum geht, Schicksalsschläge, Leiden und Tod zu antizipieren, um vorbereitet zu sein. Durch sie will der Philosoph den Schock der Wirklichkeit abschwächen und dadurch die Gemütsruhe, den Seelenfrieden, (wieder) herstellen. So kann er sich auf Alter, Armut, Krankheit und Tod geistig einstellen, und wenn dann etwas Derartiges eintritt, ist man darauf vorbereitet und bleibt gefasst. Es sei eine alte Weisheit, schreibt Rabbow, dass der Mensch gut tue, die Widrigkeiten und Wechselfälle des Lebens in Zeiten des Glücks zu bedenken, um einer Trübung seiner Seelenruhe, einer Erschütterung des inneren Gleich-

572 Seneca, Trostschrift an Marcia, in: ders., Philosophische Schriften I, IX 5.

gewichts bei ihrem Eintritt vorzubeugen. Diese alte Lebensregel des Sichgefasstmachens sei schon früh zu methodischen Übungen gestaltet worden, in denen Unglücksmöglichkeiten in bestimmten planmäßigen Akten des Vordenkens meditiert wurden als mir zustoßende Wirklichkeit.[573]

Die berühmteste Übung ist wohl die, das Sterben zu lernen; sie findet sich bereits bei Platon im *Phaidon.* Sokrates sagt dort, ein Mensch, der sein Leben wahrhaft mit Philosophie zugebracht hat, müsse zuversichtlich sein, wenn er im Begriff sei zu sterben. Alle, die sich auf die rechte Weise mit Philosophie befassen – verborgen vor den anderen –, würden nichts anderes machen, als zu sterben und tot zu sein.[574] Die Philosophie sei eine Übung im Sterben, indem sich der Philosoph diesen Prozess klar macht (bei Platon die Trennung von Körper und Seele, bei Epikur das Erlöschen der Psyche). So sagt auch Epiktet: „Tod, Verbannung und alles andere, was als furchtbar gilt, halte dir täglich vor Augen, besonders aber den Tod, und du wirst niemals kleinliche Gedanken haben oder etwas übermäßig begehren."[575] Ich stelle mir daher vor, wie beim Eintreten meines eigenen Todes mein Bewusstsein erlischt, und ich dann nicht mehr existent bin. Das nimmt mir die Angst sowohl vorm Tod als auch vorm Sterben.

Diese Übung findet sich bei Epikur in der Form, dass er schreibt, man solle sich daran gewöhnen, dass der Tod keine Bedeutung hat, weil alles Gute und Schlechte in der Wahrnehmung und Empfindung liege. Der Tod sei nun aber gerade die Aufhebung von Wahrnehmung und Empfindung, daher mache die Erkenntnis, dass der Tod keine Bedeutung für uns hat, die Sterblichkeit erst zu etwas, was wir genießen können (nicht indem sie eine unendliche Zeit zum Leben hinzufügt, sondern) indem sie das Streben nach Unsterblichkeit aufhebt.[576] Wer den Tod fürchtet, werde nie lebensfroh, sagt Seneca. Wer aber weiß, dass ihm sein Los im Augenblick, als er gezeugt wurde, bestimmt ist, der werde entsprechend seiner Bestimmung leben und durch diese Seelenstärke erreichen, dass für ihn von dem, was ihm zustößt, nichts unvermutet trifft: „Indem er nämlich auf alles, was geschehen kann, gefasst ist, als würde es geschehen, lindert er die Wucht aller Schicksalsschläge, die jemandem, der auf sie vorbereitet ist und sie erwartet, nichts Unverhofftes bringen, aber Menschen, die sich geborgen glauben und nur

573 Rabbow, Seelenführung, S. 160.

574 Platon, Phaidon, 64a; vgl. Hadot, Wege zur Weisheit, S. 88.

575 Epiktet, Handbuch der Moral, 21, S. 29.

576 Epikur, Brief an Menoikeus, 124.

nach Glück ausschauen, schwer heimsuchen."[577] Ich mache mir klar, dass der Tod das Ende meiner Empfindung und meines Bewusstseins ist und dass es nach meinem Tod für mich nichts Gutes oder Schlechtes mehr gibt, weil ich nicht mehr bin. Der Tod geht mich nichts an; ich muss mich nicht um ihn kümmern. So wie Epikur bereits sagte: Wenn ich da bin, ist der Tod nicht da, und wenn der Tod da ist, bin ich nicht mehr da!

Meine Ausgangsfrage, wie ich mit Kummer und Sorgen umgehen kann, behandelt Cicero in seinen *Gesprächen in Tusculum*: Dass Kummer und Sorgen immer dann entstehen, wenn etwas so zu sein scheint, dass wir meinen, ein großes Übel stehe bevor und bedränge uns, sei offenkundig. Kummer werde vor allem durch die Erwartung eines bevorstehenden Übels hervorgerufen, das unvermutet und unerwartet eintritt. Dieses Vorbedenken und Vorwegnehmen kommender Übel mildere ihr tatsächliches Auftreten, da man sie von weitem kommen sehe. Ein übles Ereignis sei nur dann bitter, wenn man vorher nicht daran gedacht hat. Es gebe also keinen Zweifel, dass alles, was als Übel gilt, dann schlimmer ist, wenn es unvorhergesehen kommt. Weil das Voraussehen und die geistige Vorbereitung viel zur Verminderung des Kummers und der Sorgen beitrage, solle man alles Menschenmögliche bedenken. Die Weisheit bestehe darin, die menschlichen Angelegenheiten bis in Innere erfasst und bedacht zu haben, sich über nichts zu wundern, wenn das Unglück eingetreten ist, und von nichts vor seinem Eintreten zu glauben, es könne nicht geschehen. Gerade wenn das Glück am größten ist, soll man Gefahren und Unglück erwarten und erkennen, dass dies jeden treffen könne.[578]

Dagegen vertritt Epikur die Meinung, die Vorstellung eines Übels sei von Natur aus schon Kummer, so dass jeder, der auf irgendein größeres Übel seinen Blick richtet, sofort von Kummer befallen werde, wenn er sich vorstellt, es sei ihm schon zugestoßen. Gegen diese stoische Praxis hat er eingewandt, dass man sich mit dem Vorausbedenken eines künftigen Übels nur unnötig belaste, denn wenn das Übel in der Vorstellung liegt (und nicht in der Natur der Sache), warum sollten dann die vorausbedachten Ereignisse leichter sein? Epikur geht davon aus, dass alle Kummer empfinden müssen, die glauben, im Unglück zu sein, sei es vorausgeahnt oder schon da. Das Vorausbedenken eines (zukünftigen) Übels, das vielleicht nicht einmal eintreten wird, hielt er sogar für ziemlich dumm. Hassenswert ge-

577 Seneca, De tranquillitate animi / Die Ruhe der Seele, in: ders., Schriften zur Ethik, 11, 6.

578 Cicero, Tusculanae disputationes / Gespräche in Tusculum, III 28-30.

nung sei ja ohnehin jedes Übel, wenn es eingetreten ist; wer aber immerzu daran denkt, dass sich irgendetwas Schlimmes ereignen könnte, dem werde dieser Gedanke zu einem immerwährenden Unglück. Und wenn dann dieses Unglück noch nicht einmal eintritt, nehme man vergeblich ein (freiwilliges) Elend auf sich und ängstige sich allein durch den Gedanken an das Erleiden eines Übels.[579] Eine Linderung des Kummers sieht er in der Abwendung von bedrückenden Gedanken und in der Hinwendung zur Betrachtung an etwas Schönes und Lustvolles.

Obwohl sie sich zu widersprechen scheinen, halte ich aus eigener Erfahrung beide, sowohl die stoische als auch die epikureische Ansicht für richtig. Zunächst hatte ich in meinem Leben (wie wohl viele andere auch) mir häufig Sorgen gemacht, indem ich Gedanken zuließ und verstärkte, ich könnte bald kein Geld mehr haben, könnte meine Miete nicht mehr bezahlen oder meine Freundin könnte mich verlassen (was sie dann auch tat, weil ich durch meine Angst nicht mehr zu ertragen war). Von daher gebe ich Epikur Recht, dass es sogar dumm ist, sich ein Übel auszumalen und Angst davor zu haben, das dann noch nicht einmal eintritt, denn das kann geradezu als Ursache von Kummer und Sorgen angesehen werden. Andererseits wäre es ziemlich naiv, nicht vorbereitet zu sein, mag da kommen, was wolle. Dazu muss die (freiwillige) Übung eine absichtliche Vorwegnahme dessen sein, was passieren könnte, und darf sich nicht zu einem unabsichtlichen Affekt verselbstständigen, der mich Tag und Nacht verfolgt und über den ich die Kontrolle verloren habe. Denn Kummer und Sorgen schützen nicht vor einem Übel, sondern sind als Affekt selbst eines.

Bei der Wut fällt es mir, glaube ich, leichter: Wenn mal wieder jemand mit seinem Auto den Gehweg versperrt oder mir die Vorfahrt nimmt, dann sage ich mir, der Typ ist es nicht wert, dass ich ihm meine stoischen Grundsätze opfere – und damit meine Seelenruhe. Bei Kummer und Sorgen fällt es mir schwerer; sie kann ich aber abmildern, denn dahinter steckt immer eine Vorstellung, was künftig passieren wird, und ich brauche mir bloß zu sagen: „Das weißt du doch gar nicht!" Die allermeisten Übel, die ich erwartet habe, sind nie eingetreten.

Zusammenfassend sagt Cicero, die Ursache des Kummers sehen die Stoiker in der Vorstellung und Annahme eines großen Übels, das uns bedrängt, worauf wir mit Betrübnis reagieren und wodurch der schwere Affekt des Kummers entstehe.[580] Das Übel aber halten sie in der Vorstellung

579 Ebenda, III 32.
580 Ebenda, III 61.

(nicht in der Natur) begründet, weshalb es in meiner Macht liege, Kummer und Sorgen abzulegen bzw. gar nicht erst auf mich zu nehmen. Der Weise lasse sich also nicht von Kummer und Sorgen peinigen, denn was am Kummer übel sei, halten die Stoiker für eine freiwillige Entscheidung und einen Irrtum in der Vorstellung. Die Philosophie könne den Kummer beseitigen, indem diese Entscheidung nicht getroffen und die irrige Vorstellung beseitigt wird. Dem Weisen liege der Kummer fern, weil er sinn- und nutzlos sei. Ihn trifft nichts unerwartet, er macht sich aber auch nicht verrückt.

Für die Affekte, so Cicero, gebe es verschiedene Behandlungsmethoden, denn nicht jeden Kummer könne man auf dieselbe Art heilen. Dasselbe gelte auch für die vier Grundaffekte insgesamt (und damit für alle Affekte).[581] Man nehme die Affekte auf sich, weil es richtig zu sein scheine, und diesen Irrtum wolle die Philosophie beseitigen. Kurz: Affekte bewirken ein unglückliches Leben, die Beruhigung aber ein glückliches. Derjenige, der von solch schweren Erregungszuständen frei ist, ist glücklich: „Der Weise aber ist immer in einem solchen Zustand; der Weise ist also immer glücklich."[582] Und da nur das gut ist, was tugendhaft ist, besteht das glückliche Leben für die Stoiker allein aus Tugend.

Mein Kummer und meine Sorgen, von denen ich anfangs berichtet habe, beruhten nicht auf Tatsachen, sondern auf meinen Gedanken. Um Kummer und Sorgen wieder loszuwerden, brauche ich bloß mein Denken zu ändern. Und gerade mein Denken steht ja in meiner Macht! Dass das für mich in dem Moment nicht einfach war, lag daran, dass ich dem Affekt schon längst meine Zustimmung gegeben hatte und dieser mich dann mitriss. Als Übung hilft mir hier, mir klar zu machen, dass ich nicht genau weiß, was da als Übel auf mich zukommen könnte. Hilfreich finde ich auch, die Gegenthese dazu aufzustellen und mit meiner Meinung in der Schwebe zu bleiben (wenn es mir schon nicht gelingen will, keine Meinung mehr zu haben). Der Kummer liege dem Weisen fern, weil er sinnlos ist, weil man ihn vergebens auf sich nimmt und er nicht von Natur aus entsteht, sondern durch meine Entscheidung, durch meine Einladung des Schmerzes, sagt Cicero. Wenn ich diese Vorstellung, dass dieses und jenes eintreten werde, wegnehme, verschwindet automatisch der Kummer. Die Philosophie verspreche, dies bewirken zu können, wenn wir nur ihre Behandlung annehmen.[583]

581 Ebenda, IV 59.
582 Ebenda, V 43.
583 Ebenda, III 84.

Furcht, Kummer und Sorgen entstehen laut Epiktet dadurch, dass man sich um den Bereich kümmert, auf den man keinen Einfluss hat. Zu dem, worüber wir nicht gebieten, rechnet er neben Ansehen und gesellschaftlicher Stellung den Körper und den Besitz – das seien „fremde Dinge". Wenn man sich um diesen Bereich kümmert, müsse man zwangsläufig scheitern und unglücklich werden. Wenn man sich aber angewöhnt habe, diese fremden Dinge von den eigenen zu unterscheiden und sein Begehren auf die Dinge richte, die einen selbst betreffen, werde man nichts mehr fürchten und unerschütterlich sein, weil nichts mehr furchterregend sein könne.[584] Ich muss also immer wieder einüben, nur das zu begehren, was in meinem Machtbereich liegt und alles andere so sein lassen, wie es ist.

Es gebe mehr Dinge, schreibt Seneca an Lucilius, die uns nur schrecken, als solche, die uns wirklich hart zusetzen. Öfter würden wir unter einer Einbildung leiden als unter einer Tatsache. Deshalb sollten wir nicht vor der Zeit unglücklich sein, denn vielleicht trifft das Befürchtete niemals ein, sicher ist es aber noch nicht eingetroffen. Wir sollten daher den Schmerz nicht noch vermehren, indem wir ihn vorwegnehmen oder uns einbilden.[585] Er formuliert dafür eine Regel: „Wir quälen uns entweder mit dem Gegenwärtigen oder mit dem Zukünftigen oder mit beidem ab." Hinsichtlich des Gegenwärtigen sei das Urteil leicht: Ist Dein Körper frei und gesund, gebe es keinen Kummer aufgrund irgendeiner Kränkung; und für das, was in der Zukunft liegt: „Heute macht es uns noch keine Schwierigkeiten."[586] Wir sollen daher prüfen, ob es irgendwelche sicheren Beweisgründe für ein zukünftiges Unglück gibt, ansonsten würden wir nur unter Vermutungen leiden; zu rasch würden wir uns einem Vorurteil anschließen; nicht würden wir das als irrtümlich abweisen, was uns in Schrecken versetzt, sondern würden zittern und bibbern. Er wisse nicht, wie es kommt, aber Wahnvorstellungen würden uns mehr verwirren als die Wirklichkeit. Wir sollten daher die Angelegenheit sorgfältig prüfen. Wahrscheinlich sei, dass irgendein Unglück geschehen wird, doch deswegen sei es noch lange nicht Wirklichkeit. Wie oft haben wir schon etwas erwartet, dass dann nie eingetroffen ist!

584 Epiktet, Handbüchlein der Moral: Auswahl aus den Unterredungen, Fragmente, I 27, S. 60/61.

585 Seneca, Briefe an Lucilius, 13. Brief, 4/5.

586 Ebenda, 13. Brief, 7.

Die stoische Brille

Meiner Ansicht nach gibt es beim Verstehen dessen, was der stoische Weise ist oder darstellt, insbesondere zwei Schwierigkeiten: Zum einen wird oft nicht hinreichend zwischen Emotionen und Affekten unterschieden, zum anderen scheint nicht richtig klar zu werden, was es bedeutet, nur in dem Bereich handeln zu wollen, der auch in meiner Macht liegt. Die Missverständnisse, die daraus resultieren, sind solche wie der stoische Weise habe überhaupt keine Gefühle und sei noch nicht einmal traurig, wenn sein eigenes Kind stirbt; er sei gefühlskalt und ignorant, da ihm alles egal sei; außerdem würde er sich nicht um soziale Missstände kümmern, weil er der Meinung sei, es gehe ihn nichts an. Er sei daher sozial inkompetent und würde mit seinem Egoismus nicht zur gesellschaftlichen und politischen Verbesserung beitragen. – Beides ist nicht richtig; keine solcher Aussagen findet sich bei den Stoikern!

Die Stoiker wollen Affekte ausmerzen und eliminieren, nicht aber Gefühle und Emotionen vermeiden. Natürlich hat der Weise Gefühle wie jeder andere Mensch auch; ihm ist heiß oder kalt, überrascht oder verschreckt, selbstverständlich traurig, wenn er einen Verlust erleidet, und er hat körperliche Schmerzen, wenn er verletzt wird. Der stoische Weise macht aber keinen Affekt daraus. Ein Affekt (*pathos*) ist das, was einem widerfährt, was man erleidet, was einen ergreift und mitreißt; ein exzessiver Impuls, der einen die Kontrolle verlieren lässt. Ein Mensch im Affekt, sei es nun Hass, Zorn, Mitleid, Neid, Eifersucht, Kummer und Sorgen oder Verliebtheit, ist der Vernunft oder rationalen Argumenten nicht zugänglich. Solche Erregungszustände verhindern die Seelen- oder Gemütsruhe und damit die Glückseligkeit.

Wenn jemand stirbt, im schlimmsten Fall das eigene Kind, ist der Weise natürlich traurig und betrübt wie jeder andere auch; er lässt sich aber von dieser Trauer nicht dauerhaft herunterdrücken und zieht sich nicht die Bettdecke über den Kopf in der Meinung, er könne nicht mehr weiterleben, geschweige denn glücklich sein. Kurz: der stoische Weise leidet nicht unter Affekten. Natürlich freut er sich, ist vorsichtig und gutwillig. Ihm ist nicht alles egal und gleichgültig, und er ist keinesfalls ignorant. Nur die gleichgültigen Dinge (*adiaphora*) sind ihm egal, weil sie für das Glück irrelevant sind. Hinter den Affekten stehen laut Stoa immer falsche Urteile, und der Weise fällt keine falschen Urteile – eben weil er weise ist. Wir dürfen aber nicht vergessen, dass dieser Weise ein Ideal ist, und der Philosoph ist nicht weise, sondern strebt nach Weisheit.

Nur das zu verändern (und verändern zu wollen), was in meiner Macht steht und sich ansonsten einzugestehen, dass man machtlos ist, ist eine klare Unterscheidung und kein Eingeständnis sozialer Inkompetenz, wie es oft verstanden wird. Ich glaube, es geht zunächst einmal darum, das im Alltag zu unterscheiden, zu erkennen und anzuwenden: Wenn jemand etwas macht, was ich missbillige, dann kann ich mich darüber aufregen und mich in einen Affekt hineinsteigern – und meine Eudaimonie opfern. Wäre es nicht klüger, das als außerhalb meines Einflussbereiches anzuerkennen, um gelassen, heiter und glücklich zu bleiben? Während der Epikureer sich eher zurückzieht, könnte der Stoiker sich sozial engagieren und auch ein politisches Amt übernehmen.

Wenn ich mir klar mache, was ich verändern und beeinflussen kann (und was nicht), ist das doch nur ein Gebot der Klugheit, denn was nützt es, das verändern zu wollen, was man definitionsgemäß nicht verändern kann? Zwischen diesen beiden Bereichen zu unterscheiden, ist meiner Meinung nach nicht so schwierig, wie oft behauptet wird, sondern man braucht einen klaren, ausgeschlafenen Blick. Wenn man diesen Unterschied sehen kann, dann hilft das, nicht mehr Unmögliches angehen zu wollen, sondern zielgerichtet und effektiv zu handeln. So bleibt endlich auch mehr Zeit für Muße.

Darüber hinaus gibt es noch weitere Hindernisse auf dem Weg, die Eudaimonie zu erreichen, wie zu wenig Skepsis oder ein starkes Streben nach Sicherheit. Wenn man sich klar macht, dass es im Leben keine wirkliche Sicherheit gibt, können wir viele Ängste verlieren. Philosophieren heißt sterben lernen und auf den Tod vorbereitet zu sein. Außerdem haben wir gewöhnlich zu allem und jedem eine Meinung und streiten uns mit anderen darüber. Die Stoiker haben von den Skeptikern gelernt: Zu Dingen, die wir nicht genau wissen, brauchen wir gar keine Meinung zu haben.

Seneca empfiehlt immer wieder, nicht wie das Vieh der Masse zu folgen und sich stattdessen in sich selbst zurückzuziehen und Fenster und Türen zu schließen – das sei Muße. Dieser Müßiggang ist nicht aller Laster Anfang, sondern die Muße dient dazu, Philosophie zu studieren und nach Weisheit zu streben, denn der Philosophie zu dienen, bedeute Freiheit.[587] Die Philosophie zeige sich nicht in Worten, sondern im Handeln. Sie lasse sich nicht dazu gebrauchen, mit einigem Vergnügen den Tag rumzubringen, um dem Müßiggang die Langeweile zu nehmen: „Sie formt und prägt

587 Ebenda, 8. Brief, 7.

den Geist, ordnet das Leben, regelt die Handlungen, zeigt, was man tun und lassen muss, sitzt am Steuerruder, und durch die Gefahren der Fluten lenkt sie den Kurs."[588] Ohne die Philosophie könne niemand furchtlos leben, niemand unbesorgt.

Mit der stoischen Brille kann ich nun manche Dinge klarer und deutlicher sehen. Wenn die Stoa zwischen dem unterscheidet, was in meiner Macht steht und ich beeinflussen kann, und dem, was nicht in meiner Macht steht und ich nicht beeinflussen kann, dann ist eine Diskussion über diese Unterscheidung eigentlich überflüssig, denn das ist eine Definition. Vielleicht kann man noch darüber diskutieren, wo genau die Grenze verläuft (manche sagen ja, das sei schwer herauszufinden), aber es ist schon verwunderlich, wie viel Energie wir manchmal darauf verwenden, Dinge zu beeinflussen und zu verändern, die wir gar nicht beeinflussen oder ändern können. Wer der nächste amerikanische Präsident wird, kann ich als Europäer kaum (ich würde sogar sagen, gar nicht) mitbestimmen, also brauche ich mich darüber nicht aufzuregen oder zu freuen, sowenig wie ich auf den Sonnenaufgang, das Wetter oder die Jahreszeiten einen Einfluss habe. Deshalb hat Epiktet völlig Recht, dass ich mir dann sagen muss, es geht mich nichts an, es ist nicht mein Bier, *not my business*. Wenn ich versuche, in dem Bereich Einfluss nehmen zu wollen, der dadurch definiert ist, dass ich ihn nicht beeinflussen kann, werde ich klagen, die Fassung verlieren, meine Pläne nicht verwirklichen können und mein Glück aufs Spiel setzen.

Hier brauche ich einen klaren Blick durch die stoische Brille, um deutlich zu sehen, wo ich mich gar nicht abzumühen brauche – und so meine Ruhe und Glückseligkeit bewahren kann. Darunter fällt für mich auch, was andere tun und denken, auch über mich. Soll ich wirklich zu dem Arbeiter laufen, der morgens um sieben vor meinem Schlafzimmerfenster lautstark sein neues Arbeitsgerät demonstriert? Oder den Schaffner anbrüllen, weil der Zug Verspätung hat? Wie könnte ich das, was andere über mich denken, beeinflussen? Und ist das überhaupt meine Angelegenheit? Ist es sinnvoll, sich über das Wetter aufzuregen? Über Autofahrer? Über Vorgesetzte? Über Handwerker? Über Politiker? – Natürlich liegt es in meiner Freiheit, dies zu tun, aber wäre das auch vernünftig? Jedenfalls ist der Preis dafür ziemlich hoch: Ich verschwende nicht nur meine knappe und kostbare Lebenszeit mit Unnötigem, sondern ich opfere meine Glückseligkeit.

Noch etwas anderes wird durch die geputzte Brille deutlich: Viele glauben, ein „Recht" auf Wut zu haben – nur dieses Recht existiert nicht! Über-

588 Ebenda, 16. Brief, 3.

haupt kann ich lernen, dass ich nicht mit anderen zu diskutieren brauche, die gerade von einem Affekt mitgerissen werden, denn sie sind (in dem Moment) vernünftigen Argumenten nicht zugänglich. Affektfreiheit oder Apathie muss ich als Befreiung vom Leiden begreifen, und mit der stoischen Brille machtlos zusehen, dass ich andere nicht von ihren Affekten befreien kann. Auch einfach keine Meinung zu haben, wie der Skeptiker oder der stoische Weise, erscheint mir erstrebenswert. Denn entweder weiß ich etwas (in sokratischer Tradition) oder es ist nicht sicher. Wieso sollte ich einem Eindruck oder einer Vorstellung zustimmen, deren Gegenteil genauso gut wahr sein könnte? Ich empfinde es nun als befreiend, einfach mal keine Meinung zu haben, denn das trägt zu meiner inneren Ruhe und Gelassenheit bei und damit zu meiner Eudaimonie. Daher ist es eine weitere tägliche Übung für mich, aufmerksam zu sein und mich immer wieder dabei zu ertappen, wenn ich mir schon wieder eine Meinung bilden will.

Eine Schwierigkeit auf dem Weg zum stoischen Weisen scheint mir zu sein, nur das zu wollen, was sich auch verwirklichen lässt. Wenn ich etwas will, das ich nicht bekommen kann, werde ich unglücklich. Ich soll nicht verlangen, dass alles, was geschieht, so geschieht, wie ich es will (denn das wäre kindisch), sondern wünschen, dass alles so geschieht, wie es geschieht – dann werde ich glücklich, wie Epiktet sagt. Der Philosoph bringt seinen Willen in Übereinstimmung mit dem Weltgeschehen: Was geschieht, geschieht nicht gegen seinen Willen, und er will nicht etwas, das nicht geschieht oder nicht geschehen kann. So werde man keinem Zwang ausgesetzt, sondern lebt in vollkommener Übereinstimmung und Harmonie mit der Welt und dem Kosmos.

Durch die stoische (und skeptische) Brille kann ich sehen, dass das Leben weder zu lang noch zu kurz ist: Das sind Bewertungen und Meinungen, die bedeutungslos sind und auch zur tatsächlichen Länge des Lebens nichts beitragen. Anstatt die Kürze des Lebens zu beklagen, muss es vielmehr darum gehen, meine Lebenszeit nicht durch sinnloses Tun zu vergeuden oder mir von anderen wegnehmen zu lassen. Denn nur den Vielbeschäftigten erscheint das Leben als (zu) kurz. Stattdessen sollte ich mich in Muße der Philosophie zuwenden und der Erwerbsarbeit nur soviel Zeit schenken, wie zu meinem Lebenserhalt notwendig ist. Natürlich muss ich mich dazu von der Masse abwenden und, wie Seneca sagt, in einen ruhigen Hafen zurückziehen.

Was bin ich?

Aus der Frage, wie ich gelassener, „stoischer“ werden könnte, ist schnell die Frage nach Eudaimonie geworden: nach dem gelingenden, fließenden Leben. Wenn heute an den Universitäten fast nur noch Philosophiegeschichte gelehrt wird (was man eher als »Philosophiewissenschaft« bezeichnen könnte), geht es mir hier bei aller Wissenschaftlichkeit und Präzision um die Frage, wie ich ein philosophisches Leben führen kann: Was kann ich von den antiken Philosophenschulen lernen? Aus Anlass einer abschießenden Selbstreflexion stelle ich mir die Frage, welcher dieser referierten Philosophenschulen ich mich selbst zuordnen würde. Kann ich heute noch Epikureer, Kyniker, Skeptiker oder Stoiker sein?

Nun sorgen wir uns immer schon um uns selbst – nur vermutlich mit den falschen Zielen. Es kann also nicht darum gehen, so weiter zu machen wie bisher und bloß einen Lebensinhalt gegen einen anderen auszutauschen. Um Eudaimonie, das Ziel der hellenistischen Philosophenschulen, zu erreichen, bedarf es radikaler Veränderungen, die auch eingeübt werden müssen. Die meisten Gewohnheiten sitzen zu fest, als dass sie sich durch Lektüre philosophischer Texte verändern würden. Außerdem habe ich viele Erkenntnisse am nächsten Tag bereits wieder vergessen und verfalle in alte Muster.

Abschließend will ich nun prüfen, was ich aus den behandelten Ansätzen für mich in mein Leben übernehmen kann.

Warum ich Sokratiker bin. Einig scheinen sich die antiken Philosophen darin zu sein, dass man, wenn man nach äußeren Gütern wie Ruhm oder Reichtum strebt, sein Leben verfehlt. Alle Menschen wollen glücklich leben – das liegt in der Natur der Sache. Jedoch hält, wie Sokrates gezeigt hat, dieses Streben meistens einer philosophischen Überprüfung nicht stand. Sokrates sagt, dass es für einen Menschen das höchste Glück sei, jeden Tag über die Tugend und eigene Bestheit nachzudenken und sich selbst zu prüfen. Ein Leben ohne solche Prüfung hält er schlicht für nicht lebenswert. Die Philosophie hat darüber aufzuklären, welche Güter für ein glückliches Leben anzustreben sind. Vor allem sich selbst immer wieder zu prüfen, erscheint mir sokratisch zu sein: Ich muss wissen, was ich wirklich weiß und mir klar machen, was ich nicht weiß und bloß zu wissen glaube. Auch wenn ich nicht vorhabe, auf Marktplätzen oder mit Handwerkern zu diskutieren, sollte ich mir die Grenzen meines Wissens immer wieder klar machen und mich zurückhalten mit Behauptungen darüber, was andere

Menschen denken oder wollen. Die Skeptiker setzen diese sokratische Haltung eindrucksvoll fort mit ihrer Meinungslosigkeit.

Warum ich Kyniker bin. Freiheit und Unabhängigkeit vor allem von gesellschaftlichen Konventionen beeindrucken mich bei den Kynikern am meisten. In diesem Sinn war ich in gewisser Weise schon mein ganzes erwachsenes Leben Kyniker. Nicht dass ich leben möchte wie die Hunde (oder mit Hunden), auf der Straße ohne Dach über dem Kopf oder in einer Tonne, einem Fass. Aber eine gewisse Bedürfnislosigkeit, denke ich, verhilft mir zu mehr Freiheit. Gesellschaftliche Konventionen (nicht Werte und Normen) fand ich schon immer fragwürdig. Als ich in der Pubertät war, beschimpfte mich mein Vater, ich sei nicht normal, und ich müsse mich anpassen. Vielleicht war das seine Art, seinen Sorgen um mich Ausdruck zu verleihen; ich wollte aber auf keinen Fall normiert werden, sondern lieber ausprobieren, was passiert, wenn ich das nicht so mache, wie »man« das normalerweise macht. Niemand hatte mir zu sagen, was ich tun und lassen sollte; das war allein meine Entscheidung und Verantwortung, dessen war ich mir bewusst. Und Ersatzväter, die mir ungefragt Ratschläge erteilten, schien ich auch die nächsten Jahrzehnte noch magnetisch anzuziehen.

Der Weg, Glück durch Autarkie zu erreichen, kommt mir entgegen. Mir erschien es schon immer verrückt zu sein, ein Haus zu kaufen, wenn man doch auch zur Miete wohnen kann. Zu viel Besitz führt nicht zum Glück, sondern hindert einen daran. Auch eine Festanstellung ist eine Abhängigkeit. Deshalb sollte ich bewusster auf Selbstgenügsamkeit und Bedürfnislosigkeit achten. Mich interessieren Unabhängigkeit und Freiheit; und alles, was mich daran hindert, löst bei mir von jeher Widerstand aus. Üben muss ich mich sicherlich darin, diese gesellschaftlichen Hindernisse gelassener zu ertragen. Für mich sollte es wichtig sein, darauf zu achten, keine Bedürfnisse zu erzeugen, die ich weder habe noch brauche.

Ich verachte Geld nicht, aber Reichtum an sich hat für mich keinen Wert. Zwar fürchte ich mich manchmal davor, kein Geld mehr zu haben, aber ich war nie bereit, für Geld viel zu tun. Eigentlich will ich gar nicht mehr arbeiten, als für meinen Lebensunterhalt notwendig ist. Karriere zu machen und mein »Ego« durch die Anerkennung anderer künstlich aufzublasen, ist für mich nicht nachvollziehbar und reine Zeitverschwendung. Der Humor der Kyniker gefällt mir – von dem kann ich mir eine Scheibe abschneiden. Nur das Leben in der Öffentlichkeit sagt mir nicht zu: Ich verstecke mich lieber und lebe – wie Epikur – im Verborgenen.

Warum ich Epikureer bin. Lust und das Angenehme empfinden wir alle *per definitionem* als etwas Gutes: In diesem Sinn sind wir alle natürliche Hedonisten. Wie weit man jedoch diesen Hedonismus treiben sollte, ist eine andere Frage. Gewisse Grundbedürfnisse (wie Nahrung, Wohnung, Kleidung) müssen wohl erstmal befriedigt werden, bevor es um Eudaimonie geht. An Epikur gefällt mir, diese Bedürfnisse zwar grundlegend zu befriedigen, aber eben auch nicht mehr – kein üppiges Mahl, keine luxuriöse Wohnung, keine überflüssige Kleidung. So empfiehlt auch Epikur, auf unnatürliche Begierden zu verzichten und nur notwendige Bedürfnisse zu befriedigen, die sonst Schmerzen verursachen würden. Um glücklich zu sein, brauche ich eigentlich nicht viel: vor allem jedoch Ruhe und keine Beunruhigungen. Dinge, die ich besitze, besitzen auch mich: Ich muss mich um sie kümmern. Außerdem muss ich für sie arbeiten, um das Geld zu verdienen, das ich benötige, um sie zu erwerben und zu behalten. Und das ganze überflüssige Zeug dann wieder loszuwerden, ist zusätzlich aufwändig.

Philosophie ist der Weg, sich um ein glückliches Leben zu bemühen. Das Streben nach dem Angenehmen (und das Unangenehme zu vermeiden) sei nicht nur natürlich, sondern Anfang und Ende des glücklichen Lebens, hat Epikur gesagt. Nicht die Wollust der Unersättlichen oder Lüste, die sich auf einen oberflächlichen Genuss beschränken, sondern die Freiheit von körperlichem Schmerz und seelischer Unruhe führt zur Eudaimonie. Also nicht Trinkgelage, Partys, Sex und Restaurant- oder Theaterbesuche bereiten ein angenehmes Leben, sondern ein nüchterner Verstand, der begründet auswählt oder ablehnt und sieht, was für ein angenehmes Leben notwendig ist und was nicht. Diese Philosophie der Freude vermeidet das Unangenehme, ist aber selbstgenügsam. Denn Luxus und Reichtum machen abhängig, und Abhängigkeit ist eine Quelle der Unlust und des Unangenehmen.

Dass der Tod keine Bedeutung für uns hat, ist eine der pointierten Formulierungen Epikurs: Solange, wie ich lebe, bin ich nicht tot, und wenn ich tot bin, lebe ich nicht mehr. Folglich brauche ich den Tod nicht zu fürchten. Mit Epikur und Lukrez kann ich nicht erkennen, dass ich eine unsterbliche Seele habe, sondern gehe davon aus, dass sich mein Bewusstsein mit meinem Tod auflöst und erlischt. Ich bin froh, nicht unsterblich zu sein! Oder ist das auch schon wieder eine Meinung?

Warum ich Skeptiker bin. Von klein auf haben wir zu jedem Thema eine Meinung. Unsere Vernunft schießt dabei oft über ihre Grenzen hinaus (wie Kant gezeigt hat). Und dann rege ich mich darüber auf, wie etwas meiner Meinung nach beschaffen ist. Ich rege mich also bloß über meine eigene

Meinung auf. Wenn ich ruhig bleiben will, sollte ich meine Meinung überprüfen und skeptisch mit ihr umgehen. Denn diese meinungsbasierte innere Unruhe hält mich nur von der Eudaimonie ab, weshalb der Skeptiker sich jeglichen Urteils enthält und auf seine Meinung klugerweise verzichtet. Warum sollte ich zu dem, was ist und mir erscheint, obendrauf noch meinen Senf dazu geben?

Nicht ganz einfach ist jedoch für mich, dass ich nicht immer gleich merke, dass ich schon wieder eine Meinung habe, über die ich mich aufrege. Die skeptische Epoché kann ich nur dann einnehmen, wenn ich meine Meinungsbildung erkenne. Hier muss ich weiter üben und auch spontan immer wieder darauf achten, wann ich schon wieder irgendetwas irgendwie finde, obwohl ich gar nichts Genaues weiß. Eine Methode könnte sein, wie die Skeptiker einer Meinung das Gegenteil entgegenzusetzen. Wenn ich zum Beispiel denke, dass mir jemand etwas antut, um mir zu schaden, sollte ich gleichzeitig denken, dass ich das nicht weiß und derjenige ganz andere Gründe für sein Handeln haben könnte. Dann könnte ich mich entspannen.

Besser gelingt mir schon, von einem Übel nicht noch zusätzlich zu glauben, es sei schlecht und möge verschwinden: Schmerzen lassen sich besser ertragen, wenn man nicht zusätzlich zum Schmerz der Meinung ist, sie seien schlecht und sollten aufhören. Außerdem sind sie gar nicht schlecht, weil sie mich auffordern, bald zum Arzt zu gehen. In der Natur aber gibt es kein Gut oder Schlecht – das ist nur meine Meinung. Mich so von innerer Unruhe zu befreien, könnte zu einem sorgenfreien, glücklichen Leben führen.

Warum ich Stoiker bin. Diese sprichwörtliche Gelassenheit und stoische Ruhe hat mich überhaupt erst auf den Weg der hellenistischen Philosophie gebracht. Ich teile den stoischen Gedanken, dass auf dem Weg zur Eudaimonie nur ich mir selbst im Weg stehe. Allein von mir hängt meine Einstellung zu den Dingen ab. Wie die Skeptiker sagen die Stoiker, ich müsse mich von meinen falschen Vorstellungen und Meinungen befreien, um ein Leben in Übereinstimmung und Harmonie mit der Natur (auch meiner eigenen) zu führen. Dazu brauche ich nur vernünftige Einsicht, um einstimmig zu leben.

Mein Interesse an stoischer Philosophie wurde dadurch geweckt, dass gesagt wird, der Weise sei frei von Affekten und leide nicht. Ich muss nur lernen, zu Beginn eines solchen Affekts meine Zustimmung zu verweigern, um nicht die Kontrolle zu verlieren. Denn mit dem Affekt lebe ich nicht frei und vernünftig, sondern werde von ihm geknechtet und tyrannisiert, wodurch die Eudaimonie verloren geht. Daher sollte ich mich täglich darin üben und aufpassen, dass ich dem Affekt nicht gewohnheitsmäßig zustimme, damit ich mich von ihm nicht überwältigen lasse. Furcht in Erwartung eines künftigen Übels darf ich nicht zum Affekt machen, sondern muss mir hier klar werden, dass gar nichts sicher ist, also auch, ob ein solches Übel überhaupt eintreten wird. Denn schlimmer als das Übel ist die Erwartung eines Übels. Auch muss ich damit rechnen, dass ich jeden Tag mit mindestens einem beschränkten, unverschämten, frechen, falschen, egoistischen Vollidioten zusammentreffen werde und darf auch hier nicht in alte Muster verfallen.

Der Tugendkatalog der Stoiker bietet mir Orientierungshilfe, den ich mir immer wieder ins Gedächtnis rufen muss, um besonnener und einsichtiger, rechtschaffener und mutiger zu werden und zu handeln. Wenn Seneca Recht hat, dass die meisten Menschen unzufrieden sind, weil sie nicht so leben, wie sie wollen, sondern machen, was »man« macht, dann sollte ich mich besser um mich kümmern und für mich sorgen. Anstatt planlos hin und her zu rennen, mehr zu arbeiten, mehr Geld zu verdienen, mehr zu kaufen und zu konsumieren, mehr zu erleben und mehr Freunde zu haben, sollte ich von all dem das Gegenteil machen: mehr Muße, mehr Ruhe, mehr Philosophie. Dass Vielbeschäftigung nicht der Weg zur Eudaimonie ist, hatte ich schon geahnt; aber diesen Gedanken konsequenter umzusetzen, fordert meine volle Aufmerksamkeit.

Ebenfalls nicht ganz einfach, wenn auch völlig logisch, ist für mich, meine Wünsche und mein Wollen nicht auf Bereiche zu richten, die nicht in meiner Macht stehen und nicht von mir beeinflussbar sind. Immer wieder erwische ich mich dabei, mir etwas zu wünschen oder zu wollen, das nicht mein Bier ist – und sei es auch nur das Wetter. Auch hier muss ich aufpassen, nicht in alte Muster zu geraten. Doch dieser Gedanke, dass man nur verändern wollen sollte, was man auch verändern kann, und das, was man nicht verändern kann, auch nicht verändern wollen sollte, ist so einleuchtend, dass man aus meiner Sicht nicht nicht Stoiker sein kann – alles andere wäre schlicht unvernünftig. Oder positiv formuliert: Diesem stoischen Gedanken (mit praktischen Folgen) müsste eigentlich jeder vernünftige Mensch zustimmen und ihm folgen.

Warum ich Daoist bin. Auch wenn der Philosoph nach Weisheit strebt und weiß, dass er nicht weise ist, ist der Weise nicht nur ein Ideal und Vorbild, sondern auch eine unrealistische Überhöhung des Menschen, die natürlich in dieser Perfektion und Absolutheit niemals erreicht werden kann. Der Weise hätte, wenn es ihn gäbe, sich unter Kontrolle, wäre immer vernünftig und glücklich, völlig affektfrei und ließe sich nie aus der Ruhe bringen. Als Weise in Mode kamen, ist zuerst Zhuangzi diese Überhöhung des Menschlichen aufgefallen: der Weise versuche, alles unterm Himmel zurechtzubiegen, predige Menschlichkeit und Rechtschaffenheit, und die Menschen stellten sich in ihrer Gier nach Wissen und Weisheit auf die Zehenspitzen, um sich selbst zu erhöhen. Das Ideal des Weisen wird vom Daoismus als Fehler aufgefasst, denn mit der Sesshaftwerdung und Zivilisation habe der Mensch längst seinen natürlichen Zustand und das Dao verlassen.

Tugenden wie Menschlichkeit und Rechtschaffenheit würden die eigene Natur unterdrücken und einen von der natürlichen Lebenskraft weiter entfernen. Würde die natürliche Lebenskraft (und das Dao) nicht fallen gelassen, bräuchte man solche Tugenden gar nicht. Erst nachdem der Mensch seinen natürlichen Zustand verlassen hat, tauchten Weise und Diebe auf. Statt nach dem Dao würden die Menschen nun nach Wissen und Weisheit streben, weshalb sich Verwirrung ausbreite. Der Lebensgeist müsse sich jedoch beruhigen, um Klarheit zu besitzen, so wie Wasser, das sich beruhigt hat, alles klar widerspiegelt: Leere, Ruhe, Gelassenheit, Teilnahmslosigkeit, Stille, Weite, Nichtstun – das sei das Gleichgewicht von Himmel und Erde, die Vollendung des Dao.[589] Sich nach Tugenden zu richten, bringe nicht viel. Wer vollkommen erhaben ist, strebe nicht nach Macht; wer vollkommen reich ist, strebe nicht nach Besitz; wer vollkommen seinen natürlichen Bedürfnissen folgt, strebe nicht nach Ruhm und Ehre.[590] Wer nicht eingreift, dem nütze alles unterm Himmel und er habe mehr als genug; wer eingreift, den würden alle unterm Himmel als nützlich betrachten und er habe nie genug.

In früheren Zeiten hätten die Menschen das Nichtstun geschätzt, doch dann seien die Weisheitslehrer gekommen und hätten Menschlichkeit und Rechtschaffenheit gepredigt, anstatt dem Dao zu folgen. Müssen Tugenden jedoch erst gelehrt und gelernt werden, sind wir bereits vom Weg abgekommen: Von Menschlichkeit und Rechtschaffenheit zu reden, von Treue und Vertrauen, von Höflichkeit und Bescheidenheit, von Zurückhaltung und Demut – das sei Schönfärberei und nichts weiter, Lieblingsbeschäftigung der Gelehrten und Intellektuellen, um die Welt einzulullen. Sich dagegen an Sümpfen und Seen aufzuhalten, in der Wildnis zu leben, sich vom

589 Zhuangzi, 13.1.

590 Ebenda, 14.2.

Fischangeln zu ernähren – das sei Nichtstun und Lieblingsbeschäftigung der Einsiedler an Flüssen und Meeren, die sich von der Welt zurückziehen, um Muße und Entspannung zu finden. Wer sich ohne Orientierung an Menschlichkeit und Rechtschaffenheit weiterentwickelt, wer ohne Aufenthalt am Fluss oder Meer Muße findet, wer ohne Übungen lange lebt, für den gebe es nichts, was er nicht verliert und nichts, was er nicht besitzt, der halte inne im Grenzenlosen und dem folgt alles Schöne – das sei des Himmels und der Erde Dao.[591]

Wer dagegen versucht, seine Natur durch Kultiviertheit zu verbessern, durch kultiviertes Lernen das Ursprüngliche wieder zu erlangen, seine Begierden durch Kultiviertheit zu reinigen und durch Denken zur Klarheit zu gelangen – der werde als verblendeter, beschränkter Mensch bezeichnet. Wer sich in früheren Zeiten vom Dao leiten ließ, nährte durch Gelassenheit sein Wissen; er habe zu leben gewusst und nichts sei zu tun gewesen, um Wissen zu erlangen – er sei als jemand bezeichnet worden, dessen Wissen die Gelassenheit nährt: „Wenn sich Wissen und Gelassenheit gegenseitig nähren, dann entstehen Einklang und Einsicht auf natürliche Weise. Lebenskraft ist Einklang, Dao ist Einsicht."[592] Daraus lasse sich ersehen, so Zhuangzi, dass der Welt das Dao verloren gegangen sei und das Dao die Welt verloren habe.

In früheren Zeiten hätten die Leute nicht geglaubt, alles unterm Himmel erschöpfend zu verstehen, sondern lebten in ihrer Natürlichkeit. Vollkommene Freude und ein glückliches Leben habe, wer seine Ziele erreicht. In früheren Zeiten habe man damit gemeint, seine Ziele zu erreichen, aber nicht Kutschen und Kronen, sondern Freude, der nichts hinzugefügt werden muss – und damit genug! Aber mit einem Frosch, der im Brunnen lebt, könne man sowenig über das Meer reden wie mit einem Fachidioten über das Dao.[593]

Unterm Himmel würden Reichtum, Anerkennung und ein langes Leben gepriesen; auf Armut, Schlichtheit und frühen Tod blicke man verächtlich hinab. Die Reichen würden ihr Leben verbittern, indem sie sich krank arbeiten, um mehr Besitz anzuhäufen, als sie je gebrauchen können – wie oberflächlich ist ihre Sicht auf das Leben: „Wer sich sein Leben lang sorgt, ob er ein langes Leben leben wird, der wird verrückt von der anhaltenden Sorge, nicht zu sterben – wie bitter ist das! Wie übertrieben ist diese Sicht

591 Ebenda, 15.1.
592 Ebenda, 16.1.
593 Ebenda, 17.1.

auf das Leben!“[594] Den meisten Menschen gelinge es nicht, das Leben bis zum Ende auszukosten.

Was die gewöhnlichen Leute heutzutage als Freude ansehen, sei vielleicht gar keine wirkliche Freude, wonach sie scharenweise streben, hetzen und drängen, als könnten sie der Gier keinen Einhalt gebieten:

> „Die gewöhnlichen Menschen sind froh, wenn sie von morgens bis abends ihre Geschäfte verrichten können; die hundert Handwerker fühlen sich stark, wenn sie geschickt darin sind, ihre Maschinen und Werkzeuge zu handhaben. Wenn er weder Geld noch Güter horten kann, ist der Gierige voller Sorge; wenn er weder Macht noch Einfluss steigern kann, ist der Ehrgeizige traurig. Von Äußerlichkeiten getrieben, empfinden sie nur Freude, wenn sich etwas bewegt; da sie ihre Zeit mit Nützlichem ausfüllen, sind sie nicht imstande, nichts zu tun. Dieser Gewohnheit folgen sie Jahr für Jahr, nichts bringt sie dazu, etwas zu ändern; sie versetzen ihren Körper und ihre Natur in Galopp, verstecken sich hinter zahllosen Dingen, kommen bis ans Ende ihrer Tage nicht zur Besinnung – wie traurig!“[595]

Für Zhuangzi ist Nichtstun die wahre Freude, auch wenn die gewöhnlichen Leute es als größtes Ärgernis ansehen. Vollkommene Freude heiße, das Leben auszukosten; nur wer nichts dazu tut, sei dem nahe. Der Himmel, die Erde, die Natur, das Universum erlangen alles, indem sie nichts dazu tun.

Wer den Sinn des Lebens begreift, mühe sich nicht ab mit Dingen, die mit dem Leben nichts zu tun haben; wer den Sinn seiner Bestimmung begreift, mühe sich nicht ab, Dinge zu wissen, die damit nicht im Zusammenhang stehen und damit nichts zu tun haben. Um für den Körper zu sorgen, seien vor allem materielle Dinge notwendig; um am Leben zu bleiben, sei es vor allem notwendig, den Körper nicht zu vernachlässigen (wobei wir, auch wenn wir den Körper nicht vernachlässigen, das Leben verlieren können): „Dass das Leben kommt, können wir nicht verhindern; wenn es von uns geht, können wir es nicht aufhalten.“[596] Wie traurig seien die Menschen, die glauben, für den Körper zu sorgen, sei genug, um am Leben zu bleiben.

Wer es vermeiden will, sich nur um sein körperliches Wohl zu kümmern, wende sich am besten von der Welt ab. Wer sich von der Welt ab-

---

594 Ebenda, 18.1.
595 Ebenda, 24.4.
596 Ebenda, 19.1.

wendet, der häufe nicht an; wer nicht anhäuft, finde zu Aufrichtigkeit und Ruhe; wer zu Aufrichtigkeit und Ruhe findet, bereichere sein Leben; wer sein Leben bereichert – wie viel ist das wert? Zu tun sei nur, was sich nicht vermeiden lässt. Es genüge, sich von der Geschäftigkeit abzuwenden und das Leben zu vergessen, um seinen Körper nicht zu plagen und seine Geisteskraft nicht zu verausgaben. Wer den Körper ganz erhält und die Geisteskraft erneuert, werde eins mit der Natur.

Den natürlichen Zustand nicht verlassen, sich nicht selbst erhöhen, auf die Anerkennung durch andere pfeifen, sich an Sümpfen und Seen aufhalten und sich nicht krank arbeiten – das sind Orientierungspunkte der daoistischen Philosophie, an die ich mich halten kann, auch wenn Dao und Welt immer weiter auseinander driften. Ich erfreue mich an Zhuangzi, weil es ihm um Freiheit geht und er keine gesellschaftlichen Beschränkungen und Einschränkungen akzeptiert. Er folgt nur sich selbst und lebt mit der Natur: so befreit er sich vom Selbst und bleibt ohne Verdienst. Anstatt mir Sorgen zu machen, sollte ich lieber meinen wirklichen Bedürfnissen folgen und mich frei machen von dem, was andere für mich für richtig halten. So möchte auch ich mich ans Meer, in die Berge oder Wälder zurückziehen, den Vögeln zuschauen, spazieren gehen, mich entspannen und ausruhen, Muße finden, nichts tun und das Leben genießen.

Dank

Dieses Buch habe ich allein geschrieben, in Ruhe und Abgeschiedenheit. Dennoch haben einige zum Gelingen beigetragen. Mein Dank gilt vor allem Ulrich Schröder und dem *Bildungsverein: Soziales Lernen und Kommunikation e. V.*, Hannover, bei dem ich dreißig Jahre lang Kurse und Seminare im Bereich Philosophie durchführen durfte. Ulrich hat mich dabei all die Jahre begleitet, betreut, beraten und begeistert!

Gerne danke ich auch allen Teilnehmern unserer Donnerstagsgruppe, die aus einem Philosophiekurs hervorgegangen ist: Für eine erste gemeinsame Lektüre und langjährige Diskussionen dieses und vor allem anderer Texte danke ich insbesondere Angelika Nöltker, Sebastian Rudat, Katja Sommer und Michael Thomas für die intensive Diskussion und für ihre Geduld, wenn ich mal wieder etwas falsch verstanden habe.

Gisela Rohde möchte ich danken für die langen Spaziergänge, bei denen immer wieder Kapitel dieses Textes Gegenstand unseres anregenden Gesprächs waren – so manches wurde mir klarer.

Gunnar Schedel danke ich für die Aufnahme des Buches in sein Verlagsprogramm und das hervorragende und unkomplizierte Lektorat – wie auch schon beim letzten Buch.

An dieser Stelle möchte ich auch einmal den Mitarbeiterinnen und Mitarbeitern der Gottfried-Wilhelm-Leibniz-Bibliothek (der Niedersächsischen Landesbibliothek) in Hannover danken für ihre unermüdliche und kompetente Hilfe bei der Literaturbeschaffung in guten wie in schlechten Zeiten.

Und Emma: Danke, dass es dich gibt!

Literatur

Allgemein

Andreas Bächli & Andreas Graeser, Grundbegriffe der antiken Philosophie, Ditzingen 2000, 2021

Diogenes Laertius, Leben und Meinungen berühmter Philosophen, Hamburg 2015

Gerhard Ernst (Hrsg.), Philosophie als Lebenskunst: Antike Vorbilder, moderne Perspektiven, Berlin 2016

Pierre Hadot, Wege zur Weisheit oder: Was lehrt uns die antike Philosophie?, Frankfurt am Main 1999

Pierre Hadot, Philosophie als Lebensform: Antike und moderne Exerzitien der Weisheit, Frankfurt am Main 2002

Willy Hochkeppel, War Epikur ein Epikureer? Aktuelle Weisheitslehren der Antike, München 1984

Christoph Horn, Antike Lebenskunst: Glück und Moral von Sokrates bis zu den Neuplatonikern, München 1998, ³2014

Christoph Horn & Christof Rapp (Hrsg.), Wörterbuch der antiken Philosophie, München 2002, ²2008

Malte Hossenfelder, Die Philosophie der Antike 3: Stoa, Epikureismus und Skepsis (= Geschichte der Philosophie, Bd. III, hrsg. von Wolfgang Röd), München 1985, ²1995

Malte Hossenfelder, Antike Glückslehren: Quellen zur hellenistischen Ethik in deutscher Übersetzung, aktualisiert von Christof Rapp, Stuttgart ²2013

A. A. Long & D. N. Sedley (Hrsg.), Die hellenistischen Philosophen: Texte und Kommentare, Stuttgart, Weimar 1999, 2006

Franz Schupp, Geschichte der Philosophie im Überblick, Bd. 1: Antike, Hamburg 2003

Platon

Platon, Apologie des Sokrates, neu übersetzt und kommentiert von Rafael Ferber, München 2011

Platon, Euthydemos, Übersetzung und Kommentar von Michael Erler, Göttingen 2017

Platon, Gorgias, übersetzt von Michael Erler, Stuttgart 2011

Platon, Kriton, Übersetzung und Kommentar von Wolfgang Bernard, Göttingen 2016

Platon, Menon, Übersetzung und Kommentar von Theodor Ebert, Berlin 2018, 2019

Platon, Nomoi, übersetzt von Klaus Schöpsdau, Ditzingen 2019

Platon, Phaidon, übersetzt und hrsg. von Barbara Zehnpfennig, Hamburg [2]2007

Platon, Phaidros, übersetzt und hrsg. von Thomas Paulsen & Rudolf Rehn, Hamburg 2019

Platon, Philebos, Übersetzung und Kommentar von Dorothea Frede, Göttingen 1997

Platon, Protagoras, eingeleitet, übersetzt und erläutert von Bernd Manuwald, Göttingen 2006

Platon, Der Staat, übersetzt und hrsg. von Gernot Krapinger, Ditzingen 2017

Platon, Symposion / Gastmahl, übersetzt und hrsg. von Barbara Zehnpfennig, Hamburg [2]2012

Michael Erler, Kleines Werklexikon Platon, Stuttgart 2007

Bettina Fröhlich, Platon: Eine Einführung, Ditzingen 2023

Thomas Alexander Szlezák, Platon: Meisterdenker der Antike, München 2021

Ursula Wolf, Die Suche nach dem guten Leben: Einführung in Platons Frühdialoge, Frankfurt am Main [2]2013

Barbara Zehnpfennig, Platon zur Einführung, Hamburg 1997, [5]2017

Aristoteles

Aristoteles, Metaphysik, übersetzt und eingeleitet von Thomas Alexander Szlezák, Berlin 2003

Aristoteles, Nikomachische Ethik, übersetzt und hrsg. von Gernot Krapinger, Stuttgart 2017

Aristoteles, Nikomachische Ethik, übersetzt, eingeleitet und kommentiert von Dorothea Frede, 2. Bde., Berlin, Boston 2020

Aristoteles, Politik, übersetzt von Eckart Schütrumpf, Hamburg 2012

Aristoteles, Über die Seele / De anima, übersetzt, mit einer Einleitung und Anmerkungen herausgegeben von Klaus Corcilius, Hamburg 2017

Wolfgang Detel, Aristoteles: Eine Einführung, Ditzingen 2021

Hellmut Flashar, Aristoteles: Lehrer des Abendlandes, München 2013, [3]2015

Andree Hahmann, Aristoteles' Nikomachische Ethik: Ein systematischer Kommentar, Ditzingen 2022

Christof Rapp, Aristoteles zur Einführung, Hamburg [4]2012

Kyniker

Georg Luck, Die Weisheit der Hunde: Texte der antiken Kyniker in deutscher Übersetzung mit Erläuterungen, Stuttgart 1997

Klaus Döring, Die Kyniker, Bamberg 2006

Epikur

Epikur, Wege zum Glück, übersetzt von Rainer Nickel, Mannheim 2010

Epikur, Ausgewählte Schriften, hrsg. von Christof Rapp, Stuttgart 2010

Lukrez, Über die Natur der Dinge, übersetzt und kommentiert von Klaus Binder, Berlin 2014

Malte Hossenfelder, Epikur, München 1991, [4]2018

Skepsis

Sextus Empiricus, Grundriß der pyrrhonischen Skepsis, eingeleitet und übersetzt von Malte Hossenfelder, Frankfurt am Main 1968, 1985, [7]2013

Richard Bett, How to Be a Pyrrhonist: The Practice and Significance of Pyrrhonian Skepticism, Cambridge 2019, 2021

Friedo Ricken, Antike Skeptiker, München 1994

Stoa

Karlheinz Hülser, Die Fragmente zur Dialektik der Stoiker: neue Sammlung der Texte mit deutscher Übersetzung und Kommentaren, Stuttgart/Bad Cannstatt 1987/88

Stoa und Stoiker, Auswahl der Fragmente und Zeugnisse, Übersetzung und Erläuterungen von Rainer Nickel, 2 Bde., Düsseldorf 2008

Lawrence C. Becker, A New Stoicism, Princeton and Oxford, 1998, 2017

Tad Brennan, The Stoic Life: Emotions, Duties, & Fate, Oxford 2010
Maximilian Forschner, Die Philosophie der Stoa: Logik, Physik und Ethik, Darmstadt 2018
Barbara Guckes (Hrsg.), Zur Ethik der älteren Stoa, Göttingen 2004
Brad Inwood, Stoicism: A Very Short Introduction, Oxford 2018
Max Pohlenz, Die Stoa: Geschichte einer geistigen Bewegung, Göttingen [7]1992
Markus Rüther, Als Stoiker leben: Was wir wissen und üben müssen, Darmstadt 2022
Anna Schriefl, Stoische Philosophie: Eine Einführung, Ditzingen 2019
John Sellars, The Art of Living: The Stoics on the Nature and Function of Philosophy, London 2003, 2009
Wolfgang Weinkauf (Hrsg.), Die Philosophie der Stoa: Ausgewählte Texte, Stuttgart 2001

Seneca

Lucius Annaeus Seneca, Briefe an Lucilius, hrsg. von Marion Giebel, Stuttgart 2014, 2022
Seneca, De ira / Über die Wut, übersetzt von Jula Wildberger, Stuttgart 2007
L. Annaeus Seneca, Glück und Schicksal, hrsg. von Marion Giebel, Stuttgart 2009 (enthält: Von der Kürze des Lebens, Von der Ruhe des Gemüts, Vom glücklichen Leben, Von der Vorsehung, Von der Muße)
L. Annaeus Seneca, Naturales questions / Naturwissenschaftliche Untersuchungen, übersetzt und hrsg. von Otto und Eva Schönberger, Stuttgart 1998
Seneca, Über die Unerschütterlichkeit des Weisen, übersetzt von Gernot Krapinger, Ditzingen 2022
L. Annaeus Seneca, Philosophische Schriften, 5 Bde., übersetzt und hrsg. von Manfred Rosenbach, Darmstadt 1984, [2]1987
Seneca, Vom glücklichen Leben: Eine Auswahl aus seinen Schriften, hrsg. und neu übersetzt von Franz-Peter Burkard, Stuttgart 2018 (enthält: Vom glücklichen Leben, Über die Seelenruhe, Von der Kürze des Lebens, sowie ausgewählte Briefe an Lucilius)
Seneca, Vom glücklichen Leben, übersetzt von Fritz-Heiner Mutschler, Ditzingen 2019
James Romm, Seneca und der Tyrann: Die Kunst des Mordens an Neros Hof, München 2018

Epiktet

Epiktet, Teles, Musonius: Ausgewählte Schriften, hrsg. und übersetzt von Rainer Nickel, Zürich 1994

Epiktet, Handbüchlein der Moral, übersetzt und herausgegeben von Kurt Steinmann, Stuttgart 1992, 2014

Epiktet, Gespräche, Fragmente, Handbuch: Moderne Gesamtausgabe auf der Grundlage der Übertragung von Rudolf Mücke neu übersetzt, mit Anmerkungen versehen und eingeleitet von Tino Deckert, Hamburg 2021

Epiktet, Handbüchlein der Moral: Auswahl aus den Unterredungen, Fragmente, übersetzt, erläutert und mit einer Einleitung versehen von Christof Rapp, Stuttgart 2023

Massimo Pigliucci, Die Weisheit der Stoiker: Ein philosophischer Leitfaden für stürmische Zeiten, München 2017, 2019 (Originaltitel *How to be a Stoic: Ancient Wisdom for Modern Living*, London 2017)

Marc Aurel

Marc Aurel, Selbstbetrachtungen, übersetzt und herausgegeben von Gernot Krapinger, Ditzingen 2019

Pierre Hadot, Die innere Burg: Anleitung zu einer Lektüre Marc Aurels, Frankfurt am Main 1997

Konfuzius

Konfuzius, Gespräche, neu übersetzt und kommentiert von Hans van Ess, München 2023

Zhuangzi

Zhuangzi: Das Buch der daoistischen Weisheit, Gesamttext, aus dem Chinesischen von Viktor Kalinke, Ditzingen 2019, 2021

Schlüsselbegriffe

Adiaphora, singl. griech. *adiaphoron* (das moralisch Gleichgültige), in der stoischen Lehre Mitteldinge zwischen Tugenden und Lastern, die nicht zur Eudaimonie (oder zum Unglück führen) wie Reichtum, Gesundheit oder Schönheit bzw. Armut, Krankheit oder Hässlichkeit, weil man auch ohne Geld oder krank glücklich sein könne; später haben die Stoiker differenziert und z. B. Gesundheit für besser gehalten als Krankheit.

Affekt, lat. *affectus* (leidenschaftliche, psychische Erregung), griech. *pathos* (Leiden, Leidenschaft), wenn man einen Affekt erleidet, verliert die Vernunft die Kontrolle und man wird mitgerissen von diesem Gefühlsausbruch vergleichbar einem Kleinkind z. B. bei einem Wutanfall; Affekte verhindern die Eudaimonie; die Stoiker halten die Affekte aber für kontrollierbar, da sie am Anfang unserer Zustimmung bedürfen (nicht zu verwechseln mit Emotionen und Gefühlen, die der Weise natürlich hat).

Apathie, griech. *apatheia*, Affektlosigkeit; der stoische Weise gilt als affektfrei, a-pathisch.

Askese, griech. *askêsis* (Übung), Übungen und Methoden, die zu Tugend und Eudaimonie führen und Affekte verhindern.

Ataraxie, griech. *ataraxia* (Unerschütterlichkeit, Seelen- oder Gemütsruhe), psychischer Zustand der Affektlosigkeit, Ungestörtheit oder »Meeresstille der Seele«.

Autarkie, griech. *autarkeia* (Selbstständigkeit, Unabhängigkeit), wörtl. Sich-selbst-Genügen oder Bedürfnislosigkeit, Unabhängigkeit von äußeren Gütern, Selbstgenügsamkeit.

Eudaimonie, griech. *eudaimonia* (Glück, Glückseligkeit), von *eu* (gut) und *daimôn* (Dämon, Gottheit), ein gesegnetes, gelingendes, glückliches Leben; die Eudaimonie gilt als das höchste Gut.

Tugend, griech. *aretê* (Vortrefflichkeit, Bestheit, Vollkommenheit), moralisch-ethische Charaktereigenschaft; genannt werden seit Platon als die sog. vier Kardinaltugenden
1. Besonnenheit oder Selbstbeherrschung (griech. *sôphrosynê*),
2. Klugheit (griech. *phronêsis*) oder Weisheit (griech. *sophia*),
3. Gerechtigkeit oder Rechtschaffenheit (griech. *dikaiosynê*) und
4. Tapferkeit oder Mut (griech. *andreia*),

aus denen sich bei den Stoikern weitere Subtugenden ableiten; seit Sokrates herrscht die Vorstellung vor, dass man nur tugendhaft zur Eudaimonie gelangen kann.

Bildnachweis

Alle Fotos von Andreas Becke; aufgenommen im Großen Garten der Herrenhäuser Gärten, Hannover. Die Sandsteinbüsten in den sog. Eckpavillons des Großen Gartens von Rémy de la Fosse wurden von dem Hofbildhauer Johann Friedrich Ziesenis bis 1757 angefertigt.[597] Im östlichen Pavillon befinden sich Büsten von Sokrates, Platon, Aristoteles und Epikur; im westlichen Zenon, Karneades und Marc Aurel. Die Originale wurden sichergestellt und sind heute durch Kopien ersetzt.[598] Zur Zeit der Aufnahmen fehlte die Büste von Platon.

597 Bernd Adam, Das Herrenhäuser Schloss und die historischen Gartenpavillions, in: Marieanne von König (Hrsg.), Herrenhausen: Die Königlichen Gärten in Hannover, Göttingen 2006, S. 95-100, hier 100.

598 Urs Boeck, Das Skulpturenparterre, in: ebenda, S. 59-66, hier 65.